CALDO DE POLLO PARA EL ALMA

Caldo de Pollo para el Alma

PIENSA POSITIVO

PIENSA POSITIVO

101 historias que te inspirarán a agradecer lo que tienes y adoptar una actitud positiva

Jack Canfield

Mark Victor Hansen

Amy Newmark

PRÓLOGO DE **Deborah Norville**

OCEANO

CALDO DE POLLO PARA EL ALMA: PIENSA POSITIVO
    101 historias que te inspirarán a agradecer lo
    que tienes y adoptar una actitud positiva

Título original: CHICKEN SOUP FOR THE SOUL: THINK POSITIVE.
    101 INSPIRATIONAL STORIES ABOUT COUNTING YOUR BLESSINGS AND
    HAVING A POSITIVE ATTITUDE.

Diseño de portada: Departamento de Arte de Océano
Imagen de portada: shutterstock.com/es/g/anson0618
Fotografía de Deborah Norville en contraportada: Cortesía de Timothy White

Traducción: Enrique Mercado

© 2010, Chicken Soup for the Soul Publishing, LLC
Todos los derechos reservados.

CSS, Caldo de Pollo Para el Alma, su logo y sellos son marcas
registradas de Chicken Soup for the Soul Publishing LLC.
www.chickensoup.com

El editor agradece a todas las editoriales y personas que autorizaron
a CHICKEN SOUP FOR THE SOUL/CALDO DE POLLO PARA EL ALMA
la reproducción de los textos citados.

D. R. © 2021, Editorial Océano de México, S.A. de C.V.
Guillermo Barroso 17-5, Col. Industrial Las Armas,
Tlalnepantla de Baz, 54080, Estado de México
info@oceano.com.mx

Tercera edición: 2021

ISBN: 978-607-557-431-8

Impreso en México / Printed in Mexico

Índice

4

Modelos a seguir

5

Agradece lo que tienes

6

Vencer la adversidad

7

Ajustes de actitud

8

Perspectivas consoladoras

9

Persistencia

10

Gratitud

Prólogo

No recuerdo cuándo oí estas palabras por primera vez. "Cambia tus ideas y cambiarás tu mundo". Es una frase muy simple, pero está llena de poder. Para mí ha sido desde siempre una especie de mantra. *Cambia tus ideas y cambiarás tu mundo.* En momentos difíciles, frustrada por la decepción y por no cumplir mis metas, repito esas palabras en mi mente y hago un esfuerzo deliberado, casi físico, por cambiar de rumbo, recalibrarme y conducir la pequeña nave de mi ser en una dirección nueva y más *positiva*.

Hace unos días hablé ante un grupo de mujeres del ramo financiero y una de ellas me preguntó a qué atribuía mi larga carrera en la televisión. Tuve que pensar un momento para responder. *He* corrido con suerte en esta industria. Me inicié en la CBS de Atlanta siendo universitaria aún, y tenía 19 años cuando entrevisté en vivo al entonces presidente de Estados Unidos, Jimmy Carter. (No sé qué me emocionó más: entrevistar al presidente o que el reportero de ABC en

> Cambia tus ideas y cambiará. tu mundo.
>
> NORMAN VINCENT PEALE

la Casa Blanca, Sam Donaldson, me preguntara más tarde qué me había dicho aquél. Si hubiera muerto en ese momento, mi epitafio habría sido: "Se fue feliz".)

Mi carrera dio después giros inesperados, pero logré protegerla, juntar las piezas y volver a empezar. Sin embargo, ¿cuál es el secreto de mi larga y todavía exitosa trayectoria? Al considerar esta pregunta, me di cuenta de que a mi favor habían operado tres cualidades, que cualquier persona puede desarrollar: una enorme capacidad de *trabajo*, una *curiosidad* insaciable y un *optimismo* a toda prueba (que a veces raya incluso en el ridículo). Todos podemos trabajar con empeño, invertir unas horas más en el trabajo y esforzarnos por vencer un reto. Contra lo que dice el refrán, la curiosidad no mató al gato, ni a nadie. Aprender, explorar temas de los que no sabemos nada: eso es lo que le da sabor a la vida. Pero ¿y ser optimista? ¿Cómo se logra esto cuando se ha perdido el empleo, se recibe un diagnóstico negativo o la vida personal se viene abajo?

Para mí, ver una perspectiva consoladora en las dificultades de la vida es un mecanismo de defensa. Mi madre padeció de niña una enfermedad crónica. Al terminar las clases, yo oía a mis compañeros quejarse de que su mamá ya había llegado y no pudieran quedarse a jugar. En cambio, yo me emocionaba cuando veía en la fila la camioneta de mis padres. Eso significaba que mi mamá tenía un "buen día". Al morir ella (yo tenía 20 años entonces), di gracias al cielo de que hubiera dejado de sufrir.

Como empecé mi carrera antes de graduarme en la University of Georgia, tuve que sortear muchos obstáculos. ¿Qué podía haberle contestado a la compañera que me dijo: "Eres una inepta, debías dejarle tu puesto a una persona capaz". Nunca olvidaré ese momento frente a las máquinas despachadoras en Channel 5. Apenas si pude balbucear: "No defraudaré a mi jefe". Resolví también aprovechar esa oportunidad mientras durara. ¡Mi jefe podía convencerse de que esta reportera tenía razón!

Cuando, tiempo después, sufrí fracasos profesionales, descubrí que no podía controlar lo que me pasaba, pero sí su impacto en mi vida. El filósofo griego Epicteto lo dijo con elegancia: *No pidas que todo ocurra como deseas; desea que ocurra, y tendrás paz"*. Debo confesar que hice *este* descubrimiento tras hundirme un tiempo en la depresión y la autocompasión.

Hacer eso NO es fácil. ¿Cuántas veces no te han rechazado al pedir un empleo? ¿Acaso no te has sentido humillado cuando se te niegan oportunidades? ¿Frustrado cuando, en cambio, se le ofrecen a alguien que no cubre ni de cerca los requisitos? Tal vez problemas de salud hayan obligado a tu familia a reorganizar su vida. ¡No es justo! Yo me he visto en esas circunstancias. Y no es justo. Pero la clave está precisamente ahí. Tengo tres hijos, y al llegar al mundo nadie les dijo en la sala de partos: "De aquí en adelante todo va a ser justo". La vida no funciona de esa manera.

Esto parece no afectar a algunos. Así como hay quienes pueden cruzar sin problemas un campo de hiedras venenosas, hay quienes pueden sufrir todas las negaciones de la vida sin perder su temple. Yo no me cuento entre ellos. Niégame la entrada a la disco y una parte de mí querrá sollozar en la esquina preguntándose por qué no lleno los requisitos. No obstante, lo mejor de mí ya sabe que la autocompasión no sirve para nada. Mientras menos cedo al pesar, la frustración o el estrés, parece que tengo más éxito, tanto en lo personal como en lo profesional.

¿Realidad o ficción? En los últimos años he estudiado valores como gratitud, respeto, resistencia y fe. ¿Qué vuelve más resistentes a algunos? ¿Cómo logran que las dificultades de la vida se les resbalen? ¿Por qué parecen *más fuertes*? La respuesta está en el título de este libro: *Piensa positivo*. Estudios científicos recientes han demostrado que una actitud positiva tiene beneficios apreciables. Las personas agradecidas y positivas dicen vivir mejor y tener más recuerdos positivos. Está confirmado que quienes recuerdan hechos positivos son más resistentes, aun en las situaciones más difíciles. Quienes toman nota de lo bueno en su vida son más sanos, activos, productivos y queridos. ¡Las pruebas lo demuestran!

Más aún, las personas capaces de "acentuar lo positivo" son más listas, más hábiles para hacer asociaciones. Resuelven problemas en forma más rápida y correcta. A los jóvenes con recuerdos positivos les va mejor en sus exámenes.

¿Pero cómo recordar cosas positivas si se está en un aprieto grave? Muchos lo están en estos tiempos. El reciente desplome de los mercados financieros aniquiló empleos y ahorros de toda una vida. Un número incalculable de personas tuvieron que aplazar su jubilación e incumplir el pago de hipotecas. En Estados Unidos, el terrorismo ha producido cambios en la manera en que la gente viaja y percibe a los extranjeros.

Cambia tus ideas y cambiarás tu mundo

Aceptémoslo: esto no siempre es fácil. Cuando las cosas no marchan como queremos, los proverbios edificantes —*Cuenta bendiciones, no borregos; Si la vida te da limones, haz limonada,* y *Querer es poder*— resultan sencillamente fastidiosos. Podrán servir para decorar los cojines de la sala de estar, pero cuando te ves en una situación difícil los dichos no son de gran ayuda. Este libro sí.

Este nuevo y maravilloso volumen de ciento una historias inspiradoras, *Caldo de pollo para el alma: Piensa positivo*, está lleno de experiencias de personas reales con una vida ordinaria y problemas de verdad, pero que han encontrado la fortaleza indispensable para vencer esos retos, o simplemente maneras de dar más significado a su existencia. Su ejemplo puede ayudarte a hallar la clave para pensar en forma positiva, vivir mejor y sentir la pizca de motivación adicional que te impulsará a superar los tropiezos de la vida.

De hecho, la serie *Caldo de pollo para el alma* es un excelente caso de los resultados de pensar en forma positiva. Yo me enamoré de ella desde que apareció hace unos años, pero la historia de cómo surgió me gusta más todavía. Suelo contarla en mis discursos como una magnífica muestra de perseverancia. Jack Canfield y Mark Victor Hansen estaban seguros de que su modesta compilación de historias inspiradoras podía influir significativamente en la vida de los lectores. El problema es que ninguna editorial pensaba lo mismo. Llevaron su manuscrito a ferias del libro, y literalmente cientos de editoriales los ignoraron. Por fin una pequeña editorial aceptó imprimir unos miles de ejemplares, que ellos vendían en la cajuela de su coche cuando viajaban a dar charlas y firmar libros. Este "empeñoso trenecito" se convirtió en un bestseller en el mundo entero, y *Caldo de pollo para el alma* en un fenómeno editorial, una de las colecciones de libros más exitosas de la historia.

Todo consiste en creer. Como lo hacía JB, el huérfano de la película *Angels in the Outfield* (*Ángeles*). Este niño se acostaba cada noche con la esperanza de que al día siguiente encontraría una familia. "Tal vez mañana", se decía mientras se acurrucaba bajo las sábanas. A la usual manera de Hollywood, al final JB es adoptado por el entrenador de beisbol George Knox, interpretado por Danny Glover.

JB nunca renunció a la esperanza de "tal vez mañana". Los fundadores de *Caldo de pollo para el alma* no renunciaron nunca a su sueño de cambiar vidas mediante relatos incitadores. George Patton dijo: "El valor es el miedo un segundo después". Yo lo parafraseo así: "El éxito es el fracaso de muchos intentos previos". La mayoría no triunfamos porque nos rendimos demasiado pronto. ¿Sabías que para que el cliente promedio haga una compra hay que buscarlo de cinco a siete veces? El vendedor promedio se da por vencido al segundo o tercer intento. ¿Sabes cuál es el cuento clásico sobre la persistencia? *Green Eggs and Ham*, del Dr. Seuss. ¿Y cuántas veces uno de los protagonistas, Sam I Am, ofrece al otro un plato de huevos verdes con jamón? ¡Dieciséis! Cuando, por fin, este último aceptó probarlo, le gustó. Lo mismo podría ocurrirte a ti. Todo consiste en creer. Las historias de este libro te ayudarán a obtener la pizca extra de energía y actitud positiva que necesitas para desarrollar plenamente tu potencial. Ése fue justo el efecto que tuvieron en mí.

Cambia tus ideas y cambiarás tu mundo. Hasta que las busqué en la computadora, no sabía que estas palabras son del doctor Norman Vincent Peale. ¿Sabías que también él dudó de sí mismo una vez?

Rechazado por enésima ocasión, tiró el manuscrito de *El poder del pensamiento positivo* a la basura, de donde lo recuperó su esposa, Ruth. Más tarde se publicarían veinte millones de ejemplares de ese libro, en cuarenta y dos idiomas. Se dice que Ruth Peale, quien murió en 2008, aseguró al compararse con su marido: "Yo no dudo de mí tanto como él".

Te fascinará la historia de cómo el hoy exitoso autor James Scott Bell conoció al "padre" del pensamiento positivo. Bell cuenta que conocer a Peale influyó en su vida y le ayudó a superar la angustia de ser abogado y verse convertido en escritor.

¿Te da miedo perseguir tu sueño? No temas. Alcanzada por el desempleo al mismo tiempo que su esposo, Debbie Acklin sintió terror de tener que dedicarse a otra cosa, pero no había alternativa. Volvió a empezar, tomó un curso para hacer volantes por computadora, rentó un local y atrajo clientes suficientes para montar una empresa exitosa. Motivada por su ejemplo, yo empecé a pensar en estrategias para ampliar el negocio de hilados que acabo de poner.

Los problemas de salud son algo que todas las familias deben enfrentar, aunque no siempre es fácil ver bondades en una adversidad tan injusta. Mi primo Dan ha librado una larga, penosa y muy valiente batalla contra la esclerosis múltiple. Sus repetidas hospitalizaciones le han arrebatado muchas de las experiencias que un veinteañero debe disfrutar, pero no su capacidad para influir positivamente en los demás. Su estancia más reciente en el hospital fue tan severa que sus amigos decidieron visitarlo, muchos de ellos desde lugares remotos, para compartir recuerdos del impacto que él ha tenido en su vida. La mamá de uno de ellos contó que, cuando Danny se quedaba a dormir, rezaba antes de acostarse. ¡Qué bendición para sus padres saber que la enorme nobleza de Dan era evidente para todos! El capítulo "Retos a la salud" está repleto de historias semejantes en las que desgracias imprevistas cambiaron vidas, pero también brindaron oportunidades. Casos de personas como Shawn Decker, quien, como paciente de hemofilia, contrajo VIH de niño a causa de una transfusión sanguínea. Sin embargo, en vez de amargarse, se mantiene optimista y está agradecido con la vida. Actual líder de la comunidad con VIH, acuñó el término "positoide" para quienes se hallan en la misma situación que él.

A veces la magia reside en el momento. Las encuestas indican que nueve de cada diez personas dicen estar "muy presionadas" de tiempo (¡y apuesto que el otro diez por ciento estaba demasiado ocupado para hablar con el encuestador!). Los relatos del capítulo "Cada día es especial" nos recuerdan que a veces no hay nada mejor que una jornada común y corriente. Elaine Bridge solía darse los viernes el gusto de un café especial, y siempre tenía una actitud optimista ese día. Luego se dio cuenta de que también podía disfrutar de ese delicioso café y esa actitud positiva los demás días de la semana. ¿Por qué no volver especial cada fecha?

Una mañana, Heather Gallegos salió desganada a correr cuando un incidente le reveló que un día ordinario puede resultar todo menos eso. Un corredor se desplomó frente a ella, y Heather le administró compresiones de resucitación durante *once minutos*, hasta que llegaron los paramédicos. Como explica ella misma, ése fue "tiempo suficiente para salvar su vida. Tiempo suficiente para cambiar la mía".

Dicen que Dios nunca nos pide más de lo que podemos dar, pero es indudable que te maravillarán la fortaleza y resistencia de quienes comparten sus historias en los capítulos "Modelos a seguir" y "Vencer la adversidad". ¿Vives como deberías, o en apariencia algo no marcha "muy bien"? Shannon Kaiser era una joven que parecía tenerlo todo, salvo que no lo creía así. En el capítulo "Persistencia" describe cómo analizó cada aspecto de su vida hasta descubrir qué le daría el significado que le faltaba. Te asombrará la forma increíble en que el destino intervino en su existencia, lo cual le ayudó a cumplir sus metas.

Es de sobra conocido que me gusta hacer énfasis en la gratitud. El relato de Jane McBride Choate sobre lo útil que le fue llevar un diario de agradecimiento cuando el negocio de su esposo pasaba por una mala racha quizá animará a muchos a probar esa técnica. Como he asegurado en mis libros, vivir agradecidos nos vuelve más productivos y felices. Este fabuloso volumen termina con un capítulo de "Gratitud" que brinda ejemplos inspiradores del inmenso impacto que puede tener un "gracias".

Durante tu lectura, marca los relatos que tengan particular resonancia para ti. Querrás volver a ellos en los días que sientes que la vida puede más que tú. También te sugiero tener a la mano lápiz y papel para escribir las preguntas que se te ocurran sobre ti mismo. Cada una de las ciento un historias de este libro contiene una lección de beneficios específicos. Lo que extraigas de ellas será diferente a lo que he aprendido yo o a lo que aprendan tus amistades. Conforme avances, irás descubriendo un patrón en tus notas. Las preguntas que escribas –y las respuestas que vayas a darles– podrían ofrecerte una plantilla para vivir en forma más auténtica y plena.

¿Vives como crees que deberías?

¿Qué beneficios obtienes de las adversidades que enfrentas?

¿Qué favores has recibido este día, esta semana?
¿Quién es un modelo a seguir para ti? ¿Se lo has dicho?
¿Cómo puedes celebrar lo cotidiano y común?
¿Qué le daría mayor significado a tu vida?

Comparte este libro con tus familiares y amigos. Regálale un ejemplar a alguien que necesite un aliento. Y cuando te haga falta un recordatorio de que la vida está llena de bendiciones, beneficios, oportunidades y dicha, regresa a estas páginas. Te ayudarán a ver adelante con ojos agradecidos, positivos y alegres, capaces de reconocer el bien en el presente y el porvenir. ¡Esto es positivamente seguro!

DEBORAH NORVILLE

CAPÍTULO

Palabras que cambiaron mi vida

Las palabras tienen poder para destruir y curar.
Cuando son ciertas y bondadosas,
pueden cambiar el mundo.

BUDA

1

El día que conocí a Norman Vincent Peale

¿Por qué nos está yendo tan mal? —preguntó Cindy, mi esposa, de 28 años de edad—. ¿Por qué las cosas tienen que ser tan difíciles? No supe qué responderle, porque yo pensaba exactamente lo mismo.

Estábamos en la sala de estar esa mañana, sorbiendo un café. Cindy acababa de sufrir un fuerte revés en su trabajo, de bienes raíces. Un compañero suyo había hecho algo inmoral, y esto la había dejado sin la comisión que le correspondía. Todo apuntaba a un pleito en los tribunales, con las tensiones consecuentes.

> Cuatro cosas para el éxito: trabajo, oración, reflexión y fe.
>
> NORMAN VINCENT PEALE

Yo, escritor de novelas de suspenso, enfrentaba por mi parte el mayor obstáculo de mi carrera: el salto a un nuevo mercado que era todo menos seguro.

Así que ambos guardamos silencio un rato, hasta que de mi boca salió lo siguiente:

—Tenemos que ser más pealesianos.

Hacía mucho que no aludía a Norman Vincent Peale, pero en ese momento pareció lo más indicado. Porque una vez, treinta años antes, las palabras de Peale me habían sacado de uno de los periodos más oscuros de mi vida.

En ese entonces me dedicaba a la actuación, vivía en Hollywood, trabajaba esporádicamente, iba a audiciones y andaba de un lado para otro. Si hay un oficio en el que abunden los fracasos, es la actuación. El rechazo es tu constante compañía, la duda tu parlanchina vecina de al lado.

Un deprimente día de verano de 1979 me encontraba en la esquina de Hollywood y Vine. Acababa de salir de una audición y regresaba a mi departamento. Al hacer alto en el crucero más famoso de Hollywood, el autobús que pasó junto a mí me lanzó una bocanada de humo negro. Una oleada de desesperación se apoderó de mi ser. ¿Qué caso tenía todo esto? Como en la vieja canción de Peggy Lee, me pregunté: "¿Eso es todo lo que hay?".

Más que desesperado, me dirigí a la Librería Pickwick, en Hollywood Boulevard. Una vez ahí, busqué la sección de religión, quizá pensando que lo que necesitaba era recuperar mi fe.

Tiempo atrás, había ingresado a la universidad al terminar la preparatoria. Pronto estaba envuelto en muchas de las cosas que decían que pasaban en las "escuelas parranderas". Los domingos no iba a la iglesia, sino a la playa a tomar cerveza. Ahora, tres años después de haberme graduado, esperaba que un libro me librara, aunque fuera en parte, de la oscuridad que abatía mi espíritu.

Mientras recorría los títulos, noté que destacaba el nombre de Norman Vincent Peale. Yo ya había visto *One Man's Way* (*El camino de un hombre*), una película basada en su biografía. "Si hicieron una película sobre él", pensé, "por algo será".

Así que compré *El poder del pensamiento positivo*, volví a mi departamento y me puse a leer. Seguí los pasos que el doctor Peale propone al final de cada capítulo. Meses después me mudé a Nueva York, para estudiar actuación y trabajar en el teatro. Hallé alojamiento en una pensión en West 23rd Street, conseguí empleo como mecanógrafo eventual, me ofrecí como voluntario para mover la escenografía en un teatro fuera de Broadway y adopté en general los hábitos de la ciudad. Lo cual quiere decir mucha prisa y una buena dosis de ansiedad urbana.

En algún momento recordé que el doctor Peale había sido pastor en la Marble Collegiate Church de Nueva York. Me pregunté si aún viviría. (¡Era la época previa a la internet y Google!). Busqué la dirección de aquella iglesia en el directorio telefónico, y fui a preguntar por el doctor Peale. Me dijeron que no sólo vivía, sino que además predicaba todos los domingos, a sus casi 82 años de edad.

El domingo siguiente fui a verlo. Era el 9 de marzo de 1980. Desde un palco lo oí dar el sermón titulado "You Can Win Over All

Defeats" ("Ustedes pueden superar todos los fracasos"). Recuerdo que me impresionó lo grave, resonante y expresivo de su voz. En especial cuando dijo: "Hay una invulnerabilidad que procede de la fe. Me gusta esta palabra. ¡Invulnerabilidad! ¡E invencibles! ¡Así son ustedes! ¿Creen que los elevo demasiado? Lo hago con base en la Biblia, que dice: 'Ésta es la victoria que sometió al mundo', lo cual significa a todo el mundo".

Compré el sermón en audiocaset. Todavía lo tengo. Garabateé con tinta en la etiqueta: "El día que lo conocí".

Después de la ceremonia me presenté en la oficina de Peale, con la esperanza de poder estrechar su mano. Una amable secretaria me pidió aguardar un momento. Desde donde yo estaba, oí retumbar la dinámica voz del pastor mientras hablaba con alguien por teléfono.

El doctor Peale salió de pronto, sonriente, y su secretaria lo condujo hasta mí. Me presenté y él me dio un fuerte apretón de manos. "¡Encantado de conocerlo!", me dijo.

Conversamos unos minutos. Me preguntó en qué trabajaba y sobre mis intereses. Él me pareció la prueba viviente del valor de su filosofía. Poseía la energía y entusiasmo de un hombre de la mitad de su edad. Hablaba mirándome a los ojos, lo que me hizo sentirme tratado como la persona más importante del mundo.

La vida siguió su curso. Me casé, volví a Los Angeles, ingresé a la escuela de derecho, empecé a formar una familia. También comencé a escribir. A lo largo de esos años releí ocasionalmente los libros de Peale, y recordaba con gusto su voz tronando desde el púlpito.

Cindy y yo pasábamos ahora por un largo periodo de retos. En esos meses, nos recordamos sin cesar uno a otro que debíamos "ser pealesianos". No siempre era fácil mostrar una actitud positiva, pero ser pealesianos nos permitió sobrellevar muchos malos días.

Entonces nuestras plegarias fueron atendidas.

Tras muchas semanas de incertidumbre, el pleito de Cindy se arregló con una simple teleconferencia. Ella recibió una compensación justa y se libró de la amenaza de un largo litigio.

Mi espera duró meses y más meses. La industria editorial pasaba por un mal momento. Nadie sabía en qué pararía todo.

Durante ese periodo tuve que recordarme muchas veces que debía ser pealesiano.

La buena noticia llegó al fin. Mi agente me llamó para decirme que ya tenía en su poder el contrato que esperábamos, por varios libros, y que era tal como yo lo había deseado.

Cindy y yo celebramos con un baile en la sala de estar, y más tarde me di cuenta de lo importante que había sido aquel día en que entré a la Librería Pickwick y encontré el libro del doctor Peale. Y también el día en que lo conocí y lo oí hablar.

Siempre que las necesito, sus palabras están ahí, esperándome: "¡Invulnerabilidad! ¡E invencibles! ¡Así son ustedes!".

JAMES SCOTT BELL

2

Bailando bajo la lluvia

Mi esposo y yo acabábamos de cenar en un restaurante y paseábamos plácidamente por las tiendas del centro comercial vecino. Entramos a una tienda que vendía productos artesanales, con la esperanza de hallar algunos regalos de navidad de último minuto. El aroma de jabones e inciensos de factura casera incitó nuestra nariz al cruzar la puerta.

Había mucho que ver. Cada estante y pared estaba repleto de manualidades diversas. Mientras recorría la tienda, vi una placa de madera que colgaba sin mayor ceremonia de un muro. Me volví para mirarla otra vez, y recuerdo haber asentido con la cabeza aprobando el mensaje grabado en ella. Seguí viendo otros artículos, pero la placa no cesaba de atraerme.

> Quien diga que el sol trae felicidad, nunca ha bailado bajo la lluvia.
>
> ANÓNIMO

Frente a ella, me sentí un poco como la niña que, al escarbar en el cajón de arena, encuentra un tesoro inesperado: una moneda fulgurante o un juguete perdido. Ahí, entre las demás artesanías, yo había hallado un tesoro simple pero inestimable oculto en un mensaje. Un mensaje que yo necesitaba.

"La vida no consiste en esperar a que pase la tormenta", proclamaba la placa, "sino en aprender a bailar bajo la lluvia".

Cuando me acerqué a mi esposo y le señalé la placa, vi que también él valoraba esa sencilla lección. ¿Qué tan seguido no habíamos puesto condiciones a nuestra felicidad? Seríamos felices cuando termináramos de pagar la casa. Haríamos juntos más cosas cuando nuestros hijos se asentaran. En las incertidumbres de esos "cuando" queda muy poca dicha para el aquí y ahora.

Al ver la placa, recordé un cálido y bochornoso día del verano anterior, cuando, sin saberlo, puse en práctica ese mensaje. Nubes oscuras cubrían las estribaciones de las Rocallosas, cargadas de humedad. A media tarde comenzó una lluvia ligera, pero pronto un aguacero llenó de agua impetuosa las alcantarillas, y desapareció tan rápido como había llegado.

Seguía chispeando cuando salí a recoger la correspondencia. Aún corría mucha agua por las coladeras. No sé qué me pasó, pero de repente me sentí impulsada a hacer algo un poco descabellado para mis cincuenta y tantos años.

Me quité los zapatos y las medias y caminé descalza entre el agua. Estaba deliciosamente tibia, calentada por el pavimento que el sol del verano había asado.

Estoy segura de que mis vecinos pensaron que había perdido hasta el último vestigio de sensatez, pero no me importó. En ese momento me sentí viva. No me preocuparon las cuentas, el futuro ni ningún otro afán de cada día. Experimenté un regalo: ¡un momento de alegría pura y simple!

La placa cuelga ahora en mi sala, obsequio navideño de mi esposo. Paso junto a ella muchas veces al día, y con frecuencia hago una pausa para preguntarme: "¿De veras bailo bajo la lluvia?".

Creo que sí. Sé que lo intento. Es un hecho que ahora dedico más tiempo a reconocer los grandes beneficios a mi alrededor, satisfacciones que demasiado a menudo pasaban inadvertidas en mi prisa por asegurar la felicidad futura. Celebro más plenamente mis adoradas bendiciones, como que mi hijo con necesidades especiales aprenda a manejar solo, el afecto de los buenos amigos y la belleza de la primavera. Sí, ¡paso a paso aprendo a bailar bajo la lluvia!

JEANNIE LANCASTER

3

Cada día una obra maestra

Nunca pensé que volvería a vivir con mis padres al salir de la universidad. De hecho, durante el último año ahí me dije que era absolutamente imposible mudarme de la estimulante metrópoli de Los Angeles, de intensa vida cultural, a la recámara de mi niñez en la aletargada y pequeña ciudad costera donde crecí.

Así que solicité becas en el extranjero. Dediqué muchas horas a mis solicitudes, corrigiendo artículos, juntando cartas de recomendación, examinando planes de estudio y ensayando entrevistas. Llegué a la última ronda de dos prestigiosas becas, pero al final no me dieron ninguna.

> Más que un cambio de escenografía, muchas veces lo que se necesita es un cambio interior.
>
> ARTHUR CHRISTOPHER BENSON

Renuente a hundirme en la decepción, presenté solicitudes en escuelas de posgrado de todo el país. Cuatro meses después, mi buzón estaba lleno de cartas de rechazo.

Ya era abril. Sólo me quedaba un mes antes de que la graduación universitaria me arrojara a la Realidad. Busqué en internet empleos en el área de la bahía, donde a mi novio aún le faltaba un año como estudiante en la San Francisco State. Pensé que podría encontrar trabajo allá, vivir cerca de él y disfrutar del estímulo creativo de una ciudad nueva.

Pero semanas después de la graduación, rompí con mi novio. Mis amigos de la universidad se dispersaron entonces por todos los rincones del planeta. Yo metí mis pertenencias en la minivan de mis padres y volví a casa, sintiéndome un completo fracaso.

No me malinterpretes. Adoro a mis papás, y entendí que era muy generoso de su parte que me permitieran volver a casa y se tomaran un poco de tiempo para descubrir cuál era mi talante tras haberme titulado. Es probable que, cuando me marché a la universidad, ellos hayan compartido mi creencia: que me iba para siempre. Pero en vez de estar agradecida con ellos, sólo podía pensar en que me sentía una perdedora. Tenía un impresionante título universitario, pero estaba en el mismo lugar donde había empezado cuatro años antes. Me sentía triste por haber roto con mi novio. Extrañaba a mis amigos de la universidad. Sentía que todos menos yo iban por el mundo haciendo cosas impactantes y emocionantes.

Luego de varios días de depresión, encontré una frase famosa: "Haz de cada día una obra maestra". Me di cuenta de que no tenía por qué vivir sola en una ciudad nueva y estimulante para hacer de mis días obras maestras. Podía comenzar en ese momento. Pegué esa frase en el espejo del baño. La puse de fondo en mi celular. La añadí a la firma de mis correos. "Haz de cada día una obra maestra" se convirtió en mi lema.

¿Cómo era un día al que pudiera calificarse de "obra maestra"? Sopesé esta pregunta. En mi opinión, para que un día fuera una auténtica "obra maestra" debía incluir tiempo con mis seres queridos, tiempo dedicado a hacer ejercicio y cuidar de mí, tiempo ofrecido voluntariamente a ayudar a los demás y tiempo dedicado a mi pasión por escribir.

Usé esta definición para organizar mis días.

Cambié mi manera de pensar y comencé a ver mi periodo en casa como un don, en el sentido de que podía pasar mucho tiempo con mis padres. Mi papel en casa ya no parecía ser el de hija; más bien, mis papás me trataban como persona adulta, y nuestra relación maduró hasta desembocar en un trato de respeto mutuo y consideración. Casi todos los días visitaba a mi abuelo, que vivía en la misma ciudad, y me empapaba de sus relatos. Volví a relacionarme con buenos amigos de la preparatoria de los que me había alejado en los últimos años.

En la universidad había estado a menudo demasiado ocupada o estresada para preparar platillos saludables o hacer ejercicio. Ahora que estaba empeñada en hacer de cada día una obra maestra, buscaba tiempo para cuidar de mi salud. Empecé a levantarme temprano y a correr cada mañana en el parque cerca de mi casa. Iba a recauderías, compraba más frutas y verduras y buscaba recetas saludables en internet. En dos semanas me sentía más fuerte y vigorosa que en años. Mi ejercicio matutino se convirtió en mi rato más preciado para pensar y mantenerme en contacto con mi vida interior.

Me ofrecí a dar clases de redacción y lectura en una escuela. Pasaba tiempo en la casa de reposo visitando a los ancianos. Me puse en contacto con el centro de voluntarios de la ciudad y participaba en actos para limpiar las playas y recaudar fondos.

Además, empecé a escribir dos horas al día. Siempre había querido dedicarme a escribir, pero en la universidad lo hacía en forma muy irregular: veinte minutos algunos días, nada en semanas, luego un fin de semana entero encerrada en mi cuarto con mi laptop. Establecer una rutina para escribir me hizo más fácil ponerme en "vena de escritora". Algunos días, las palabras fluían libremente. Otros, pasaba la mayor parte de esas dos horas mirando por la ventana y tecleando notas inconexas. Pero comencé a acumular páginas. Escribía artículos, ensayos, cuentos. ¡Hasta empecé una novela!

Algunos días no eran tan balanceados como otros. Tareas y problemas surgían en forma inesperada; no todos los días se desenvolvían según lo planeado. Pero al acostarme cada noche y reflexionar en lo que había hecho, me sentía satisfecha y orgullosa. Creo que es muy cierta la trillada frase de que "todo tiene una razón". Al mirar atrás, pienso que haber vuelto a casa después de graduarme fue lo mejor que pude hacer. Ahora, mientras me preparo para ingresar a una escuela de posgrado en unos meses, me siento concentrada, rejuvenecida y feliz de ser como soy.

No fui un fracaso; nunca lo había sido. Hoy comprendo que mi mentalidad negativa era lo que más me frenaba. Mi "éxito" no depende de lo que piensen los demás, ni de lo que mis amigos hagan, ni de lo que yo crea que "debería" hacer. Mi vida es un éxito cuando cumplo mi lema y hago de cada día una obra maestra.

DALLAS WOODBURN

4

Palabras sabias

Era mi primer día como coordinadora de asuntos escolares de la preparatoria en la que había sido maestra hasta entonces. Le pregunté a mi antecesora en el puesto cómo había podido trabajar con un director tan intolerante y tan negativo en su trato con los profesores.

Su respuesta fue tan bella y positiva que la adopté de inmediato. Me ahorró interminables horas de frustración y se convirtió en solución de conflictos en toda de mi vida.

Contestó simplemente: "Pidiendo por él. Es muy difícil que te desagrade alguien por quien pides en tus oraciones".

KAY CONNER PLISZKA

> No me agrada ese sujeto. Ha de ser que debo conocerlo mejor.
>
> ABRAHAM LINCOLN

5

Dos desconocidas

M i afortunada vida ha estado llena de momentos graciosos, anécdotas propias de divertidas conversaciones de sobremesa con amigos. He notado que mis historias suelen comenzar con las palabras "¿A que no saben qué me pasó?", seguidas por relatos de citas románticas horribles o situaciones vergonzosas. Aunque cómicos y entretenidos, ninguno de esos momentos ha tenido mayor significación ni impor-

> La buena suerte rehúye
> el pesimismo.
> No te desanimes.
> Te llegarán cosas buenas
> y tú llegarás a ellas.
>
> GLORIE ABELHAS

tancia. No me fijé que un momento realmente valioso cruzaba mi camino un húmedo día de julio, cuando mi coche se descompuso en St. Joseph, Michigan.

Apenas siete semanas antes de esa descompostura, yo había salido de Michigan tras abandonar un empleo absurdo, y me dirigí a Colorado para empezar una nueva vida y carrera a los 26 años de edad. Estaba firmemente convencida de que ésta era mi oportunidad para abrirme paso en el mundo: hacer realidad un trabajo de ensueño con jóvenes en el YMCA de Colorado Springs.

Esa "nueva vida" nunca se concretó. En cambio, pasé enferma cuatro de esas siete semanas antes de aceptar el hecho de que la altura no le sentaba bien a mi asma. Obligada a dejar lo que creí que sería una vida nueva y emocionante, enfrenté la desagradable realidad de tener que volver a mi existencia en Michigan, donde mi situación era: mujer de

26 años, soltera y desempleada que vive con sus padres y no tiene idea de qué hacer con su vida.

Manejar sola más de dos mil kilómetros, enferma y con el ánimo por los suelos fue espantoso, aunque la palabra "espantoso" se queda corta. El resuello constante, la dificultad para respirar y un fuerte dolor en los pulmones me causaron grandes molestias, y las medicinas que tomaba me hacían sentir adormilada todo el tiempo.

El alivio apareció al llegar a la frontera de Michigan, alrededor de las diez de la noche. Cansada y frente a cuatro horas de trayecto, arribé a la ciudad de St. Joseph, renté un cuarto en un motel y me acosté de inmediato. Al entrar al hotel no me di cuenta de que el extractor de mi coche seguía funcionando. Pero sí que lo noté cuando, a la mañana siguiente, mi auto no encendió.

En ese momento, en el estacionamiento del motel, quise llorar. Quise gritar. Además de todo el estrés médico y mental que me había afligido en las últimas siete semanas, ahora tenía que hacer frente no sólo a un colapso físico, sino también a una descompostura mecánica. Lo único que quería era estar en casa. En casa. Pero ahí estaba yo: varada, enferma, cansada de manejar, molesta por haber tenido que dejar atrás una oportunidad y enojada con el mundo. He crecido oyendo a la gente decirme que "Dios nunca da más de lo que podemos aguantar". Pero en momentos así parece que le gusta romper moldes.

Luego de ser remolcada a la distribuidora de autos más cercana, me instalé en la sala de espera durante una reparación de dos horas. Me puse a platicar entonces con una señora mayor, sentada a unas sillas de mí. Tenía un rostro amable ligeramente tocado de sabiduría, y una apariencia accesible y maternal.

—¿Le están arreglando su coche? —preguntó interesada. Supuse que había visto frustración en mi cara.

—Sí —contesté, con un suspiro—. No arrancó. No tengo idea de qué le pasa.

Me recosté en mi asiento, apoyé la cabeza en la pared lisa detrás de mí y miré las pálidas luces fluorescentes en el techo, pensando cuántas horas estaría sentada ahí.

Inesperadamente, sin que yo lo supiera, y en el instante más extraño, mi momento significativo comenzó a desenvolverse. Empezó normalmente mientras esa buena señora y yo nos poníamos a platicar. Me pidió que le contara qué le había pasado a mi coche. Lo hice, y luego desembocamos en una agradable conversación informal, sobre las cosas de las que se habla con desconocidos en salas de espera, como vacaciones, la historia del clima en Michigan y lugares para comer. Pero después nuestra conversación pasó de lo vago a cosas más personales. Ella habló de que forcejeaba con sentimientos de culpa porque pensaba internar a su madre, de 85 años, en una casa de reposo. Yo intenté compadecerla y le conté que mis padres, ya mayores de 60, querían comprar un seguro por si alguno de ellos, o ambos, necesitaban atención en una casa de reposo. Hablamos de la vida, de la vida real. De mi viaje a Colorado, mi asma, su hogar, el retiro de su esposo y el de mis padres.

—Ya está listo su coche, señora —le dijo de pronto el gerente de servicio.

—Gracias —respondió ella.

Se puso de pie y yo le sonreí. Me deseó buena suerte mientras recogía su bolsa y las llaves del coche del asiento de junto. Pero entonces, cuando estaba a punto de marcharse, titubeó y se volvió hacia mí.

—¿Sabe qué? Tengo algo que decirle —explicó, y vi que su rostro adoptaba una expresión seria. El brillo de sus ojos azules se atenuó un poco mientras veía el piso y luego me miraba a los ojos—. Mi hija murió hace unos años. Aún ahora me es muy difícil hacer hasta las cosas más sencillas. —Tragó saliva, exhaló largamente y continuó—: Pero de vez en cuando conozco a alguien que me la recuerda, y hoy usted me hizo recordarla mucho. —Sonrió con lágrimas en los ojos y prosiguió—: Creo que a veces Dios pone gente en mi camino para que me acuerde de ella y mostrarme que mi hija aún está conmigo y puedo superar esto. Me dio mucho gusto platicar con usted el día de hoy. —Una sonrisa sincera cubrió su rostro—. Cuando llegue a casa, hágame el favor de abrazar a sus padres. Son muy afortunados de tenerla.

Se me hizo un nudo en la garganta. No supe qué contestar. Sentí que los ojos se me anegaban de lágrimas, y lo único que pude hacer fue mascullar un lastimoso "Gracias". Estaba atónita, confundida y, sobre todo, triste. Me conmovió mucho lo que esa señora me dijo, aquella revelación sobre su hija y la sinceridad con que la hizo. Tiendo a ocultar mis emociones, pero ese día me paré, la abracé y le dije:

—A mí también me dio mucho gusto platicar con usted.

Hablaba en serio.

Horas más tarde llegué a la entrada de la casa de mis padres. Mi mamá salió a recibirme con su amplia y cordial sonrisa de siempre y me envolvió en un fuerte abrazo, de los que generan amor y calidez y que sólo una madre puede dar. Estaba en casa. Abracé a mi mamá con todas mis fuerzas. Desde ese día, jamás he vuelto a cuestionar por qué a veces me pasan cosas malas, locas o divertidas ni nada de lo que me sucede. Y claro que nunca preguntaré "¿Por qué a mí?" cuando vuelva a tener problemas con el coche.

MAGGIE KOLLER

6

Escucha a tu madre

Mi abuela siempre decía: "Querer es poder". Mi madre adoptó ese mantra y me lo recitó muchas veces en mi infancia. Normalmente trataba de obligarme a hacer algo que yo no deseaba. Esto equivalía a agitar un trapo rojo frente a un toro. Irritante como era, echó raíces.

Hace años, mi esposo se quedó sin trabajo a causa de un recorte de personal, lo que nos dejó con un solo ingreso: el mío. Hasta entonces habíamos sido una familia con dos ingresos para pagar las cuentas, y teníamos dos hijos que mantener. Él recibió una generosa indemnización, pero ese dinero no duró mucho. Justo cuando parecía que las cosas no podían empeorar, sucedió. Yo también me quedé sin trabajo.

> Quien espera que algo mejore, podría empezar por subirse las mangas de la camisa.
>
> GARTH HENRICHS

Mientras mi esposo salía a recorrer las calles, tocar puertas, hacer llamadas y buscar empleo en los periódicos, yo me quedaba en casa y hacía todo lo posible por aprovechar cada centavo al máximo. Solía ser difícil conservar una actitud optimista y positiva, pero hacíamos lo que podíamos.

Un día saqué leche del refrigerador y vi que estaba tibia. No teníamos dinero para llamar a un técnico, así que le subimos todo al refri y nos encomendamos al cielo.

Angustiada por nuestra situación, me puse a pensar qué podía hacer para ganar dinero. Aun un poco ayudaría. Al menos podríamos componer el refrigerador. ¿Pero qué podía hacer? Yo también empecé a revisar los anuncios clasificados, y presentaba solicitudes en cualquier cosa para la que estuviera siquiera remotamente calificada.

Un día fui a comer con una antigua compañera de trabajo que insistió en que yo sería buena dando clases de computación. En mi anterior empleo había usado mucho software de procesamiento de texto y sin duda era una experta, pero ¿podría ofrecer en venta esa habilidad? ¿Realmente era posible que la gente me pagara por enseñarle? Las únicas clases que había dado alguna vez habían sido las de la escuela dominical. Recordé el mantra de mi madre: "Querer es poder".

No sabía por dónde empezar. Tras formular por fin un plan, lo primero que hice fue indagar si había locales disponibles y su costo. Después de conseguir uno, fui a la Cámara de Comercio y obtuve un directorio de socios. Vacié las direcciones en la computadora y las imprimí en etiquetas. Luego diseñé un folleto para publicitar mi curso que pudiera mandarse por correo. Me senté en el suelo, doblé los folletos y les pegué las etiquetas de direcciones y estampillas. Al día siguiente me subí al coche, recé fuera de la oficina de correos y entré y deposité los folletos. El dinero que invertí en todo esto era demasiado para nosotros.

Dudé mucho de mí misma mientras esperaba las respuestas. No tenía ninguna experiencia manejando un negocio, ni siquiera tan pequeño como éste. Tampoco la tenía como maestra. Sólo tenía una necesidad, y recordé las palabras de mi madre: "Querer es poder". Y yo quería.

Diario esperaba con ansia el correo. El tercer día recibí la primera respuesta. Corrí a enseñársela a mi esposo. "¿Por qué no la has abierto?", preguntó. Abriendo cuidadosamente el sobre, encontré un cheque y dos inscripciones. ¡No podía creerlo! Necesitaba diez personas para cubrir mis gastos. En las dos semanas siguientes recibí más cheques e inscripciones. El día de mi primera clase tenía diecisiete alumnos.

Había rentado computadoras, pero no tenía dinero para que me las entregaran e instalaran. "No te preocupes, cariño", me dijo mi esposo, abrazándome. "Me tienes a mí. Yo te voy a ayudar. Lo lograremos". El día de mi primera clase salimos temprano a recoger las computadoras. Hicieron falta dos viajes para llevarlas todas al local. Dedicamos la hora siguiente a descargarlas, conectarlas e instalar el software. Luego mi esposo se fue y yo me quedé sola, esperando a mi primer alumno.

En los quince minutos posteriores fui dos veces al baño, revisé tres veces mi peinado y maquillaje y tuve un pequeño ataque de pánico. ¿Qué diablos creía que hacía? ¡Esas personas me pedirían que les devolviera su dinero!

Llegaron las primeras. Sonreí, me presenté y las marqué en mi lista de asistencia. Mis alumnos fueron llegando uno por uno, y tomaban asiento. Hice cuanto pude por fingir que me preparaba, aunque un par de ocasiones sonreí nerviosamente al grupo. Una vez presentes todos, repartí las hojas del curso y empecé. Minutos más tarde ya estaba relajada, dando instrucciones y respondiendo todas las preguntas. Las horas pasaron rápidamente.

Cuando llegó mi esposo para ayudarme a desmontar las computadoras, corrí hacia él, emocionada.

—¡Les encantó la clase! Me preguntaron si voy a dar otros cursos, para que sus compañeros puedan asistir.

—¡Qué bueno! —exclamó él, algo aturdido. No estoy segura de que haya creído que tendría éxito, pero siempre me apoyó.

En los meses siguientes di varios cursos más. Descubrí el servicio postal medido, puse una línea telefónica y obtuve una licencia comercial. Gané lo suficiente para cubrir mis gastos, y un poco más cada vez. No iba a hacerme rica, pero ayudaba a mantener a flote a mi familia, ¡y me sentí muy bien!

Nunca olvidaré el día en que llegó nuestro nuevo refrigerador. Era mucho más grande que el viejo. Lo pagué con mis clases. No me habría sentido más orgullosa si hubiera pagado un coche nuevo. Sí, esto habría sido grandioso, ¡pero haber querido y podido me hizo sentirme más que satisfecha!

Después, tanto mi esposo como yo conseguimos trabajo de tiempo completo. Mi nuevo jefe me dijo que las dos cosas que distinguían a mi currículum eran mi experiencia como instructora y que hubiera tenido un negocio propio, lo que indicaba que podía manejar proyectos y mandarme sola. Llevo dieciséis años en esa compañía.

Cada vez que me asignan un proyecto aparentemente enorme o que tengo que trabajar en algo nuevo, no dejo de oír la voz de mi madre: "Querer es poder". ¡Gracias, mamá!

DEBBIE ACKLIN

7

Ve y ya

Un día en que paseaba por el bosque cerca de mi casa, en Cape Cod, conocí a alguien que me dio una lección muy breve que cambió mi vida.

Se llamaba Morris, y parecía tener más de 70 u 80 años. Me dijo:

—Vengo aquí todos los días, llueva o truene.

Al notar que yo llevaba puesto un cuello ortopédico y que me apoyaba en un árbol con una mano y en un bastón con la otra, añadió:

—¿A ti te cuesta trabajo venir?

—A veces.

Movió la cabeza en señal de que comprendía y comentó:

—Pero vienes de todas formas.

Ese día en el bosque en que hablamos con el corazón, al parecer creamos un lazo muy especial.

> Valor es temer pero seguir de todos modos.
>
> DAN RATHER

—Francamente —le dije—, lo difícil es decidirme a venir, más que caminar hasta acá. Y eso no tiene nada que ver con el bastón o el collarín, sino con mi humor.

—No sabes si quieres hacerlo o no. Ése es el problema.

—¡Sí! —exclamé, riendo por lo bien que él lo había dicho—. Y ese segundo de inseguridad me basta para encontrar un pretexto y convencerme de encender la televisión.

Él dijo entonces las tres palabras mágicas que ahora me repito casi todos los días:

—Ve y ya.

Bob, mi esposo, me preguntó después qué había querido decir Morris.

—Bueno, yo lo veo así. Cuando pienso: "Debería ir a hacer ejercicio", me pongo a pensar de inmediato en cada paso que implica hacer eso. Primero tengo que bañarme. Luego tengo que decidir qué ponerme. Después tengo que buscar todos mis aparatos. Luego tengo que… bla, bla, bla. Creo que lo que Morris quiso decir fue que debo desechar todas esas ideas. O sea, que en lugar de tratar de convencerme de no hacerlo, me diga a mí misma: "Ve y ya".

Bob ha puesto en práctica la filosofía de Morris, y le ha servido mucho.

—Seguido me aturdo en la computadora con los detalles de todo lo que tengo que hacer —me explicó—. A veces los evito, pero es absurdo. Así que en vez de pensar en lo general, me digo: "Ve y ya", y lo hago.

Esta nueva manera de ver las cosas funcionó muy bien hasta que Kelvin y Amy, su esposa, se pusieron en contacto conmigo. Ellos son los organizadores y operadores del Cape Cod Challenger Club (Club de Desafiantes de Cape Cod). Han leído muchos de mis artículos periodísticos. Uno de mis temas más frecuentes son las discapacidades. Por eso me buscaron.

Kelvin me escribió en el correo electrónico: "Organizamos todo el año actividades deportivas, recreativas y sociales para jóvenes de Cape con discapacidades físicas y de desarrollo".

Y continuó: "En nuestra temporada de beisbol, el parque se llena de cientos de personas cada domingo. Sería un honor para nosotros que tú fueras la oradora el primer día del torneo e hicieras el primer lanzamiento".

Me llevé las manos a la cabeza. Hablar en público es la peor de mis fobias. Pero no podía decir que no. Así que al instante tuve este altruista y benévolo pensamiento: "Te odio, Kelvin".

Bob me acompañó al día siguiente a Dunkin' Donuts a conocer a Kelvin.

—Por favor no me hagas dar un discurso —le rogué a ese joven encantador que tenía la loca idea de que, como yo escribía artículos, podía formar palabras… en voz alta.

—¿Unas cuantas frases? —aventuró.

Gané tiempo lamiendo el queso crema de mi dona. Bob no dejaba de patearme y tocarse el bigote, con lo que, como descubrí mucho después, quería avisarme que tenía un buen embarrón de queso crema en el labio de arriba.

Acepté de mala gana.

La noche antes de mi discurso, desperté a Bob.

—¿Y si no puedo hablar y sólo hipeo diez sílabas en vez de palabras? —lo mismo había pasado en nuestra boda—. ¿Y si no puedo caminar? ¿Y si me da un ataque de pánico? ¿Y si…?

Bob me calló dulcemente. Me dijo:

—Sabes que sólo importa una cosa.

Lo sabía.

Así que decidí "ir y ya" al partido inaugural.

Todo marchó de maravilla. Aunque esto no quiere decir que me haya ido bien en mi discurso. Me trabé, tartamudeé y hasta me quedé en blanco dos veces. ¿Debí avergonzarme por eso? ¡Claro que no! Me bastó con ver a los niños, padres, maestros y voluntarios, y la bella y expectante mirada en la cara de todos. Veían a alguien que, como ellos, estaba discapacitado y simplemente estaba ahí haciendo un esfuerzo.

Hice la cosa más rara en mi discurso. Dije la verdad. Es ésta:

"Me da mucho gusto estar hoy aquí con ustedes, los increíbles miembros del Cape Cod Challenger Club. Es un honor que Kelvin y Amy me hayan invitado.

"Y también me da mucho miedo hablar frente a un grupo tan grande. Pero debo decirles que me dan miedo muchas cosas, y de todas maneras trato de hacerlas.

"Así que mi mensaje para ustedes es éste:

"No importa ganar.

"No importa temer.

"¡Lo único que importa es hacer el esfuerzo!

"Bueno, ¿quién me va a ayudar a hacer el primer lanzamiento?".

Muchos niños, todos ellos discapacitados, levantaron la mano. "¡Yo! ¡Yo!". Corrieron felices a ayudarme. Yo temblaba. Mi grupo de ayudantes evitó que me cayera. Les pedí a los niños que sostuvieran mi brazo y la pelota, para que sintieran que también ellos hacían el primer lanzamiento. Y al terminar, todos gritamos: "¡PLAY BALL!".

Alguien me dio entonces un inmenso ramo de flores.

¿Sabes una cosa? Descubrí que no habría importado si hubiera perdido el equilibrio. Que no habría importado si de repente me hubiera sido difícil hablar de lo malo que me pasa a veces.

Lo único que importó fue haber ido: por los niños, por quienes los cuidan y por mí.

Agradezco a Dios haber tenido ese encuentro casual con Morris en el bosque. Aunque él me dijo que iba ahí todos los días, no he vuelto a verlo desde entonces.

Y aunque conozco a más de cuarenta personas que hacen ese mismo paseo en el bosque, ninguna ha visto nunca a Morris. Éstas son las cosas que nos hacen maravillarnos.

SARALEE PEREL

8

Encuentro con
mi verdadero yo

Aquel día empezó como uno de los mejores de mi vida, y sin duda de mi carrera. Mi equipo y yo fuimos reconocidos como la mejor unidad de la compañía, e iríamos a comer juntos para celebrarlo. Mis colaboradores eran un grupo maravilloso, y ellos y yo estábamos orgullosos de lo que habíamos logrado en el último año gracias a nuestro arduo trabajo y espíritu de equipo.

La comida fue agradable, los platillos excelentes y la camaradería que reinó en la mesa me hizo sonreír. Estaba orgullosa de ese grupo, cuyos miembros reían, gritaban y se estimaban unos a otros, y me sentía halagada de ser su jefa. El clima era limpio, fresco y soleado, y pensé para mí: "Nada podía haber sido mejor". Era un día perfecto.

> El sabio no lamenta
> lo que no tiene, sino
> se regocija con lo que
> posee.
>
> EPICTETO

Después de comer, regresamos al trabajo. Al revisar mi correo, me topé con el aviso urgente de una teleconferencia para esa misma tarde. Era costumbre que hubiera teleconferencias en vez de juntas de gerentes, para reducir costos, así que no di importancia a ésta y seguí poniéndome al tanto de los pendientes de trabajo y telefónicos acumulados en mi ausencia.

A las dos de la tarde, hora de la teleconferencia, puse mi teléfono en altavoz para poder trabajar y escuchar al mismo tiempo, como solía imponerlo la necesidad de las multitareas. Oí que, usualmente amable y optimista, el subdirector adoptaba de pronto un tono sombrío. Tartamudeó y tropezó, lo cual no era común en él, y por fin nos dio la mala noticia:

—Se les reubicará en Ohio, si están dispuestos a mudarse —nos dijo, con voz temblorosa—. Si no es posible que se muden, recibirán un paquete de liquidación y tendrán sesenta días para irse.

Me quedé atónita. ¿Cómo era posible una cosa así? La mayoría llevábamos años en la empresa, y nos habían dicho que nuestro empleo era de los más seguros en la compañía. Por varias razones, ninguno podría aceptar la reubicación, y la empresa no tenía puestos disponibles en nuestra área, así que todo indicaba que mi equipo y yo nos quedaríamos pronto sin trabajo.

Me tocó la horrible tarea de comunicar la noticia a mis colaboradores. Dado que era su jefa, tenía que ser fuerte, optimista y valerosa, pero por dentro me moría de miedo. Mientras les decía palabras de aliento, sentía que mi mundo llegaba lentamente a su fin.

Mi esposo y mis hijos me consolaron, pero yo estaba asustada. Muy asustada. Sabía que no pasaríamos aprietos económicos; mi esposo tenía un buen trabajo, y la liquidación y mis ahorros nos ayudarían a mantenernos a flote por un buen tiempo, pero yo había trabajado de tiempo completo toda mi vida y no sabía si salvaría el desempleo. El trabajo se había convertido en mi identidad, lo que yo era y la forma en que me definía. Era una líder, y me creía apta en esa función. ¿Qué sería de mí sin ella?

En mis primeros días sin empleo, no quería ni levantarme. Mantenía una fachada de valor ante mis hijos y mi esposo, pero vagaba alicaída por toda la casa, sin saber qué hacer. Luego de haber trabajado sin parar veinticinco años, estaba perdida. Mandé mi currículum a varios destinos pero, debido a las condiciones económicas, las ofertas de empleo en mi campo eran pocas, y muy espaciadas. Parecía que me quedaría sin trabajo un buen rato, y no sabía qué hacer con mi nuevo tiempo extra.

Un día, después de sentarme a compadecerme de mi suerte, encendí la televisión y vi un programa sobre un grupo de misioneras que ayudaban a niños y adultos hambrientos en todo el mundo. Me sentí culpable al saber que, aunque sin trabajo, todos los días mi familia y yo teníamos en la mesa abundante comida sana y en buen estado. Las palabras de la misionera parecían específicamente dirigidas a mí: "La mejor manera de sentirnos bendecidos y olvidar nuestros problemas es ayudar a los demás".

Avergonzada, me di cuenta de que me había deleitado en la autocompasión cuando tenía tanto que agradecer: un marido cariñoso, hijos estupendos y familiares y amigos que me necesitaban. Podía seguir obsesionada en lo que había perdido y sentirme infeliz, o agradecer lo que tenía y ayudar a otros.

Decidí levantarme, vestirme y preparar una cena deliciosa para mi familia. Siempre me había gustado cocinar, algo que había aprendido al lado de mi mamá y mis abuelas, todas ellas magníficas cocineras sureñas que me enseñaron sus secretos. Pensé en hacer comida extra para nuestros vecinos jubilados, y alegrarles el día también.

Me puse a reunir los ingredientes para la cena, y mientras la preparaba hasta tarareé un poco. Volvía a sentirme como antes. Justo entonces entró a la cocina una de mis hijas, y me preguntó si podía ayudarme. Nuestra cena cobró forma a fuerza de revolver y cernir, rociar y hornear. Reímos, platicamos y compartimos anécdotas. Yo le conté que, cuando era niña, mi mamá y mis abuelas me dejaban ayudarles a cocinar, y que seguía usando muchas de sus recetas. Olvidé mi depresión y, cuando servimos la cena para el resto de la familia, ambas estábamos orgullosas del exquisito platillo que habíamos hecho, y disfrutamos los elogios que recibimos.

Después de cenar, mientras lavaba los trastes, reparé en que jamás se me había ocurrido enseñar a cocinar a mis hijos. Había estado tan ocupada siendo una "profesional" que no había dedicado tiempo a enseñarles a hacer los espléndidos platillos que yo había aprendido a hacer de joven. Siempre había cocinado para ellos, pero no les había dado el regalo que yo había recibido: aprender a hacer de comer para la familia. Esto me entristeció, y decidí usar mi inesperado tiempo libre en hacer cambios a ese respecto.

A la mañana siguiente avisé a mis hijos que les daría un curso de cocina. Recibieron el anuncio con quejas, por lo ocupados que estaban y sus muchos planes propios. Pero los convencí de hacer la prueba, y decidimos preparar juntos la cena para la noche siguiente. Dejé que cada uno eligiera un platillo por hacer, bajo mi dirección. Decidimos repetir la experiencia cada semana, y preparar comida extra para compartirla con los amigos o vecinos necesitados en nuestra comunidad.

Al día siguiente compramos en el súper y el mercado lo indispensable para nuestra cena. Descargamos los ingredientes, nos pusimos los delantales y empezamos a cocinar. Yo compartía técnicas y atajos de preparación, así como la historia de varias de las recetas elegidas. Mientras hacíamos el famoso pay de limón de mi abuela, recordé las muchas veces que había estado en su cocina, lamiendo el merengue blanco y espumoso en la batidora, dulce y esponjado, y lo divertidas que habían sido esas ocasiones. Ahora las compartiría con mis hijos. Casi veía a mi abuela son-reír desde el cielo, al mirar que ellos y yo continuábamos sus tradiciones. Nada la había hecho más feliz que cocinar algo sabroso para su familia, y ahora yo sabía cómo se había sentido. En vez de correr para llevar rápido cualquier cosa a la mesa entre reuniones de negocios e informes, esta vez dedicaba tiempo a disfrutar de hacer de comer y probar los increíbles platillos que preparábamos. Además, pude compartir la compañía de mis hijos: oírlos bromear, saber cómo estaba cada uno y apreciar la personalidad de cada cual. Los cuatro eran muy distintos, pero también muy especiales, y me habían dado grandes alegrías; sencillamente yo había estado demasiado ocupada para notarlo. Había estado tan atareada manteniendo a mi familia, y basando mi valor en mi profesión, que había olvidado lo realmente valioso, y quién era yo en verdad: esposa, y madre de estas personas prodigiosas que merecían mi tiempo, orientación y cariño.

El curso de cocina continuó cada semana. Se volvió un momento que todos esperábamos con ansia: un rato de risa, amor y aprendizaje. Y, claro, de platillos deliciosos. Cocinar con mis hijos fue sólo el principio; empecé a hacer más cosas en su compañía, o beneficio, que ellos disfrutaban: ir a la biblioteca, al cine, a jugar tenis, o tendernos junto a la alberca. Por primera vez, pude concentrarme y disfrutar realmente a mi familia, sin fechas límite que acecharan al fondo, o sin trabajar en la laptop ni checar mi correo al mismo tiempo. En lugar de multitareas, me concentré en la tarea más importante: cerciorarme de que mi familia se supiera amada, y que era lo principal en mi vida.

Más tarde regresé a trabajar, pero hallé un empleo más flexible y que me permitía pasar mucho más tiempo con mi esposo y mis hijos. Resultó ser incluso un trabajo mejor que el anterior: me pagaban más, y el puesto era mucho menos estresante y me daba la flexibilidad que requería para estar con mi familia cuando me necesitaba. Mis prioridades habían cambiado, y no quería volver a poner a mis seres queridos por debajo de mi profesión.

Creí que quedarme sin trabajo era lo peor que me había pasado en la vida. Pero fue para bien. Aunque pensé que perder mi empleo sería mi fin, en realidad fue sólo el principio del descubrimiento de mi verdadero yo.

MELANIE ADAMS HARDY

9

Licencia para sonreír

Todos los que me conocen bien me catalogarían casi sin duda como optimista. Soy una convencida de que debemos abrazar la esperanza y buscar algo positivo aun en las circunstancias más difíciles. Mi optimismo es resultado de una firme fe personal en un Dios de amor interesado en los detalles particulares de nuestra vida, no sólo en las generalidades. También creo que las cosas tienen una razón, y que si mantenemos una mente y espíritu abiertos, nuestro Dios invisible suele hacerse visible, ¡a veces en formas muy divertidas!

> Un día nublado no es rival digno de un temperamento luminoso.
>
> WILLIAM ARTHUR WARD

Dicho esto, aun los optimistas pueden perder temporalmente la esperanza. Esto me pasó a mí un día de enero lúgubre y frío. Me sentía abrumada por los penosos retos que enfrentaba en la vida. Mis empeños matrimoniales, de salud y financieros habían unido fuerzas para producir un tornado de emociones que amenazaba con sofocar mi espíritu. Me sentía furiosa, frustrada, agobiada y lejos de Dios. El mal tiempo parecía un reflejo de mi ánimo: el cielo nublado no dejaba ver un solo rayo de sol. Trabajando como esclava, no pude librarme de esa sensación de desesperanza y desaliento.

A mediodía salí a comer. Aún pesimista y negativa, noté que el sol había salido un breve momento. Me puse a pensar entonces en mi negativa actitud, y a recordarme que podía elegir mi estado de ánimo. Aunque no me era posible ignorar la pena que atravesaba, sí podía decidir entre mantener mi negatividad o dar una dirección más positiva a mis pensamientos. Pero si bien recordaba conscientemente esta verdad, me sentía incapaz de hacer ese cambio. Así que apreté el volante y rogué de todo corazón: "¡Señor!", clamé, a punto de romper a llorar, "¿dónde estás? No quiero sentirme así, pero hoy soy irremediablemente desdichada. ¡Sácame por favor de esta oscuridad!".

Al detenerme en un semáforo, me quedé viendo el coche de enfrente. Su placa especial me llamó la atención; decía: "HAY SOL". Esto me hizo sonreír de inmediato. Parecía un recordatorio de Dios de que, después de todo, brillaba el sol, lo que en el invierno más largo, frío y oscuro en años era de suyo una bendición. Mis ojos pasaron entonces al coche junto al de HAY SOL. La placa de este auto decía: "GRUÑÓN". Así que al leer las dos placas vecinas, dije en voz alta: "HAY SOL, GRUÑÓN". Más que sonrisas, ¡esto me provocó sonoras carcajadas! Ver esas dos opuestas placas una al lado de otra justo en ese momento, reforzó mi previa idea de que podía elegir mi perspectiva pese a las circunstancias. Sentí que me reanimaba mientras tomaba la decisión expresa de adoptar una actitud positiva.

Regresé al trabajo y conté esa anécdota a varios compañeros, que reaccionaron con risas francas a lo que yo llamé mi "mensaje del más allá". Ese día aprendí que cuando nos sentimos demasiado desanimados para librarnos de nuestra negatividad, ¡el alivio está a sólo una plegaria de distancia!

JULIE A. HAVENER

10

Saber lo peor

Sue y yo íbamos a ciento veinte kilómetros por hora cuando iniciamos la subida por la curvada carretera montañosa que une a Carolina del Norte con la frontera sur de Virginia. Sue, mi hija menor, madre y abuela, tiene cincuenta años y es viuda, pero también joven de corazón. Creo que se le podría identificar como "dividida" –entre su familia y yo–, pues suelo pedirle que me lleve a sitios distantes o que haga otras cosas que yo no puedo o no quiero hacer.

Supongo que el término políticamente correcto para la generación de Sue es "generación sándwich". Estos hombres y mujeres de jóvenes a maduros todavía están a cargo de sus hijos, aun si la mayoría de ellos ya son adultos, pero de repente también tienen que encargarse de sus ancianos padres, y añadir más responsabilidades a un estilo de vida de por sí agitado.

> Si no te gusta algo, cámbialo; si no lo puedes cambiar, velo de otra manera.
>
> MARY ENGELBREIT

Me recosté en mi asiento para disfrutar de ese cómodo recorrido, contemplando al mismo tiempo la luz del sol y un paisaje muy diferente al de Florida. Tenía que admitir que a veces ansiaba ver esas montañas y onduladas colinas, y que extrañaba los diversos colores de las estaciones. Aun así, para mí había sido bueno vivir en Florida luego de retirarme, y mientras cuidaba de mi anciana madre… salvo en situaciones como ésta, en que mi hijo presentaba un problema médico posiblemente grave. Me daba mucho gusto que mi hija hubiera querido y podido traerme, para ayudarlo en su operación. Para ella era además un viaje gratis, una oportunidad de visitar a viejos amigos y miembros de la familia.

Al entrar a Virginia, los árboles y valles intensificaron su brillo, con tonos de un verde subido en reflejo de la luz de fines de la primavera. Una de las vistas más bellas de esa subida era una caída vertical hacia valles pintorescos a la derecha, la cual daba sobre kilómetros enteros de manicurados terrenos agrícolas salpicados de blancos edificios de la civilización. A nuestra izquierda se alzaban contra el cielo farallones aún más empinados, con escurrimientos de agua corriente, rocas salientes con áreas cubiertas de musgo y brotes dispersos de nueva vida vegetal que resaltaban la inclinación de la montaña. En ocasiones, montículos de tierra y piedras se habían desprendido de sus amarras, y se tendían como evidencia de fallidos intentos humanos por conquistar ese territorio accidentado.

Miré a la derecha buscando la montaña "mordida" en la cumbre. Suponía que se trataba de una mordida "hecha por el hombre", para dar paso a servicios públicos y otros signos de la civilización, pero para mi familia se había vuelto un juego buscar la señal de que nos acercábamos a la zona donde vivía el tío Charlie.

Era el 28 de abril de 2009, un día que nunca olvidaría, ¿aunque cuánto tiempo podría recordarlo realmente?

De pronto sonó mi celular, rompiendo la tranquilidad de esa plácida escena. Eché un vistazo al identificador de llamadas y respondí un poco preocupada. Era la llamada que estaba esperando.

–Hola, señora Bennett –dijo una voz jovial–. Soy Annette, del consultorio del doctor Jay. El doctor me pidió avisarle que ya llegaron los resultados de su tomografía. Indican mal de Alzheimer.

Lancé un grito ahogado. Ninguna palabra previa para romper el hielo ni suavizar el golpe; sólo el temido diagnóstico, que ya esperaba pero que me aterraba de todos modos. Fui yo misma, incluso, quien pidió la tomografía (de emisión de positrones, técnica de representación óptica que produce imágenes tridimensionales de un proceso físico).

–El doctor quiere que empiece a tomar Aricept de inmediato –dijo la voz–. Pediré que le surtan la receta. Buenos días –y se evaporó tan rápido como había aparecido.

Apagué el celular, lo metí en mi bolsa y no dije nada; me quedé viendo el paisaje, que había perdido parte de su mágico lustre.

–¿Quién era? –preguntó Sue.

–Alguien del consultorio del doctor Jay –contesté, intentando sonreír–. Va a hablar a la farmacia para que me surtan una receta para mis problemas de memoria.

Sue volteó a verme y empezó a hablar.

Yo le puse una mano en el brazo, para detenerla antes de que siguiera cuestionándome.

—No te distraigas, cariño. Esta carretera tiene muchas curvas, y está muy empinada. Parece que esas nubes se nos fueran a venir encima.

Yo no estaba preparada todavía para compartir mi diagnóstico con la familia ni con nadie más, pese a que en realidad nada se había modificado, sólo formalizado: ya no era una hipótesis, era un hecho.

Si yo hubiera ido manejando, mis pensamientos me habrían llevado fácilmente por un camino peligroso. La insensibilidad y falta de empatía con que se había dado la noticia me provocaban escalofríos, mientras mis ojos se perdían en la empinada pendiente hacia el valle. Por una fracción de segundo me pregunté si no era mejor abandonar la autopista en dirección a mi último destino, sobre el aire, los árboles y la maleza, en vez de pasar años enteros dependiendo de otros y viviendo en el nebuloso estado mental que seguramente me aguardaba.

Pero la razón se impuso, y tomé en ese momento una decisión importante.

"No seré una víctima. Tomaré cada día como venga, y le haré frente. Lo demás no está en mis manos. Pero nunca me consideraré un número o una víctima; haré cuanto pueda por retardar el proceso, pero no seré una víctima jamás".

Lois Wilmoth-Bennett

Caldo de Pollo para el Alma

2

CAPÍTULO

Retos a la salud

*Un buen marco mental ayuda a mantenerse
en el cuadro de la salud.*

ANÓNIMO

11

Soy positivo… de verdad

S egundo hijo de una familia de clase media, yo representé más retos para mis padres que mi hermano, dos años mayor que yo. Nací con la afección sanguínea conocida como hemofilia, lo cual quiere decir que todos mis movimientos, desde gatear hasta aprender a caminar, eran rigurosamente vigilados, por temor a que la caída más insignificante resultara en una hemorragia grave. En aquellos años, un médico les dijo a mis padres que podía ser que yo no pasara de la infancia.

> Cualquier cosa positiva es mejor que el pensamiento negativo.
>
> ELBERT HUBBARD

Haber nacido a mediados de la década de 1970 significó que tuve que ponerme lo último en pantalones acampanados rojos hechos específicamente para niños. Pero lo principal fue que me beneficié de los avances en el tratamiento de la hemofilia. Si me pegaba o magullaba o me salía sangre de la nariz, me inyectaban plasma concentrado para controlar la hemorragia. A menudo, yo estaba de vuelta en el parque con mis amigos horas después de haber dejado el juego por motivos de salud.

Empezaba a asentarse una vida más normal para los hemofílicos, gracias a lo cual yo disfruté de todas las ventajas de crecer en una pequeña ciudad estadunidense, desde representaciones vecinales de nuestras películas favoritas con amigos hasta la liga rural de beisbol, en la que jugaba con mi hermano.

Con el tiempo, los viajes al hospital dejaron de ser estresantes y traumáticos. En vez de resentir las inesperadas hemorragias que me sacaban de los juegos del barrio, terminé por disfrutar de la oportunidad de tener amigos "grandes", las enfermeras y doctores que me remendaban. En el hospital veía a gente con verdaderos problemas de salud. Mi mamá se empeñó en inculcarme valores espirituales; que nadie sabe dónde vamos al morir, pero que, creía ella, nuestro espíritu sigue vivo. Con base en el amor que yo recibía en casa y en el cuidado de mis amigos grandes en el hospital, no tenía ningún motivo para dudar de esa creencia.

Esta convicción me vino muy bien cuando, justo antes de llegar a la pubertad, otra desgracia sacudió a mi familia. A los 11 años de edad, resultó que yo era seropositivo (es decir, portador del VIH), y que me había contagiado con sangre contaminada empleada en el tratamiento contra la hemofilia.

A diferencia de lo que pasaba con esta última, al momento de mi diagnóstico el VIH aún no podía tratarse. Peor todavía, se le veía en forma muy diferente a la hemofilia. Los papás de muchos de mis mejores amigos dejaron de darles permiso de quedarse a dormir en mi casa. Fui expulsado de la escuela dos meses antes de terminar el sexto año. Había mucho miedo y desinformación.

Una vez pasado el susto inicial, seguí adelante con mi vida, haciendo amigos, saliendo con chicas y preocupándome por mi cutis. En otras palabras, me volví un adolescente "normal". Claro que más de una vez utilicé el hecho de tener VIH para no ir a clases y quedarme en casa durmiendo y divirtiéndome con videojuegos. (Perdón, mamá y papá. ¡Casi en ninguna de esas ocasiones estuve realmente enfermo!).

Aunque esa ventaja me agradaba, una cosa que dejó de gustarme fueron los viajes al hospital para ver a mi nuevo doctor, especialista en VIH. Aunque sólo iba cuatro veces al año, protestaba tanto que mi mamá tenía que engañarme diciendo que íbamos a la escuela, para tomar después la autopista interestatal a la gran ciudad, a la que se llegaba en una hora. En vez de salir del hospital con un problema médico resuelto, salía con el cruel recordatorio de que era seropositivo, y de que podían enterrarme con un tenis.

Aun así, cada año me sentía más seguro de que sobreviviría a esto, y aunque flojeaba en la escuela, me gradué junto con mis compañeros. No sólo eso: mis amigos me concedieron mi mayor honor hasta entonces, nombrándome rey de la generación. Aunque jamás dije expresamente que tenía VIH, la mayoría de mis compañeros se había enterado por chismes. Fue un momento surreal para mi familia, que no sabía si yo viviría lo suficiente para graduarme, y mucho menos para recibir una coronación literal.

Cuando la gente oye mi historia, es común que me compadezca por la forma en que contraje el VIH, o porque me sucedió de niño. En realidad, tuve suerte de que las cosas fueran así. La hemofilia me enseñó que la vida debe disfrutarse todos los días, y que los amigos pueden ser compañeros tanto como mentores. Y gracias al VIH aprendí de la discriminación por miedo a quienes parecen diferentes. Cuando entendí que todos enfrentamos retos, y que casualmente los míos eran de salud, me sentí afortunado de que también fueran fáciles de identificar.

Al cumplir los 20 yo ya había pasado la mitad de mi vida con VIH, y por fin me había hecho a la idea no sólo de hablar de mi situación, sino también de hacer todo lo posible por ayudar a otros a lidiar con el virus, o a no contagiarse en primer término. Cuando puse una página en internet e inicié un blog, me sorprendió descubrir que tenía facilidad para escribir. Una palabra que inventé para llamar a quienes viven con VIH –"positoide"– obtuvo popularidad en la comunidad del VIH/sida. Yo me sentía totalmente a gusto con el papel del VIH en mi vida, y pensé que si otros no se sentían así, era su problema, no el mío.

Una de las preguntas que más me hacen es: "¿Cambiarías tu vida por la de alguien sin VIH?". La respuesta es no. ¿Qué caso habría tenido pasar todos estos años aprendiendo tanto sólo para cambiar mi adversidad por un montón de problemas totalmente desconocidos para mí? Además, si no hubiera nacido con hemofilia ni tuviera VIH, no habría conocido a Gwenn, activista del VIH que buscaba a un seropositivo para un proyecto didáctico, y que me encontró a mí.

Esto ocurrió hace diez años, y desde entonces estamos juntos.

Creo firmemente que los momentos más difíciles de la vida nos brindan oportunidades inmejorables de crecer, y a raíz de mis enfermedades he recibido incalculable amor, apoyo y compasión, muy superiores a la negatividad con que me he topado. Como hombre felizmente casado y a mitad de su treintena, tomo muy en serio mi salud, porque sé que muchos no han tenido tanta suerte como yo: quienes no vivieron para ver las medicinas contra el VIH, o que viven en lugares sin acceso a ese tratamiento.

Vivir sin estar profundamente agradecido por eso sería un insulto a la memoria de tales personas, y a todos los que contribuyeron a hacer posible mi felicidad. Adoro mi vida como positoide.

SHAWN DECKER

12

Limonada para la Mujer de Acero

¡Tenía 47 años y creía estar sumamente sana! ¡Pensaba que ya había oído todo lo necesario sobre ser positiva! Mi carrera despegaba, mis hijos estaban exitosamente encarrilados y me encantaba que mi trabajo me obligara a viajar. Había estudiado nutrición en la universidad y seguía una dieta supuestamente saludable, abundante en pollo, pescado y lácteos bajos en grasas. Mi condición física era inmejorable, salvo por una ligera artritis que, según me dijeron, era normal a partir de los 30 años. Había empezado a correr todos los días desde los 33, ¡y descubrí que me fascinaba! Así que ya llevaba catorce años corriendo, y había participado incluso en innumerables maratones.

> El cáncer es una palabra, no una sentencia.
>
> JOHN DIAMOND

Lo que no sabía era que mi vida estaba a punto de dar un vuelco. Una mañana en la regadera, me descubrí una bolita en un seno. De inmediato fui a ver al doctor, pero lo único que me dijo fue: "Es demasiado joven para tener cáncer de mama". Sin embargo, ordenó una mamografía, "sólo para estar seguros". Los resultados fueron "negativos", aunque éste acabó por ser un negativo falso, pues la magnitud de mis senos impedía detectar cualquier anormalidad. Me dijeron que volviera para revisiones anuales. Al año siguiente, el mismo resultado. Para el tercero, no obstante, ¡la bola ya era del tamaño de una pelota de golf, y muy visible! El doctor se asustó, y al instante ordenó una biopsia. El diagnóstico: cáncer de infiltración en conductos, un cáncer invasivo que ya se había propagado a otros órganos, ¡como lo indicaban "puntos conflictivos" en mis huesos, un tumor pulmonar y un alto nivel de enzimas hepáticas!

Tal fue mi sorpresa e incredulidad que busqué hasta tres opiniones más. Todos los médicos que las emitieron confirmaron los hallazgos originales, y en cuanto a mi pronóstico de vida, ninguno sabía si era de tres meses, tres años o que, sólo que lo que tenía "no era bueno". Todos me recomendaron el tratamiento estándar de quimioterapia, radiaciones y tamoxifen. ¡Yo no podía creer que mi cuerpo me estuviera traicionando de esa manera! Había hecho todo lo indicado para estar sana.

Me programaron para quimioterapia, pero seguir ese camino me aterraba. Comencé entonces a buscar opciones, cualquier clase de ayuda, lo que fuera; ¡no quería morir! Así fue como encontré en el periódico un minúsculo anuncio de tres renglones: "Se solicitan mujeres con cáncer de mama para una investigación de cáncer/dieta". Corrí al teléfono y de inmediato me comunicaron con el doctor, quien me dijo:

—Tome sus estudios y venga a verme ahora mismo.

"Hmmm", murmuró mientras revisaba mis resultados.

—¿Sabe qué? Con un nivel de colesterol de 236, usted tiene tanto riesgo de morir de un infarto como de cáncer.

Yo no lo podía creer: ¿cáncer, artritis y ahora una enfermedad cardiaca? ¡Era maratonista, por favor! ¡Esas cosas no les pasaban a personas como yo!

El doctor agregó:

—No se preocupe, todo esto se puede revertir y evitar. Cambie su dieta y su colesterol bajará, se reducirá su riesgo de enfermedades cardiacas y el cáncer se revertirá. Y para demostrar que la responsable de esos cambios es la dieta, no se someta a quimioterapia ni radiaciones. Es muy sencillo: elimine de su dieta todos los alimentos y grasas de origen animal. Su nueva dieta constará de alimentos de origen vegetal: frutas, verduras, granos integrales y legumbres.

No me hizo falta ninguna "transición": ¡en menos de dos horas ya era vegana!

Descubrí que mi nueva dieta era muy fácil de seguir. Ya me gustaban el arroz integral, los panes integrales y la avena; simplemente tuve que remplazar pollo, pescado y lácteos por verduras y frutas, y eliminar todas las grasas.

Mi cuerpo respondió al instante. A la mañana siguiente me di cuenta de que había estado estreñida toda la vida, pero no lo sabía. Ahora sé qué es "normal".

Cuando regresé con el oncólogo, lo puse al tanto de lo que hacía. Él me dijo que la dieta no tenía nada que ver con que hubiera contraído cáncer de mama y que de mi nueva dieta vegana no obtendría suficientes proteínas, calcio y ácidos grasos esenciales. Me propuse verificar esto con mi nuevo médico. Además de los puntos conflictivos en mis huesos, éstos me dolían mucho, y las medicinas no me hacían nada. Un mes después, esos puntos se habían desvanecido en forma significativa, y en tres meses habían desaparecido por completo, lo mismo que el dolor de huesos. Hasta la fecha, sin embargo, las radiografías del pecho siguen mostrando un tumor denso en el pulmón izquierdo. Pero no ha crecido en veintiocho años, y mis enzimas hepáticas ya son normales.

En medio de todo este alboroto, un día vi casualmente en la tele el Ironman Triathlon (Triatlón del Hombre de Acero). Quedé tan impresionada que pensé: "¡Yo TENGO que hacer eso!". Vi la prueba de natación de cuatro kilómetros, el recorrido en bici de ciento ochenta y el maratón de cuarenta. Supe que podría con el maratón, y pensé que añadir natación y ciclismo era pan comido. Pero entonces recordé que tenía CÁNCER y que además, luego de ver todos esos jóvenes cuerpos, a los 47 era demasiado vieja para andar en esas cosas. Sin embargo, también me di cuenta de la gran oportunidad que se me ofrecía: la dieta realmente INFLUYE en el cáncer, y yo podía demostrarle a la gente que era posible realizar una de las carreras más difíciles del mundo con base en una dieta vegana, ¡y a una edad relativamente avanzada, para rematar! Estas posibilidades me emocionaron, así que me inscribí en dos clubes de corredores, conseguí un entrenador de natación, tomé un curso de reparación de bicicletas y me obsesioné en entrenarme en esos tres deportes. Entrenando a diario, veía grandes progresos en mi velocidad y resistencia. Más aún, disfrutaba los ejercicios, con lo que obtenía seguridad en que cumpliría una de las metas más ambiciosas que me hubiera fijado nunca: ser una Mujer de Acero.

Tuve que llegar muy lejos, sin embargo, porque nunca antes había enfrentado un reto como ése. Al cruzar la línea de meta en mi primer triatlón, experimenté una sensación indescriptible, una mezcla de alegría, potenciación, euforia y completa fatiga. No habría podido dar un paso más.

Desde mi diagnóstico, en 1982, he participado seis veces en el Ironman Triathlon, corrido en sesenta y siete maratones, ganado cerca de mil medallas de oro, entre ellas ocho en las Olimpiadas senior, y obtenido el título de "Una de las diez mujeres más sanas de América del Norte". Además, tengo una edad física de 32 años, aunque en realidad tengo 75.

Dada la historia de osteoporosis en ambas ramas de mi familia, vigilo la densidad de mis huesos, y he visto incrementos importantes en cada examen. Es obvio que mi dieta me aporta suficiente calcio. También me alegró mucho saber que mi artritis ha desaparecido. ¡Hoy hago un pequeño triatlón diario como parte de mi entrenamiento regular! ¿Puedes creerlo? ¡Una triatleta de 75 años! Jamás pensé que mi vida diera un giro tan alentador, y agradezco haber descubierto a tiempo el positivo impacto de la dieta en nuestra salud.

Así es como limones cancerosos se convierten en limonada para la Mujer de Acero.

DRA. RUTH HEIDRICH

13

Un guiño de Dios

Mi abuela, que era irlandesa y me crió, podía ver beneficios en las peores circunstancias. Proclamaba que nuestra pobreza era un regalo de Dios, porque los pobres tenían un lugar especial en el corazón del Señor. Cada vez que yo lamentaba que me vistiera con ropa vieja comprada en la iglesia, ella dirigía mi mirada a una de sus bendiciones irlandesas favoritas, que había bordado y colgado trabajosamente junto a la mesa de la cocina en nuestro minúsculo piso:

> ¡Ay, amigo mío! Lo que importa no es lo que te quitan, sino lo que haces con lo que te queda.
>
> HUBERT HUMPHREY

> Nada como cuatro bendiciones:
> te ocupe trabajo honesto,
> obtengas sano alimento,
> recibas amor del bueno,
> te guiñe Dios desde el cielo.

Poco después de que cumplí 23 años, sin embargo, me vi en una situación en la que estaba segura que ni siquiera mi abue habría encontrado beneficios. La aparición súbita de una enfermedad autoinmune me causó una inflamación sistémica de los vasos sanguíneos y gangrena en las piernas. Ni la cirugía ni la quimioterapia detuvieron su expansión, lo que obligó más tarde a que me amputaran la pierna derecha y dejó a la izquierda con daño nervioso y un aparato ortopédico como cubierta.

Mi abue había muerto dos años atrás, pero ni siquiera su legado de fe pudo sacarme del aislamiento autoinducido que me infligí al ser dada de alta en el hospital. Me había quedado calva por la quimioterapia, y las grandes dosis de esteroides me habían hinchado, haciéndome pasar de la talla ocho a la veinte. No me reconocía a mí misma, ni quería que me vieran en público. Tapé los dos espejos de mi departamento con fundas de almohada para no verme, y mi nueva prótesis se empolvaba en el clóset. Creo que a mis amigas les alegró que ya no me comunicara con ellas; sus visitas al hospital habían sido sumamente incómodas. ¿Qué podían decirme?

Me deleité en la autocompasión unas semanas antes de hartarme de mi propia compañía. Al salir del hospital había rechazado la oportunidad de terapia física en consulta externa, pero entonces inicié un programa ideado por mí, consistente en ponerme la prótesis y renquear por el departamento en periodos cada día más largos. Asombrosamente, el muñón me dolía cada vez menos. Quité la funda del espejo del clóset y me veía caminar, fija la mirada en las piernas para evitar mi torso inflado.

Pero un día estudié mi cuerpo. ¿Podría arreglármelas sin las pastillas de cortisona que lo habían invadido? Le hablé a mi doctor y él estuvo de acuerdo en que las dejara. Tardé casi un año en bajar a media tableta cada dos semanas. Sentí renacer mis esperanzas cuando, poco a poco, comencé a bajar de peso gracias a haber reducido la medicina y aumentado el ejercicio.

Di en creer que podía volver a trabajar, aunque no como ayudante de enfermera como antes. Recordé que en el hospital una trabajadora social me había hablado de un curso de capacitación cuyos requisitos cubría. Le llamé, y pronto iba y venía todos los días en una camioneta especial, adquiriendo habilidades de oficina que me calificarían para trabajar como secretaria.

En mis viajes en esa camioneta me hice amiga de otros pasajeros. Uno de ellos me habló de un grupo para adultos con capacidades diferentes. Asistí a una reunión y en seis meses ya era una de las líderes. Asimismo, empezaba a salir con un apuesto compañero que conocí ahí, quien también había sufrido una amputación.

Una semana después de graduarme, me llamó el director administrativo de mi escuela de comercio. Su secretaria iba a mudarse a otro estado. Me ofreció el puesto y lo acepté. Cuando, dos años más tarde, la escuela cerró, conseguí un puesto administrativo en una universidad, en la que además tomaba cursos nocturnos hasta que obtuve la especialidad en periodismo, carrera que nunca había considerado pero para la que descubrí que era buena.

No hace mucho hacía mis maletas para mudarme de Pennsylvania a Texas cuando encontré el modelo que mi abue había bordado. Estaba amarillento y deshilachado, pero sus palabras seguían siendo elocuentes. Cerré los ojos e imaginé a mi abue, llena de fe la mirada, señalando esa bendición. Supe exactamente lo que ella habría dicho acerca de aquel espantoso día en que perdí mi pierna. Si esto no hubiera pasado, yo no habría conocido al hombre que amo ni sería escritora, trabajo honesto en verdad que me ha brindado alimento y, sobre todo, "guiños de Dios desde el cielo".

KATHLEEN M. MULDOON

14

Cómo superé mi parálisis

Tardé siete años en revivir conscientemente los acontecimientos del 22 de enero de 2003. Y no es que haya reunido valor para enfrentar lo ocurrido. Lo revivo en mis sueños. Bob, mi esposo, me despierta a menudo en la noche para que deje de gritar y sufrir. Debí haber dejado de reprimir el recuerdo hace años. Es hora de contar mi historia.

Muchas personas desinteresadas me preguntan los detalles de lo que pasó, pero se disculpan por entrometerse. No son entrometidas. El problema ha sido mi temor a enfrentar y decir la verdad. Como dijo Christopher Reeve, "vivir con miedo no es vivir".

> Algunos ven un fin sin esperanza, y otros una esperanza sin fin.
>
> ANÓNIMO

Cape Cod, donde vivo, es un paraíso para los practicantes del canotaje. Durante años, Bob y yo practicamos sin cesar ese deporte. Planeábamos nuestro calendario de trabajo en torno a las mareas. Dos días antes de mi crisis de salud, habíamos hecho una fantástica excursión invernal a la bahía de Cape Cod, donde curiosas focas de piel moteada escoltaron nuestra lancha.

Esa noche empezaron síntomas raros. Acostada en la cama, yo no podía mantener quietas las piernas. Me quedé viendo la tele hasta el amanecer, estirándolas y encogiéndolas una y otra vez.

La noche siguiente fue horrorosa. Tenía que pararme y sentarme sin cesar. Luego sentía una especie de impulsos eléctricos incontrolables. Mis piernas, aparentemente por sí solas, se estiraban a más no poder. Yo no podía detenerlas.

Bob le llamó a nuestra amiga Judy, médica distinguida de un hospital de Boston, a dos horas de nuestra casa. Me di cuenta de que intentaba controlar su pánico.

—¿Qué dijo? —le pregunté.

—Que no está bien.

—¡Dímelo todo!

—"Trae a Saralee a urgencias ahora mismo. Ahí los espero".

—¿Qué cree ella que está pasando?

—Que es la médula espinal.

Me asusté.

—¡Pero si no tuve ningún accidente! ¡Y no me duele nada!

—Se lo dije. Pero ella replicó: "Algo está ocurriendo muy rápido".

Cuando llegué al hospital, no podía caminar ni tenía sensibilidad en las manos. Me dio mucho miedo.

Me revisaron tres neurólogos. Yo mantuve una mirada ausente mientras ellos tocaban mi cuerpo con instrumentos punzocortantes. No sentía nada. Bob vio esas alarmantes anomalías. Por mi bien, su rostro no delató terror jamás.

Una tomografía axial descartó tumor cerebral. Casi todo fue descartado: esclerosis múltiple, enfermedad de los huesos, artritis reumatoide.

Necesitaba una resonancia magnética (RM), pero el aparato del hospital se había descompuesto. Para entonces, ya no tenía sensibilidad ni en las piernas ni en los brazos. Como perdía tan rápido funciones preciosas, decidimos ir a otro hospital.

Un neurólogo se apresuró a detenernos.

—Si se va —me dijo—, podría quedar cuadrapléjica y depender para siempre de un respirador.

Nos quedamos.

Cuando me hicieron la RM, ya no tenía sensibilidad en el torso.

Se había llamado a jefes de neurología de varios hospitales de Boston. Mi equipo médico observaba mientras nosotros examinábamos las imágenes de mi RM.

Dos vértebras del cuello se habían separado por completo y se cruzaban rápidamente entre sí, cortando la médula espinal. Sin una operación inmediata, la médula quedaría cortada por completo, y yo totalmente paralizada.

¿A qué se debía todo eso? Nadie lo sabía.

Había sucedido en forma espontánea.

—¿Puede operar?

—No —tiró a matar mi doctor—. Lo hecho, hecho está. Lo que tal vez podamos hacer es detener quirúrgicamente la evolución.

—¿Tal vez?

—No hay garantía de mejora. Existe cincuenta por ciento de posibilidades de que, aun con cirugía, usted no vuelva a caminar nunca.

Eché los brazos sobre el mostrador del módulo de enfermeras. Me hallaba en un estado espástico avanzado. Todo me daba vueltas. Brazos y piernas se balanceaban incontrolablemente.

—¿Quiere decir que aun si la cirugía detuviera la evolución, yo podría pasar así el resto de mi vida?

—Sí.

La cirugía detuvo la evolución.

Dijo mi neurólogo:

—Si se da alguna mejora, noventa por ciento de ella ocurrirá en los tres primeros días. La única variable adicional que podría ayudar es el tiempo. Pero lo que usted no avance en dos años, no lo avanzará jamás.

Bob preguntó si la terapia ocupacional, la terapia física o el tratamiento medicinal podría servir de algo. El doctor sacudió la cabeza, en señal negativa. Sus palabras tenían la contundencia de un decreto divino.

Preferiría no dar los nombres de mis médicos. La operación que me hicieron fue excelente. Los adoro a todos, y nos llevamos muy bien. Pero me desconcierta haber creído en un principio que sus palabras eran sagradas. Christopher Reeve no hizo caso a sus médicos. Dijo: "Es irrefutable que uno puede hacer mucho por sí mismo. No creo en ultimátums".

Ojalá yo hubiera estado preparada para las secuelas psicológicas y fisiológicas de mi padecimiento. Bob se enojó:

—Te arrojaron a un mundo totalmente nuevo sin decirte una sola palabra de lo que te esperaba.

No hubo mejora alguna en esos tres días.

Yo seguía deteriorándome. Mi cerebro emitía señales incorrectas, como qué tan alto debía levantar el pie para librar un obstáculo de cinco centímetros. Si los profesionales médicos me hubieran dicho dos palabras: "Mire abajo", me habrían evitado muchas caídas peligrosas.

Christopher Reeve dijo: "La gratitud, como el amor, debe ser activa". Cuando yo recuperé el uso de mis dedos, me puse a teclear con entusiasmo.

He tenido el privilegio de ayudar a otros escribiendo para la Christopher and Dana Reeve Foundation, aunque aún me sorprendo cada vez que me veo descrita en su página en internet como "una mujer que vive con parálisis". Esa fundación describe la parálisis como una afección del sistema nervioso central que resulta en dificultad o imposibilidad de mover las extremidades superiores o inferiores. Como dijo Christopher: "Una vida con significado implica correr la voz. Aun si no puedes moverte, puedes ejercer un efecto muy poderoso con lo que dices". Servirme de lo que escribo para ayudar a otras personas con capacidades diferentes se ha vuelto una misión para mí. Después de todo, Christopher también dijo: "Aun si tu cuerpo no funciona como antes, el corazón, la mente y el espíritu no se estropean".

En estos siete años, no he podido alterar algunas disfunciones... todavía. Cuando camino, me siento una tortuga en la cuerda floja. Aunque puedo caminar, no puedo subir escalones. Y como no me es posible mantener el equilibrio, no estoy quieta. Pero estoy decidida a hacer por mí misma todo lo que pueda. También en esto me inspiro en Christopher Reeve, quien señaló: "Poco a poco dejé de preguntarme '¿Qué vida tengo?' y empecé a considerar '¿Qué vida puedo hacer?'".

Aprendí que no hay mejor antidepresivo que ayudar a los demás. Es muy satisfactorio para mí que lo que escribo influya en la vida de otras personas. Sin duda, las incontables respuestas que recibo de mis lectores han dado significado a lo que me pasó en 2003. Estoy eternamente agradecida con todos los que me han ayudado diciéndome que mis palabras son importantes para ellos.

Mi deseo es que quienes lean esta historia puedan replantear el sentido de las palabras "esfuerzo" y "esperanza".

Antes de mi crisis de salud, casi todos los días remaba en el mágico mundo de la bahía de Cape Cod. Creí que esos días se habían ido para siempre, pero ahora sé que no es así. Bob y yo hemos hecho cinco excursiones cortas a la bahía. Las focas curiosas siguen ahí, quizá preguntándose dónde hemos estado todos estos años. Yo les digo, de todo corazón y a voz en cuello, estas palabras de Christopher Reeve: "Me niego a permitir que una discapacidad determine cómo vivo. La vida sólo tiene una dirección: adelante".

Cuando se cumplieron los dos años a los que se refirió mi neurólogo, diciendo que lo que no hubiera avanzado hasta entonces no lo avanzaría nunca, yo no podía caminar más de seis metros. Este año, siete después, logré caminar quince kilómetros.

SARALEE PEREL

15

Derribada pero no vencida

La primavera de mi segundo año de estudios de posgrado estaba cerca cuando descubrí de qué estaba hecha en realidad. Llevaba dos semanas resolviendo mis exámenes finales, sentada casi todo el tiempo frente a la computadora y tomando muy pocos descansos. Conforme me aproximaba a la conclusión de mi primer borrador, me di cuenta de que debía investigar más. Cansada y hambrienta pero con el deseo de terminar, marché penosamente a la biblioteca. Una vez ahí, dejé caer mi mochila en un cómodo sillón y me dirigí a la estantería con una enorme bolsa de piel. La llené de libros y me agaché para cargarla. Mientras me enderezaba, una extraña sensación subió de la base de mi columna hasta mi cabeza. No le hice caso, cargué la bolsa hasta el sillón escaleras abajo y me puse a leer lo que había encontrado.

> El espíritu humano
> es más fuerte que todo
> lo que puede sucederle.
>
> C.C. SCOTT

Horas más tarde, cuando me paré para irme a casa, experimenté esa misma sensación. Tampoco le hice caso esta vez y me marché. Al anochecer sentía náuseas y me fui a dormir.

A la mañana siguiente me sentía peor. Pude ponerme a trabajar, pero para la hora de la comida ya iba en mi coche en dirección a los servicios de salud de la universidad. Me evaluó un joven estudiante de medicina al que le impresionó mucho que pudiera tocarme los dedos de los pies (después de todo era instructora de aeróbicos) pero que dio poca importancia a mi dolor de espalda y mis síntomas como de influenza. Me despidió con un frasco de Motrin de 800 mg y me deseó una pronta recuperación.

Esa noche ofrecí a mis compañeros de trabajo una fiesta que se había programado desde hacía varias semanas. Cuando se fueron, me vine abajo. Llamé a la línea de salud de emergencia y expliqué mi creciente dolor de espalda y malestar general. Me dijeron que me acostara en una superficie dura y que quizá así el dolor pasaría. Pero una vez en el suelo el dolor no sólo aumentó, sino que ya no podía pararme. Mi esposo me alzó y me llevó a la cama, me dio mi Motrin y apagó la luz.

A la mañana siguiente el sol entraba a raudales por la ventana y cantaban los pájaros. Intenté ponerme de costado para levantarme, pero nada pasó. Tardé unos momentos en darme cuenta de que ya no me dolía la espalda, y unos segundos más en comprender que en realidad no sentía nada en absoluto. Presa de pánico, me percaté de que no podía moverme y desperté a mi esposo. Él pidió una ambulancia por teléfono y poco después llegaron los paramédicos, con una camilla para llevarme al hospital. La metieron con cuidado bajo mi cuerpo y amarraron la primera correa. Oí un grito agudo, pero, confundida, no me di cuenta de que procedía de mi boca. Cuando amarraron la segunda, todo se oscureció.

Volví en mí un par de veces durante el trayecto al hospital, pero en cada ocasión sólo lo bastante para saber que no era buena idea estar consciente. Cuando desperté al fin, estaba en una cama de hospital. Aturdida, llamé a la enfermera, y se me informó que tenía herniados tres discos de la parte baja de la espalda y que mi columna estaba dañada. Mi parálisis era resultado de esas hernias, y los médicos evaluaban mis opciones.

Tendida en una cama de hospital, esperé a que los doctores decidieran qué hacer conmigo. Tres días después, el jefe de ortopedia me notificó que sin cirugía nunca volvería a caminar. Echada ahí, a mis 22 años de edad, estudiante de posgrado y atleta, intenté deducir qué significaba eso. Siempre había sido muy activa y aprendido en la práctica casi todo. No entendía qué quería decir no poder hacerlo más. Una operación de espalda me daba mucho miedo, y ni siquiera podía considerar esa opción. Mi esposo estaba trabajando, mi familia vivía a cuatro mil kilómetros de ahí y mi querida amiga Jen poco podía hacer para tranquilizarme. Cuando el doctor se fue y empecé a sollozar, Jen acarició mi cara y me habló dulcemente hasta que me quedé dormida, tras de lo cual, sin que yo me enterara, hizo la serie de llamadas telefónicas más increíble que se pueda imaginar.

Jen se puso en contacto con el director de nuestro departamento, quien de inmediato llamó a su esposa, casualmente directora de medicina deportiva de la universidad. Ella llamó a su vez a su equipo, el cual se comprometió a brindarme atención médica integral en forma ininterrumpida hasta que volviera a caminar. Jen habló después con mi esposo, quien, por su parte, hizo contacto con mi familia (tres de cuyos miembros son médicos), la que llamó más tarde al hospital para pedir que se me permitiera ser tratada por ese equipo.

Al día siguiente me metieron en un tanque de Hubbard para dar inicio a mi hidroterapia (tres veces al día). Me tomaron medidas para un corsé de ballena y acero ideado para mantener recta mi columna, pudiera o no pararme. Luego llegó la masajista, y posteriormente un terapeuta físico. Hasta la dietista del hospital tuvo algo que ver, pues elaboró una dieta para favorecer mi curación y permitir a mi cuerpo funcionar mejor. Sentada junto a mi cama, Jen no dejaba de sonreír cada vez que un nuevo miembro del elenco entraba a mi cuarto.

La primera vez que me pararon, me caí. También la segunda y tercera, pero, a medida que la compresión cedía, fui recuperando la sensibilidad de mis pies y pude pararme con una andadera. Cuando me dieron de alta, caminaba tan raro que la mayoría de la gente creía que tenía parálisis cerebral. Pero con la enorme ayuda de amigos queridos y comprometidos, me obligué a nadar tres kilómetros diarios en la alberca de la universidad, iba a terapia física cinco veces a la semana y exigía a mi cuerpo hacer lo inimaginable. Armada de una mentalidad de recuperación absoluta, seis meses después entré a un curso de aeróbicos, con mi terapeuta físico a un lado. Los alumnos aplaudieron y la maestra lloró.

Veinte años más tarde, ya madre de cinco, participé en el medio maratón de La Jolla. Quienes corrieron conmigo nunca olvidarán mis gritos salvajes al subir cada cerro, con los que exhortaba a quienes me rodeaban a celebrar cada paso.

Nunca sabes lo que tienes hasta que lo ves perdido.

DRA. SAGE DE BEIXEDON BRESLIN

16

Sólo una vez más

"Una vez más y ya, Beth, sólo una vez más".

Yo bufaba y resoplaba en cada nuevo abdominal, colorada y exhausta, hasta que me desplomé en la colchoneta y me quedé viendo el techo. Mi terapeuta física se agachó, sonriendo y con la mano tendida, a la espera de que yo alzara el brazo y apretara esos cinco.

—No puedo –le dije–. Dame un minuto.

Mientras veía la pintura descarapelada del techo de la sala de terapia física, me pregunté otra vez cómo había llegado a este punto. ¿Cinco abdominales? ¿Apenas podía hacer cinco abdominales sin verme en necesidad de hacer una pausa? ¿Qué había ocurrido con la muchacha que nadaba cinco kilómetros sin parar? ¿Con la mujer que hacía yoga varias veces a la semana? ¿Incluso con la señora vivaz que caminaba al trabajo una hora sólo porque había salido el sol?

> La fuerza está en el alma, no en los músculos.
>
> ALEX KARRAS

—Ya no está –dijo dulcemente la terapeuta, irradiando compasión desde la bondad de su rostro–. Quienquiera que hayas sido, ya no está. Tienes que concentrarte en lo que eres ahora.

Reprimiendo súbitas lágrimas, respiré hondo, y el olor a sudor rancio y a antiséptico llenó mi nariz. Exhalé lenta y temblorosamente, pues mi diafragma protestaba pese a su desgaste.

No quería ser quien era ahora. No quería tener miastenia grave (MG), rara forma de distrofia muscular que causa extrema debilidad en los músculos. En mi caso, esta dolencia comenzó con párpados colgados, afectó luego los brazos hasta hacerme imposible lavarme el pelo sin fatigarme y atacó por último las piernas, hasta que subir escaleras fue un conflicto. La actividad física por gusto quedó en el pasado, y la "salud" se volvió una medida de la mínima fracción de mi rutina anterior que podía realizar un día cualquiera.

Dando un suspiro, me puse de costado, me impulsé con un brazo y al fin pude sentarme. Extendí la mano y le di los cinco a la terapeuta. Ella sonrió ante la evidencia de que al menos yo hacía el intento.

—Suena patético, pero no me gusta ser como soy ahora —le dije, admitiéndolo por primera vez desde mi diagnóstico.

—Lo sé —se limitó a responder—. Si te sirve de consuelo, recuerda que la salud no es una competencia. En adelante tienes que medirte contigo misma y nada más. Si hoy sólo pudiste hacer cinco abdominales, mañana debes tratar de hacer seis. Si hoy caminaste diez minutos, mañana debes intentar once.

Asentí con la cabeza, sabiendo que lo que ella decía era importante. Pero en el fondo de mi ser, una niña quería taparse los oídos y canturrear: "¡No oigo, no oigo, soy de palo!".

Proseguimos ese día con la sesión, y en los meses siguientes apliqué su consejo al pie de la letra, particularmente después de que tuvieron que hacerme una esternotomía entera para extraerme el timo, que había crecido en exceso, a fin de aliviar la MG. Después de la operación, recité "Sólo una vez más, sólo una vez más" mientras hacía un esfuerzo por poner un pie frente a otro, comer, cortar mis alimentos y, finalmente, subir escaleras. Cuando la operación no dio los resultados esperados, recité "Sólo una vez más, sólo una vez más" mientras aprendía a caminar con bastón, y luego con una muleta. Esto no era algo que yo quisiera hacer, y la verdad es que me sublevaba que el solo hecho de caminar debilitara mis piernas, y que en días calurosos un breve paseo a la esquina me hiciera sudar como si hubiese corrido largas distancias. Pero cada vez que quería rendirme, me prometía hacerlo sólo una vez más, y en la mayoría de los casos hacía mucho más que eso antes de concluir.

Ahora que me he adaptado a un paso más lento en la vida, hay días en que sigue sorprendiéndome lo mucho que no puedo hacer. Pero de vez en cuando veo a alguien bailar, correr, nadar o hasta cargar un bebé y no puedo evitar compararme con esa persona. Después oigo en mi mente la voz de la terapeuta diciéndome que la salud no es una competencia y que sólo debo pensar en mí. Aún puedo caminar, e incluso bailar un poco; nado a mi manera, y puedo cargar un rato a un bebé. Quizá no sea tan saludable ni esté en tan buena condición física como otros, pero estoy comprometida a estar lo más sana posible, a hacer sólo una vez más todo lo que tenga que hacer.

Sólo una vez más. No es mucho, pero pocas cosas son más importantes que ésa.

BETH MORRISSEY

17

¡Adelante!

Sentada frente al médico, hice la pregunta de rigor:
— ¿Cuál es el pronóstico, doctor?
Él contestó:
—Será necesario amputarle la pierna, justo debajo de la rodilla.

Un repentino acceso de náusea se apoderó de mí. Sentí que me iba a desmayar. Al verlo ahora, no recuerdo que nada me haya asustado tanto en la vida como esas palabras.

Tras recobrar la compostura, hice más preguntas. Era obvio que eso tenía que hacerse. Aunque la amputación se consideraba cirugía optativa, la decisión no era si hacerla o no, sino cuándo. Yo tenía 28 años, y ninguna otra opción.

> La única discapacidad en la vida es una mala actitud.
>
> SCOTT HAMILTON

El doctor me explicó la situación. Si esperaba, corría el riesgo de un brote de gangrena. El punto de amputación quedaría determinado entonces por la línea de demarcación (la línea roja e hinchada que se forma entre el tejido sano y el gangrenoso). Yo ya estaba familiarizada con la gangrena, pues había perdido dos dedos de los pies por esa causa. Mis posibilidades de tener después una extremidad adecuada serían mayores si el doctor determinaba el punto de amputación.

De camino a casa, entre accesos de llanto, pensé en todas las consecuencias de una amputación en mi vida. El panorama parecía demasiado sombrío. Me aterré.

Ya llevaba cuatro años sufriendo. Mi operación de injerto óseo había tenido complicaciones, seguidas de infecciones residuales que destruyeron literalmente mi pie entero. Habían sido cuatro años difíciles, pero jamás pensé que terminarían así. Usar un aparato ortopédico no era lo que yo había previsto. Pero no había otra cosa que hacer si quería restaurar mi pie y mi pierna. El daño había sido demasiado amplio.

El doctor había dejado en claro que debía operarme, y pronto. Temía decírselo a mi esposo. Esos cuatro años de cirugías, estancia en hospitales y tratamientos habían sido devastadores para nuestras finanzas. Entonces no teníamos seguro médico, y cada mes pagábamos aún cuentas pendientes. Mi esposo trabajaba mucho. Ahora habría todavía más gastos. Era una carga muy pesada.

Las cosas se precipitaron después de ese fatídico día. El médico me amputó la pierna derecha a unos quince centímetros por debajo de la rodilla. Mi muñón sanó satisfactoriamente, puesto que las infecciones habían desaparecido. El doctor pudo trabajar con tejido sano.

En aquellos días, el periodo usual de espera para la primera prueba ortopédica era de ocho semanas. Yo estuve lista en seis. Ser joven y sana ayudó mucho. Tras una estancia de cinco días en el hospital, volví a casa en muletas. Me alegró mucho que todo hubiera terminado. Mis dolores diarios se redujeron. Saber que finalmente desaparecerían me llenaba de esperanza.

Mi esposo se dedicaba a la hojalatería en un desguazadero. Compró un coche usado y lo restauró íntegramente durante las seis semanas que yo esperé para mi primera prueba ortopédica. La suma que recibió por el auto cubrió justo el monto de la cuenta del hospital más mi nueva extremidad. Fue increíble.

Hasta la fecha, pienso que fue por "intervención divina" que recibimos justo la cantidad que necesitábamos. De lo contrario, ¿cómo fue que nos alcanzó para todo? ¿Coincidencia? No lo creo.

El resto es historia. En retrospectiva, luego de cuarenta y seis años desde mi amputación, puedo decir que no es lo peor que me haya podido ocurrir. Para mis 74 años, camino muy bien. No me quejo de mis achaques más que mis contemporáneos. De hecho, tal vez me quejo mucho menos, porque soy muy dinámica.

Para medirlo en porcentaje, la parte que me falta es de sólo alrededor de diez o quince por ciento de mi "yo total". No es mucho. Cuando tenía esa parte, me dolía, desfiguraba mi cuerpo y amenazaba con socavar mi salud general. Fue un milagro que hayan podido quitármela, y devolverme la salud. ¿Qué más se puede pedir?

Admito que los problemas de adaptación me contrarían a veces. En esas ocasiones me siento frustrada y malhumorada, pero por lo común han sido pocas y espaciadas. La actual tecnología ortopédica es asombrosa. La mayoría de la gente no se da cuenta de que uso un aparato ortopédico (ni yo tampoco).

El secreto: adaptarse al cambio y tener una buena actitud ante la nueva manera de desenvolverse.

Si te conformas con ver pasar la vida a tu lado, nunca llegarás a ninguna parte. Si realmente quieres vivir, puedes hacerlo. Lo mejor de estar ocupado es que te olvidas de la prótesis. Al menos así me ha ocurrido a mí.

La gente ha elogiado siempre mi "maravillosa actitud". Supongo que la idea de perder una parte del cuerpo tiene un impacto emocional más profundo que la de sufrir males internos. Quizá esto se deba a que esa pérdida es muy visible.

¿Así que por qué yo no habría de tener una buena actitud? Después de todo, tengo dos piernas, dos brazos y un cuerpo sano para vivir todos los días.

Estoy firmemente convencida de que Dios me ha sostenido desde el día en que mi médico "pronunció mi condena", o lo que yo creí que era el fin del mundo. La causa de mi angustia era sólo el miedo a lo desconocido.

No podría haber estado más equivocada. Puedo hacer, y he hecho, muchísimas cosas.

Adiestrar a tres perros grandes, de más de treinta kilos, fue todo un desafío, pero lo grandioso es que que me gané un trofeo con los tres.

Aunque ya no lo hago tan rápido como antes (a falta de una de mis aletas), sigo nadando como un pez.

¿Bailo? ¡Claro que sí! No en particular los ritmos lentos, como el vals y el tango, que requieren pasos largos y un perfecto equilibrio. Los bailo, sí, pero sin gracia. En cambio, bailo bien jitterbug, polka, chachachá y cualquier otro ritmo de pasos cortos y rápidos.

Jugué volibol en dos épocas distintas, y era una fabulosa rematadora en la red.

Mi casa siempre estuvo limpia y ordenada mientras educaba a mis hijos junto con mi esposo. Aun ahora, todos los días hago comidas sabrosas y sanas, y banquetes los días festivos. Mi vida ha estado llena de actividad. Agradezco todos y cada uno de mis logros, que me han enseñado a ser humilde.

No me identifico con los "inválidos" y "lisiados", y ni siquiera con los "físicamente impedidos". Para mí, un término más adecuado sería "levemente limitados", ¿pero no todos lo somos en cierto modo?

No he dicho esto por presunción. Sólo detallé algunas de las cosas que puedo hacer, como ejemplo de lo que es posible.

Reconozco las muchas bendiciones que he recibido en la vida. He podido persistir en la conquista de todos los destinos que me he propuesto. Sólo gracias a mi fe en Dios y en mí misma, así como a la tecnología ortopédica, me ha sido posible recorrer este largo camino.

La vida es buena.

JOYCE E. SUDBECK

18

Fe por compartir

No soporto los efectos negativos de la quimioterapia. Ojalá pudiera pasar el resto del verano sin tratamiento –dijo Glen, mi esposo, y tomó mi mano, sentada como estaba a su lado en nuestros sillones reclinables frente a la televisión, que no veíamos. Habiéndose ganado la vida operando equipo pesado durante treinta años, aun las palmas de sus manos habían sido siempre ásperas. Noté que ya estaban un poco más suaves–. Ni siquiera sé por qué compré esa lancha. No le servirá de nada a nadie amarrada al muelle todo el verano. Ojalá las muchachas la usaran, pero sabes que no lo harán.

–La usarán muy pronto, con nosotros –repliqué, apretando su mano–. Presiento que ampliarán tu descanso de quimioterapia. Pronto iremos a acampar y pescar. Y este año volveremos a tomar nuestras vacaciones familiares. Ya lo verás.

> Cada tarde encomiendo a Dios mis preocupaciones. De todas maneras está despierto toda la noche.
>
> MARY C. CROWLEY

–Volveré a la quimioterapia el resto del verano. No he ido desde abril. La aborrezco, pero si me alarga la vida tendré que aceptarla. Estar a tu lado y de las muchachas significa para mí mucho más que soportar un poco de náusea y de agujas, así que regresaré a la quimioterapia. –Hablaba en voz baja pero resuelta–. Sin embargo (lo sabes, ¿no?), llegará un momento en que tendré que decir: "Basta".

Tragué saliva para deshacer el nudo en mi garganta y evitar que me sofocara.

—Lo sé, y la decisión es tuya. Acordamos no influir en ti. Cuando llegue ese momento, lo sabrás, y nosotras entenderemos. —Intenté adoptar un tono despreocupado—. Pero, por lo pronto, disfrutaremos nuestras vacaciones de quimioterapia y náuseas. Disfrutaremos los tres meses siguientes.

—No sé de qué hablas. El doctor dijo que sólo podía librarme de esa porquería un par de meses, o la masa duplicará su tamaño. ¿No te acuerdas?

—Sé lo que dijo el doctor, y cuánto significa para ti poder pasar estos meses relajándote con la familia. Pero también sé de buena fuente que no irás a tratamiento otros tres meses. Dispondremos juntos de este verano, así que planeemos las vacaciones. Rachel quiere ir a Myrtle Beach, creo.

Mi esposo, de 42 años de edad, me miró como si estuviera loca. Sufría cáncer de pulmón desde hacía dos años y medio. El mal se había extendido a los ganglios linfáticos y la glándula suprarrenal, pero la quimioterapia mantenía estables los pulmones e impedía que la masa se propagara a otros órganos vitales. Cuando Glen no sufría los efectos secundarios de la quimioterapia, como náuseas severas y fatiga extrema, parecía muy saludable. Su respiración se había vuelto casi normal. Los doctores que lo examinaron se sorprendieron.

Pero pese a la eficacia de la quimioterapia, el cuerpo de Glen demandó un periodo de descanso, luego de tantos tratamientos. Sus vasos sanguíneos y sistema nervioso ya no soportaban la introducción de más toxinas. Las lesiones nerviosas en sus pies le dolían tanto que apenas si podía caminar, y sus venas no aguantaban más las agujas. Así, los médicos decidieron dejar de torturar un tiempo su cuerpo. Glen había descansado y recuperado fuerzas durante la primavera, pero sobre nosotros pendía la amenaza de que la interrupción del tratamiento permitiera a la masa cancerosa crecer demasiado. Era momento de ir a ver a los médicos y conocer los resultados de los estudios más recientes.

—¿De qué diablos hablas, mujer? ¿Cómo podrías saber algo así? ¿Por qué habría yo de estar libre tres meses más?

—Porque eso fue lo que pedí, tres meses —contesté.

—Ah, ya veo. Otra vez hablando de religión… —Soltó mi mano y jugueteó con el control remoto. Tras decidir que no había nada interesante que ver, apagó la tele—. Ojalá tuviera yo tu fe, cariño, pero no la tengo, así que mejor prepárate para aceptar lo que el doctor vaya a decirnos.

Yo no estaba dispuesta a admitir esa conclusión.

—Le pedí a Dios que nos diera tres meses, para disfrutar de este verano. Y dijo que sí. Eso es todo.

Glen volteó a verme, concediéndome toda su atención y sondeando mi rostro.

—Sabes que no soy ningún devoto, muñeca, pero lo dices tan segura que casi lo creo.

Llevó mis dedos a sus labios.

Antes de contestar, consulté mi corazón, pidiendo a Dios que me diera la respuesta correcta.

—Está bien, Glen. Pero, por favor, si no tienes fe suficiente, apóyate en la mía. Te juro que no irás a quimioterapia tres meses más.

No sé si fue mi fe o mi terquedad, pero no me tembló la voz mientras hacía ese juramento.

Nuestras hijas, Rachel y Beth, se reunieron con nosotros en el Kentuckiana Cancer Institute a la mañana siguiente. Nunca se perdían los nuevos informes. Habría sido difícil creer que una mujer de 29 y otra de 27 fueran tales niñas de papá. Beth se sentó en las rodillas de Glen, mientras que Rachel permaneció de pie, rodeando entre sus brazos el cuello de su padre, a la espera del médico.

—No se preocupen, hijas. —Él se había puesto serio de pronto—. Nos van a dar tres meses de gracia. —Abrí bien los ojos, sorprendida. ¿Había oído bien?—. Eso dice mamá —añadió.

Pensé que bromeaba hasta que percibí gravedad en su voz. Creía.

La puerta se abrió y el doctor entró a la sala, sonriendo como siempre.

—Bueno, Glen —dijo—, tenemos buenas noticias. No sé por qué, y estoy seguro de que no podría explicarlo, pero las células cancerosas no han duplicado su tamaño; en realidad se han encogido. No creo que necesitemos más tratamiento por ahora. —Y agregó entonces las palabras mágicas—: Vuelve en tres meses.

Mientras estrechaba su mano, Glen le dijo:

—Mi familia se puso a rezar.

—Pues que lo siga haciendo —replicó el médico, antes de retirarse—. Como bien sabes, es increíble que aún estés entre nosotros. Deberías habernos dejado hace dos años. Sí, dile a la familia que siga rezando.

El domingo en la mañana, Glen esperaba, ya vestido, a que yo abandonara la cama.

–Vamos, mujer, levántate y arréglate. No debemos llegar tarde a la iglesia.

Con corazón sonriente y cadenciosa voz, durante todo el camino a la iglesia no dejé de tararear el himno "Gracia maravillosa".

JEAN KINSEY

19

Soy mujer

En 1997 aprendí qué significa ser mujer. No como lo definen otras personas, descuida; para entonces ya tenía mucho tiempo que había dejado atrás la pubertad, ya había estado casada y había experimentado dos partos. Aprendí a definirme de otras maneras, mientras enfrentaba la pérdida de lo que había creído que me hacía mujer.

Seis meses después de que nació mi hija, fui a mi chequeo médico anual. Había estado haciendo ejercicio, me sentía muy bien y estaba muy tranquila. Mi doctora me hizo los estudios y volví a casa. Una semana más tarde me llamó para decirme que tenía que hacerme una biopsia cervical, a raíz de los resultados de mis pruebas. Asustada y algo aprensiva, me presenté diligentemente a la colposcopia. Una semana después se me dijo que mis células no eran cancerosas, y que reducir el estrés probablemente mejoraría mi salud cervical. También se me informó que debía presentarme a chequeos en el consultorio ya no una, sino dos veces al año, debido a mi mayor nivel de riesgo.

> Para tratar una enfermedad, primero trata la cabeza.
>
> CHEN JEN

Dos meses más tarde volví a ver a mi doctora, en ocasión de mi segundo embarazo. Salvo por el hipo que sufría, las cosas marchaban relativamente bien, y ocho meses después di a luz un hijo sano.

Habiendo transcurrido seis semanas desde entonces, fui al consultorio a realizarme un examen posparto. Creía que todo estaba en orden, pero a mi doctora le preocupó una "sospechosa" decoloración de la piel cerca de los puntos de sutura. Aunque a mí me parecía razonable que el área estuviera resentida, dado mi reciente alumbramiento, la doctora no estaba tan convencida. Se me pidió volver para una biopsia a la semana siguiente. Pero como ya me habían hecho una hacía poco, no me hacía ninguna gracia someterme a un nuevo procedimiento en la misma área, pese a lo cual acepté.

Una larga semana después, mi doctora me practicó una biopsia severa. Salí adolorida de su consultorio, y emprendí la extensa espera de los resultados. Días más tarde nos enteramos de que no había una explicación cancerosa de ese radical cambio de coloración; tal como yo había sospechado, eso era sólo una parte de mi reacción al parto.

¡Me sentí revivir! Dos veces me había salvado por un pelo, ¡y ahora tenía cancha libre! Me propuse disfrutar a mis hijos, mi familia y mi trabajo, y me adapté a la rutina de una madre que trabaja. Intentaba concentrarme en lo positivo y no hacer caso de las fuentes de estrés que parecían filtrarse a diario. Hacía visitas de mercadotecnia, asistía a eventos de creación de redes y cuando mi hijo tenía seis meses entré a un curso de capacitación como médica empírica. Quería ser todo lo posible, pasara lo que pasara en mi vida.

Pero aunque este curso me gustaba mucho y sentía que al fin me había descubierto a mí misma, también veía que la distancia en mi matrimonio crecía a diario. Había entrado a un mundo nuevo, lleno de Luz y sanadores, un lugar donde mi esposo no tenía cabida. Él viajaba más seguido, y el silencio entre nosotros aumentaba. Cuando interactuábamos, lo hacíamos por la casa o los niños, pero poco más. Me distraje de mi realidad hasta que una mañana detecté una bolita en mi seno izquierdo.

Fui a ver a mi doctora, quien me hizo un examen de rutina y me mandó a radiología. La asistente me realizó un ultrasonido, y yo vi aparecer en la pantalla un seno amorfo. Aunque estaba acostumbrada a los diminutos fibrocitos que había tenido toda la vida, esa masa era mucho mayor que la que hubiera sentido nunca, y su presencia en la pantalla me asustó. Un poco pálida, la asistente salió de la sala y regresó con la radióloga, algo que yo no había visto antes, pese a los numerosos ultrasonidos en mis embarazos. La radióloga se puso frente a la pantalla e hizo una mueca. Luego volteó a verme y me dijo que tendrían que hacerme una biopsia y quizá sacar esa masa, para lo que debía ver de inmediato a un cirujano mamario. Salió de la sala y volvió con una hoja mientras yo me vestía. Me envió al consultorio del cirujano mientras ella llamaba para pedir una cita de emergencia.

Atravesé la ciudad en mi coche, respirando con dificultad. Media hora después estaba sentada en otra sala de reconocimiento médico, donde me dijeron que no me harían la biopsia, por el riesgo de que una masa potencialmente cancerosa filtrara células mutantes en mi pecho. Mientras el cirujano programaba una extirpación radical en mi seno izquierdo, rompí a llorar a mares. Tenía 31 años, y en los veinticuatro meses previos había sido madre dos veces y enfrentado amenazas de cáncer en todos los órganos que, creía yo, me hacían inherentemente mujer. Al parecer, todo esto contenía un mensaje para mí.

Pasé el fin de semana no con mi esposo y mis hijos, sino con un grupo de sanadoras de toda clase. Me leyeron la mano, me dieron masaje, recibí acupuntura y luego pasé horas en una regresión a vidas pasadas. Las sanadoras trabajaron diligentemente para resolver y liberar la energía atrapada en todas las vidas en las que yo había muerto a raíz de una lesión o enfermedad corporal. El domingo, ansiosa pero más tranquila, mi tribu y yo fuimos a ver *G. I. Jane* (Hasta el límite). Dos horas más tarde, salí física y emocionalmente exhausta. En la cena les dije a mis amigas que si Demi Moore había podido raparse y ser antipática, era indudable que yo podía renunciar a mis senos para sobrevivir.

El lunes en la mañana me vi en una camilla mirando al hombre que estaba a punto de quitarme casi todo mi seno izquierdo. Llegamos al acuerdo de que si la muestra de trayectoria indicaba cáncer, él me quitaría los dos senos y me programaría para reconstrucción lo más pronto posible. Caí en la nada de la anestesia, haciendo mis rezos, mientras me llevaban a la sala de operaciones.

Cuando desperté, dos increíbles ojos azules me miraban sonrientes.

—¡Ya despertó! —me saludó el médico.

Aún me sentía atontada, pero quería saber las nuevas. Traté de tocarme el pecho, mas no pude mover los brazos.

—Pasará pronto —me tranquilizó el cirujano—. Pero no hay necesidad de que se los busque; ahí siguen los dos —dijo, sonriendo de nuevo.

Consumida entonces por lágrimas de felicidad, él extendió la mano para tocar mi brazo. Se inclinó y me murmuró al oído:

—No sé qué hizo usted, ¡pero yo nunca había visto desaparecer un cáncer! ¿Algún día me enseñará el truco?

Se irguió, me guiñó el ojo y se marchó a toda prisa.

Toda la vida creí que ser mujer era tener útero, vagina, senos y pelo largo. Pero en 1997 aprendí que consiste más bien en reconocer la imponente Luz interior que llena de paz, amor y dicha cada resquicio, y en saber que ninguna parte de mi cuerpo volvería a definirme jamás.

DRA. SAGE DE BEIXEDON BRESLIN

20

Mi propósito

"¿**S**iringoqué?".

Abrí bien los ojos y me dio un vuelco el corazón cuando mi neurocirujano me comunicó el diagnóstico.

–Siringomielia, una enfermedad muy rara. Usted tiene una siringe, o quiste, en la médula espinal. Está creciendo, y se dirige a su cerebro. Debe operarse lo más pronto posible.

¿Qué estaba pasando? No había estado enferma; apenas cierto aturdimiento, hormigueo y sensaciones parecidas a choques eléctricos. Alarmantes, pero no dolorosas.

> Quien tiene un motivo para vivir, puede soportarlo casi todo.
>
> FRIEDRICH NIETZSCHE

–No comprendo. ¿A qué se refiere?

No estaba segura de querer oír la respuesta.

El doctor palmeó mi hombro y me dijo serenamente:

–Si eso sigue subiendo, sólo le quedan unas cuantas semanas de vida.

–¿Y cuál es el pronóstico si me opero?

Él se sentó en un banco y giró para verme de frente. A juzgar por su mirada, estaba preocupado.

–Soy cristiano y rezo antes de cada cirugía, pero a veces Dios tiene sus propios planes para mis pacientes. Ésta es una operación peligrosa, no le voy a decir que no. –Esperó un momento a que yo asimilara sus palabras–. Usted podría no volver a caminar o morir. Podría quedar cuadrapléjica o quedar bien. Tendré que perforar la médula, insertar tubos de drenaje y descomprimir el metencéfalo. Tenga la seguridad de que haré todo lo que pueda.

—¡Pero, doctor, yo no me puedo morir! Tengo dos hijos chicos. ¡Me necesitan!

—Entonces es mejor que empecemos de una vez. ¿Quiere que fije una fecha?

—¿Ya… ya ha hecho esta cirugía antes?

Volví a temer la respuesta.

Me asusté aún más cuando él contestó:

—Sí, una vez, con buenos resultados.

Decirle a mi esposo fue casi tan difícil como oír las palabras salidas de la boca de mi doctor.

—Cariño, debemos buscar una segunda opinión —dijo él.

Pero este doctor me había dicho que nunca entraba a cirugía sin antes rezar. ¡Yo lo quería a él!

Salí del hospital semanas más tarde. Llevaba puesto un cuello ortopédico y arrastraba los pies, pero con la ayuda de una andadera y de Dios, ¡caminaba!

Hasta entonces me había considerado una buena cristiana que iba a la iglesia —cuando era conveniente—, que amaba a su comunidad religiosa —cuando pensaba en ella— y que rezaba con sus hijos en las noches —cuando no estaba demasiado ocupada ni ellos demasiado adormilados. A veces lo dejábamos para la noche siguiente, o la siguiente… La palabra "milagro" rara vez cruzaba por mi cabeza.

Gracias a Dios, mi iglesia no fue tan laxa como yo. Mi pastor, que no podía sentarse derecho porque acababa de sufrir una fusión espinal, subió al asiento trasero de su automóvil para que su esposa lo llevara a verme todos los días durante las muchas semanas que estuve hospitalizada. Semanas después de mi vuelta a casa, pude ir a la iglesia. Mi cariñosa comunidad me preparó un asiento especial para que no me lastimara el cuello. Yo me había quedado sin las siete vértebras superiores.

Mi vida, tal como la conocía, llegó a su fin. Aprendí entonces a esperar lo inesperado y a aceptar lo inaceptable. Mi afección me obligó a adquirir nuevas habilidades y dejar atrás las antiguas, sin rencor. Aprendí a apreciar a los pocos amigos de verdad que se mantuvieron firmes en este periodo. Supe del daño económico que una enfermedad larga puede causar en una familia de clase obrera.

Pero, antes que nada, aprendí que el amor puede vencerlo todo. Mi esposo y yo habíamos planeado viajar según nos lo permitiera el calendario escolar. Él me sorprendió antes de lo previsto. Un día llegó a bordo de un enorme coche-casa usado de color café.

Asustada, miré los grandes peldaños que conducían a la entrada.

–¿Se te olvidó que no puedo subir escaleras? ¿No podrías devolverlo? Creo que nuestros planes tendrán que esperar, o cancelarse.

–Sí lo puedo devolver. Aún no he cerrado el trato. ¿Pero se te olvida a ti que tengo brazos? Puedo cargarte para que subas. –Señaló un lugar vacío frente a la ventana–. Un sillón reclinable, o silla giratoria, cabrá muy bien ahí.

Nos quedamos con el coche-casa.

Yo había sido una ávida bolichista durante años, y jugado en dos ligas a la semana. Cuando empezó la temporada de invierno, yo estaba un poco mejor, pero aún me sentía débil, y usaba bastón y collarín. Mis compañeras me preguntaron si iría, al menos para animarlas. Pero cuando llegué me dijeron:

–Si crees poder, aún estamos necesitando una bolichista. Decidimos no remplazarte por lo pronto.

–¡No puedo! Además, daría al traste con todas sus posibilidades de ganar.

Habíamos sido campeonas de la liga dos años seguidos.

–Te queremos con nosotras, si tú estás dispuesta a probar.

–Bueno, tal vez –acepté.

Como no podía sostener la bola, elegí una para niños, me puse mis zapatos especiales, tomé mi posición y disparé. La bola mantuvo su curso y derribé tres de cuatro bolos. La gente que llenaba el edificio aplaudió. Volví cojeando a mi lugar en el equipo, con bastón, collarín y todo. En poco tiempo, mi promedio de 165 cayó por debajo de 80, ¡pero yo estaba jugando! Gané incluso un trofeo. Mi equipo me mandó a hacer uno especial, que decía: "A la bolichista más valiente". Sigue siendo el más preciado de mis trofeos. También obtuvimos un trofeo grupal: ¡quedamos en el último sitio!

Quizá yo nunca me habría detenido a evaluar a mis amigos, mi familia y mi cristianismo si no hubiera contraído la siringomielia. Incluso me enteré de que tenía un talento oculto. Empecé a escribir para el boletín del American Syringomyelia Alliance Project (Gran Alianza Estadunidense contra la Siringomielia). FACES estaba dirigido a pacientes con esta enfermedad en todo el país, para hacerlos sentir menos solos. Inicié un grupo de apoyo y me uní a un grupo de activistas que contestaban llamadas del mundo entero de personas alarmadas que padecían lo mismo que ellos. Me sentí bendecida de que Dios convirtiera una desgracia en un bien, y a mí en una persona mejor.

Pero, ¡ay!, el tiempo no ha pasado en vano. El quiste se ha extendido por toda mi columna. Ya no puedo optar por más operaciones. Algún día, a menos que Dios intervenga (y creo que puede hacerlo), perderé el uso que aún puedo dar a mis brazos, mis piernas, o a unos y otras. Pero lo bueno es que sé que, mientras el Señor me quiera aquí para algo, él me abrirá el camino.

Mi nube tiene un contorno luminoso que se resiste a disiparse mientras yo tenga una razón de ser. Algunos dicen que es un milagro que aún tenga cierta movilidad en las extremidades, luego de veinticinco años con este mal. Pero yo digo que el milagro que Dios obró en mí no fue darme un cuerpo nuevo, sino paz interior.

JEAN KINSEY

Caldo de Pollo para el Alma

3

CAPÍTULO

Cada día es especial

Nos llueven regalos a diario.
Abre la caja.

RUTH ANN SCHABACKER

21

Todos los días viernes

Me encantan los viernes, y no soy la única. La mayoría de la gente asocia el último día de la semana de trabajo con sensaciones de alivio, relajamiento y expectación por los buenos momentos que le esperan el fin de semana. ¡Sabes que un día debe tener algo de especial cuando la sensación de celebración que acompaña a su llegada está consagrada incluso en el nombre de una cadena de restaurantes!

Así que también yo celebro los viernes. Después de dejar a mi hijo en la escuela, voy a Starbucks, para deleitarme con algún café especial. Luego, en vez de volver directo a casa, suelo seguir una larga ruta por las calles más pintorescas que encuentro, lo que a menudo incluye mi esquina favorita del parque. Y durante el día, sonrío una y otra vez y me siento feliz sin otro motivo que el de que el nombre del día comienza con "V", y no con "L", "M" o "J".

> El lunes es una triste manera de pasar 1/7 de tu vida.
>
> ANÓNIMO

Cuando recojo a mi hijo en la tarde, chocamos las palmas y gritamos, y el coro de "¡VIERNES!" resuena al menos tan estruendosamente como nuestras manos. Luego, al atravesar nuestra urbe, que es una ciudad universitaria, apuntamos a las señales que indican el inicio de celebraciones. Vemos jugar futbol en canchas de fraternidades, lanzar hamburguesas en parrillas, gente estacionarse frente a hamacas en portales, y por todos lados fiestas a punto de hacer erupción. ¡A veces parece que todo el mundo celebrara el viernes!

El otro día salí feliz de un consultorio gracias a un pronóstico positivo sobre un asunto de salud que me preocupaba. Mi buen humor se vio acrecentado por los signos de la primavera en torno mío: capullos en flor, cantos de aves, la radiante y cálida luz del sol a mis espaldas. De repente me sentí dispuesta a celebrar, y aromáticas ideas inundaron mi cabeza. Murmuré la palabra "¡Capuchino!" y me dirigí a la cafetería justo en la esquina.

Mi mente se rebeló. "¿Qué estás haciendo? ¡Hoy es martes! ¡El café está reservado para los viernes!". ¡Y de pronto me di cuenta de lo ridículo de esa línea de razonamiento! ¿Por qué habrían de ser los viernes más especiales que los demás días de la semana? ¿Por qué desperdiciar seis días esperando a regocijarse sólo el séptimo? Minutos después volví a mi coche con una gran sonrisa en el rostro y un café de moca con frambuesa en la mano.

Una pequeña victoria, desde luego, pero también un ejemplo específico de cómo vivimos muchos de nosotros. Esperamos a que se den las condiciones correctas antes de permitirnos disfrutar nuestro paso por la tierra. Tal vez cuando egresemos de la universidad y consigamos trabajo será momento de celebrar, o quizá cuando nuestros hijos crezcan y se pasen en la escuela todo el día. Nos regocijaremos cuando acabemos de pagar el coche, o disfrutaremos de la vida cuando por fin podamos retirarnos. Y en esa espera desperdiciamos gran parte de la vida que Dios nos ha dado y la felicidad que podemos encontrar en el hoy. ¿Qué pasaría si transfiriéramos una parte de esa "sensación de viernes" a los lluviosos lunes, los sombríos martes y los miércoles tan de entre semana? Seguramente seríamos mucho más felices.

¡Hay que decir que T.G.I. Friday's no abre sólo el último día de la semana de trabajo! No, celebra asimismo todos los demás, y el fin de semana también.

Nosotros deberíamos hacer lo mismo.

ELAINE L. BRIDGE

22

El don del cáncer cerebral

En agosto de 2002 recibí el mayor regalo de mi vida cuando me dijeron que tenía cáncer terminal en el cerebro y que moriría en cuatro a seis meses. Llevaba exactamente cinco meses de casado cuando esto ocurrió. Mi carrera iba bien, mi familia y mis amigos me querían. Era más feliz que nunca. ¿Así que por qué fue ése un regalo tan grande? ¿Por qué?

Porque tuve que darle la cara a la muerte.

Era una noche de enero de 2003. Yo vagaba solo bajo el frío, lleno de rencor. El ensayo clínico al que me había inscrito estaba plagado de incertidumbres y peligros. Podía participar en él sólo por

> La excursión es igual
> si lo que buscas
> es tristeza o alegría.
>
> EUDORA WELTY

el hecho de estar en una etapa terminal, y de que mi sobrevivencia fuera muy improbable. Estaba confundido, sentía náuseas a cada momento y apenas si podía caminar, aun con bastón.

Me sentía furioso por mis circunstancias: odiaba al cáncer, a mí mismo, a los médicos y a Dios. Grité, aullé, lloré, rabié contra la injusticia. Por primera vez en cincuenta y cuatro años había encontrado felicidad en mi vida, y ahora esta horrible enfermedad me arrebataba no sólo la alegría de vivir, sino también toda apariencia de estabilidad, confort y paz. ¿Estaba condenado a pudrirme detestablemente cada día en mi patética cojera hasta terminar en una fría tumba?

En medio de toda esa virulencia, de repente me llegó la alentadora voz de un muy querido y antiguo amigo, jefe y mentor, W. Clement Stone, uno de los primeros en escribir sobre la Actitud Mental Positiva, o AMP. En mi mente, lo oí decir como lo había hecho miles de veces: "¡Cada adversidad trae consigo el germen de un beneficio equivalente o mayor a quienes tienen una actitud mental positiva!".

¿Cómo?

¿Hablas en serio?

¿Un beneficio mayor?

¿Cuál puede ser el beneficio mayor de morir de cáncer cerebral, viejo? (Yo no sabía que Stone había fallecido apenas cinco meses atrás, a los 100 años.)

Sus palabras siguieron recorriendo la parte de mi cerebro que aún funcionaba. No alguna adversidad, había dicho él, sino cada adversidad, ¡CADA adversidad lleva consigo el germen de un beneficio equivalente o mayor! ¡Debes estar bromeando!

Por fortuna, los muchos años de ser mi mentor, maestro y héroe habían dejado huella; la palabra "Razoné…" brillaba como un sol sobre mi cabeza. Él la usaba con frecuencia, muy a menudo para describir situaciones críticas que había enfrentado en la vida. Una vez, una persona desesperada, deprimida y derrotada sostuvo un arma cargada contra su cabeza, diciéndole que lo había perdido todo; iba a matarlo, y luego se quitaría la vida ella misma. Mientras que la mayoría habríamos caído presa de pánico en esas circunstancias, Stone dijo tranquilamente: "Razoné…", y procedió a pensar en un plan lógico para salvarse, y salvar también a la otra persona. Más tarde introduciría en los negocios a esta última, la cual fue exitosa y próspera el resto de su vida.

"Así pues", me dije, cediendo a su mensaje, "razonemos". De inmediato me sentí cuerdo y en paz, por primera vez en meses.

Así que… ¿cuáles eran mis posibilidades? Después de todo, en ese momento la vida no me había provisto de muy buenas opciones.

Ciertamente no tenía la opción de "vivir feliz para siempre", ¿o sí?

El hecho es que iba a ocurrir una de dos cosas: moriría muy pronto o, mucho menos probablemente, viviría mucho tiempo.

Bien, ¿y si moría pronto?

Bueno, "razoné", si me enconaba y enojaba, pasaría los últimos meses de mi vida en pesadumbre y aislamiento, convirtiendo en un infierno la vida de mis seres queridos, y sería recordado, si acaso, como un viejo amargado que permitió que el cáncer cerebral lo venciera. Recibiría una pasajera muestra de compasión, pero al final todos tendrían sólo desprecio para mí y por la situación en que los había dejado.

¿Y si, por el contrario, mantenía una actitud positiva y esperanzada? ¡Eso no cambiaría un ápice la fecha de mi muerte!

Pero quería decir que pasaría los últimos meses de mi vida respirando profunda y limpiamente, satisfecho, dichoso y con amor por mis familiares y todas las personas a las que había conocido. Moriría feliz, y se me recordaría como el espíritu valiente que enfrentó una muerte terrible con valor, fortaleza y aplomo. Sería apreciado por quienes me conocieron.

¿Y si, finalmente, la libraba? ¿Si seguía viviendo?

¡Entonces no tenía razón para amargarme y atormentarme! ¿Por qué perder meses de mi vida lamentando un final que ni siquiera estaba cerca?

Así que ahí estaba: tenía todas las razones para mostrarme positivo ante mi afección, y absolutamente ninguna para caer en la negatividad.

En ese momento, justo en ese momento, y por primera vez en mi vida, dejé de morir y comencé a vivir.

Empecé a decir a todos los que veía y conocía que tener cáncer cerebral era lo mejor que me había ocurrido en la vida, y hoy lo creo de todo corazón.

Hace poco más de un año, supe que mi cáncer había vuelto. El tratamiento es hoy más científico y predecible, y mejor el pronóstico, pero el resultado nunca es seguro. Después de un año de radiaciones y quimioterapia, los médicos a cargo de mi tumor han decidido someterme indefinidamente a quimioterapia, y me han programado para resonancias magnéticas mensuales, sin la menor garantía de nada.

¿Cómo me ha afectado esta inquietante noticia? ¡Me ha vuelto más positivo todavía!

Desde ese momento especial, aquella fría y oscura noche de enero de 2003, no he perdido un segundo de mi vida preocupándome por la muerte. Dedico a vivir cada momento de todos mis días.

El cáncer cerebral me hizo la primera vez un mejor hombre. La segunda vez me está haciendo un buen hombre. El cáncer es lo mejor que me haya pasado nunca.

¿Y tú? Tú tendrás cosas buenas y malas en la vida. A veces ella te brindará mucha suerte, otras te dará en la cara como una piedra.

Lo que te ocurra ocurrirá, y sólo tienes dos formas de responder: siendo positivo y feliz o negativo y desdichado. Eso es todo. ¡La buena noticia es que la decisión siempre está en tus manos! Decides cuán feliz serás cada día de tu vida, en todas las maneras en que casualmente suceda ésta, sin importar cuándo, sin importar qué, sin importar quién.

Toma hoy mismo la decisión de vivir, no de morir. De ser positivo, no negativo. No te expongas a una tragedia como la mía para tener que descubrirlo. Vive cada día, vive cada minuto, vive cada segundo de tu existencia.

TOM SCHUMM

23

Once minutos

El miércoles empieza como de costumbre. Apago la alarma del despertador y vuelvo a la cálida suavidad de mi cama, escuchando la tenue respiración de mi esposo y el rítmico chupar de dedos de mi hija mientras duermen.

Cuando comienzo a quedarme dormida otra vez, fuerzo mis ojos a abrirse y me siento. ¡Hay una razón de que quiera despertar a la ridícula hora de las 5:30 de la mañana! Me pongo rápidamente mis pants y me dirijo al coche.

> Actúa como si lo que haces fuera importante.
> Lo es.
>
> WILLIAM JAMES

Aún está oscuro mientras manejo en dirección a la pista de atletismo, y me pregunto si alguna vez me acostrumbraré a levantarme antes del amanecer. Orión aún brilla mucho en el cielo, mientras el horizonte se ilumina.

Sin luz, no reconozco a quienes corren o caminan en grupo por la pista. Veo a una señora caminando sola. ¿Es Marisa? Ayer dijo que tal vez no vendría hoy. Estiro mis ligamentos para poder verla mejor.

No, no es ella. Sólo una desconocida con un rompevientos azul marino.

Caminando en la pista, siento que hoy mi pierna está en perfecto estado. Me preparo para una buena carrera tan pronto como concluya mi calentamiento. Camino frente a las graderías, y a mi derecha, en Cherry Avenue, veo pasar a Leanne y sus amigas corriendo a marcha veloz. Un día podré seguirles el paso.

Un corredor me rebasa por la izquierda. Parece el esposo de Leanne, Todd. ¿Viene a la pista mientras ella corre también? No, eso no tendría sentido. Apuesto a que Todd está en casa con…

¡ZAS!

El corredor se desploma. Cae de golpe. Al pegarse en la cabeza se oye un espantoso ruido sordo, como el de una bola de boliche que chocara con el concreto.

—¡Ay! —exclama la mujer del rompevientos azul marino, dando un salto atrás. Está a menos de un metro del hombre.

—¿Él se encuentra bien? —pregunto a gritos.

Estoy a unos veinticinco metros de distancia, y camino rápido para alcanzarlos.

El señor sobre la pista no hace ningún ruido. No hay gritos de dolor.

—¿Alguien tiene un teléfono? ¡Llamen al 911! —vocifera Rompevientos Azul Marino.

Saco mi teléfono y marco el 911. El hombre respira con dificultad. Ring, ring. Tiene abiertos los ojos, pero la mirada extraviada, y la lengua de fuera. Ring. Las piernas se le doblaron en un ángulo extraño. Ring. Giro a su alrededor para ver si se lastimó alguna de ellas.

—¿Bueno?, ¿qué emergencia reporta?

—Un señor acaba de venirse abajo en la pista de atletismo de la preparatoria Willow Glen, en Cherry Avenue. ¡Mande una ambulancia, por favor!

—Un momento.

La demás gente de la pista empieza a juntarse, murmurando. Nadie toca al señor.

—¿Dónde le duele? ¿Está usted bien? —pregunto con voz potente.

No entiendo por qué no me responde. No se me ocurre que sus lesiones podrían no ser visibles. Parece muy sano, de cuarenta y tantos años.

El despachador en el teléfono dice:

—¿Bueno?, ¿qué emergencia reporta?

Me doy cuenta de que la larga pausa se debió a que mi llamada fue transferida al despachador local de 911 en San José.

—Un señor acaba de venirse abajo en la pista de atletismo de la preparatoria Willow Glen, en Cherry Avenue. ¡Mande una ambulancia, por favor! —repito.

—Un momento.

Todos guardamos silencio, mirando. Esperando algo. La respiración del hombre se aquieta cada vez más. Menos aire ahora. Todavía menos. Ahora sólo un leve resuello.

¡Dios mío! ¡Se está muriendo justo frente a mis ojos! Todos nos paralizamos un momento mientras comprendemos lo que ocurre.

–¡No respira! –grito en el teléfono–. ¿Alguien sabe dar resucitación cardiopulmonar? –pregunto a voz en cuello a quienes me rodean.

Han pasado años desde que tomé ese curso. Dudo en dar respiración de boca a boca, pero recuerdo cómo hacer compresiones en el pecho, así que me dispongo a empezar.

Primero le enderezo las piernas y luego me arrodillo junto a su pecho. No le muevo la cabeza, ni le checo el pulso, ni intento oír sus latidos. Con el hombro izquierdo sostengo el teléfono contra mi cara, y comienzo a administrarle de inmediato compresiones en el pecho.

–Uno, dos, tres, cuatro… –cuento, y hago una pausa–. ¡No respira! ¿Alguien puede darle respiración de boca a boca? –grito, a nadie en particular–. Uno, dos, tres, cuatro… –y oprimo a cada cuenta su pecho, bombeando su corazón.

Toco su cara, lo tomo por la mejilla y lo miro a los ojos. Su piel se siente suave y sudorosa. Tiene abiertos los ojos, pero no ven nada. Parece que la lengua le impide absorber aire.

Barbara, una abuela saludable y dinámica, con una abundante pero recortada cabellera blanca, se arrodilla para acomodar bien la cabeza del hombre. Le tiemblan las manos.

–¡Apriétele la nariz! –sugiere alguien detrás de mí.

–¡Hágale para atrás la cabeza! –grita otro.

–Uno, dos, tres, cuatro… –cuento y hago compresiones.

Barbara intenta moverle la lengua con un dedo. Él se lo muerde, como resultado de una reacción inconsciente.

–¡Ay! –exclama ella.

–Uno, dos, tres, cuatro…

Barbara le aprieta osadamente la nariz antes de administrarle una respiración. El pecho de él se eleva, y vuelve a salir aire a toda prisa.

La despachadora del 911 empieza a dar instrucciones para la resucitación.

Otra gran respiración por parte de Barbara.

–¡No se vaya! –le grita al señor–. ¡Su hora no ha llegado todavía!

En mi mente se atropellan escenas de películas en que un espíritu incorpóreo flota encima de un grupo, viéndolo afanarse sobre un herido. Me pregunto si eso está sucediendo ahora.

La despachadora me dice cómo debo sostener y colocar las manos, etcétera. Me siento absurda oyendo detalladas instrucciones de algo que ya estoy haciendo mientras intento coordinar las compresiones y checar la respiración del enfermo.

—¡Tomé un curso de esto! —interrumpo irritada a la despachadora.

—¡Lo único que quiero es cerciorarme de que no cometa un error, señora! —obtengo por respuesta.

Me callo y la dejo hablar.

—Ahora haga seiscientas compresiones.

—¿Seiscientas? —pregunto confundida.

—Sí, seiscientas. No pare. Cuente mientras avanza. Quiero oírla contar.

—Uno… dos… tres… —cuento en voz alta.

Barbara le administra otra gran respiración, y parece que él empieza a respirar por sí solo.

—¡No queremos que se vaya aún! —sigue gritando ella.

—Nueve… DIEZ… uno… dos… tres…

Me encarrero y casi tiro el teléfono. Empieza a dolerme el cuello por sostener el celular contra mi hombro. Pido que alguien tome el teléfono y lo ponga en altavoz.

—Nueve… TREINTA… uno… dos…

Barbara ha dejado de dar respiración de boca a boca mientras el señor respira solo, en forma agitada. La lengua se le vuelve a salir, y la exhalación es un ruido sonoro bien recibido.

—¡Ya está respirando! —le digo a la despachadora—. Ocho… nueve… CIEN… uno… dos…

—¡Vaya! —dice un hombre a mis espaldas—. ¡Qué infarto tan terrible! ¡Terrible!

Por fin se me ocurre que todas sus lesiones han de ser internas. No puedo dejar de hacer lo que estoy haciendo. ¡Bombeo su corazón por él! Por primera vez pienso en checarle el pulso en el cuello. No siento nada. ¿Estaré tocando en el lugar equivocado? Sigo contando y haciendo compresiones.

—DOSCIENTOS… uno… dos…

Parece que hubiera pasado una eternidad desde que llamé al 911. ¿Dónde están los paramédicos? No es mucho lo que nosotros podemos hacer.

—Ocho… nueve… DOSCIENTOS OCHENTA… uno… dos…

—¿No quiere descansar? —pregunta alguien atrás de mí—. ¿Está usted bien?

No volteo.

—No, gracias, estoy bien.

Empiezo a sentir un poco tensa la parte baja de la espalda, pero no quiero que me suplan, por temor a detenerme. No quiero parar. No puedo parar. Estoy inmersa en el conteo y las compresiones. Conteo y compresiones. Conteo y compresiones.

–Ocho… nueve… TRESCIENTOS CINCUENTA… uno… dos…

Mi ansiedad cede un poco mientras me concentro en contar, ¡pero de repente me percato de que ya pasó demasiado tiempo! Ya salió el sol y la oscuridad se ha ido.

–¿Dónde está la ambulancia? –pregunto bruscamente a la despachadora, irritada.

–Ya va en camino –asegura–. Continúe. Lo está haciendo muy bien.

–Nueve… CUATROCIENTOS VEINTE… uno… dos…

Siento la ansiedad creciente de la muchedumbre.

–¡Ya deberían estar aquí! –dice alguien con tono exasperado.

–Ocho… nueve… –pierdo la cuenta y deduzco– CUATROCIENTOS OCHENTA…

Oímos las sirenas. Se oyen en la calle principal de la escuela, detrás de nosotros.

–¡Están en la calle equivocada! –exclama alguien, presa de pánico.

–No, ellos saben cuál es su destino –explica tranquilamente la despachadora–. Siga. Lo está haciendo muy bien.

Las sirenas se acercan, y vemos un carro de bomberos hacer alto en la calle. Bomberos con uniformes azules bajan con calma y se ponen su equipo. Echan a andar hacia la pista.

–¿Por qué no corren? ¡Apúrense! –grita enojado alguien a mi izquierda.

–Ocho… nueve… QUINIENTOS DIEZ… uno… dos…

La gente retrocede un poco para dejar pasar a los bomberos, uno de los cuales baja su bolsa y empieza a ponerse unos guantes de látex, para sacar su equipo. Muy tranquilo. Nos evalúa a los dos.

–Ya puede parar –me dice. Sus ojos parecen tristes– Voy a suplirla.

Me detengo y doy un paso atrás mientras él reinicia las compresiones en el pecho. Alguien me devuelve mi teléfono.

–¡Ya llegaron! –le digo a la despachadora.

–Ya lo veo. Lo hizo usted muy bien –comenta, y cuelga.

Llega una ambulancia y los paramédicos se unen a los bomberos. Ponen una bolsa de aire sobre el enfermo, abren la vía respiratoria y meten un tubo de oxígeno. La resucitación continúa, y ellos se turnan para administrarla. El paramédico que ahora da las compresiones imprime mucha fuerza en ellas… mueve sus tensas piernas a cada opresión, y temo que las mías hayan sido insuficientes. ¿Habrán sido demasiado suaves? Tal vez no hayan servido de nada.

Los paramédicos no encuentran el pulso. Trabajan eficiente y silenciosamente en común, y de pronto le rompen la camisa al enfermo para aplicar las almohadillas del desfibrilador externo automático. Todo el grupo se pone de pie y retrocede mientras alguien grita: "¡DESPEJEN!", y lo desfibrilan. El señor agita brazos y piernas mientras su torso se tensa con la sacudida.

No hay pulso aún. Más compresiones en el pecho. Pero nada.

Lo desfibrilan otra vez. "¡DESPEJEN!". Rígido, el cuerpo se contorsiona, y luego se relaja.

Se hace un silencio solemne mientras todos esperamos a que se oiga el monitor del corazón.

–Bip… bip… bip…

Soltamos un general suspiro de alivio cuando oímos que su corazón late suavemente.

–¡Ya tiene pulso! –grita alguien.

La gente a mi alrededor aplaude y lanza vivas. Todos parecen aliviados y sorprendidos. Por algún motivo, yo no siento sorpresa. Jamás se me ocurrió que el hombre no fuera a recuperarse. ¿Estoy en choque?

Un bombero encuentra la llave de una casa en los shorts del corredor. No hay ninguna identificación adicional. Ni cartera ni teléfono celular. Ninguna manera de notificar a la familia dónde se halla su pariente. Debe vivir cerca. Me horroriza la idea de que alguien pueda estarlo esperando en casa sin saber qué pasó.

La ambulancia se retira y algunos bomberos se quedan para recoger en la pista la basura de los suministros de emergencia. Uno de ellos es el bombero de los ojos tristes.

Ojos Tristes se acerca y me dice:

–¡Vaya! No es costumbre que veamos eso.

–Sí –añade otro bombero–. Por lo general no los recuperamos.

Estoy asombrada.

–¿Cómo? ¿Por qué? ¿Acaso la gente sólo se para alrededor y mira?

–No, usualmente esto no se presencia. Estaban en otro cuarto y encuentran a alguien en el piso. Tal vez ya pasó mucho tiempo desde que ocurrió, o no saben cuánto, o no saben dar resucitación.

–¿Cuánto tiempo después de que el señor se cayó empezó usted las compresiones? –pregunta Ojos Tristes.

Tengo que calcular.

–Umm. Menos de un minuto.

—Entonces eso fue. Un minuto está muy bien. Entre más pronto empiecen las compresiones, hay más posibilidades de recuperación.

Sigue llenando un informe en su portapapeles.

Ahora entiendo la tristeza en sus ojos. Al llegar a la escena, no creo que esperara un buen resultado. Su experiencia y conocimientos de rescate le han enseñado que, en casos como éste, la historia no tiene un final feliz.

Rompevientos Azul Marino está junto a mí y ha empezado a reaccionar a lo que pasó. Me acerco para abrazarla; sigue temblando mucho.

—¿Cómo se llama usted? —me pregunta, enjugándose las lágrimas.

—Heather, ¿y usted?

—Suzanne. ¡Ay, yo no habría podido hacer eso! Jamás la olvidaré, Heather. Lo hizo muy bien. No dejo de pensar que pudo haberse tratado de mi esposo... —se interrumpe, muy emocionada todavía.

Rompevientos Azul Marino es ahora Suzanne.

Consulto la hora en mi teléfono: 6:15 de la mañana. ¡Me sorprende que todo haya pasado en menos de treinta minutos! Pareció mucho más tiempo. No debo estar en casa hasta las 6:30. ¿Correré ahora? Ni siquiera le he dado una vuelta completa a la pista. Miro a mi alrededor y veo que otros empiezan a correr y pienso que parece extraño. La vida sigue... No estoy lista para eso aún. Quiero irme a casa. Me despido del grupo y echo a andar en dirección a mi coche.

—¡Señora! —grita alguien a mis espaldas. Me vuelvo y es otra vez el bombero Ojos Tristes.

—Oiga, sólo quiero repetirle que lo hizo muy bien. Voy al hospital a recoger a mi gente que acompañó al enfermo en la ambulancia. Si me entero de cómo sigue, ¿quiere que le llame?

—¡Claro! Perfecto. De veras me interesaría mucho saber cómo está. Y si ya lo encontró su familia.

Le doy mi nombre y número de celular, y él los anota en su portapapeles.

—¿Y usted cómo se llama? —le pregunto.

—Dave.

Ojos Tristes es ahora Dave.

—También ustedes lo hicieron muy bien, Dave. Es un honor haberlos conocido —digo con una sonrisa.

Me subo al coche con la sensación de que quizá no debería irme a casa. De que debería ayudar más, pero no sé qué otra cosa hacer. Me despido distraídamente de los policías en la calle y me dirijo a casa con el piloto automático. Paso la primera intersección y lágrimas comienzan a rodar por mis mejillas al darme cuenta de la gravedad de todo lo ocurrido. ¡Ese señor pudo haber muerto esta mañana! Ojalá esté bien. Me gustaría poder decirle a su familia que no se preocupe de que no llegue a casa esta mañana. Pienso en todo lo que habría podido hacer más rápido. Me preocupa no haber hecho lo suficiente.

La casa está en silencio cuando llego, salvo por el agua que corre en la regadera. Ahora estoy completamente alterada, y pienso que debería tomar una copa de vino para calmar mis nervios. Pero como son las 6:20 de la mañana y debo llevar a los niños a la escuela, concluyo que el vino no es una buena opción en este momento. Aunque no por eso deja de ser tentadora.

Hay un correo de voz de Marisa avisándome que no irá a correr hoy. ¡Comprendo lo cerca que estuve de no estar ahí para ayudar! Si hubiera revisado mi correo de voz o me hubiera vuelto a dormir… me habría quedado en casa. Si no hubiera estado ahí hoy, seguramente otra persona habría dado el paso, pero no puedo tener la certeza de que hubiera actuado a tiempo o tenido un celular a la mano.

Recuerdo nuevamente que todo tiene una razón. Yo estuve ahí ahora por una razón. Para ayudar a salvar una vida. Para conocer mi fortaleza y bondad bajo presión. Para que se me recordara una vez más que existe una fuente superior que sin duda me dará oportunidades para cumplir mi propósito. Me voy a mi recámara, algo aturdida.

—Hay una razón de que haya despertado hoy —le digo a mi esposo.

—¡Espérame, nena! ¡No te oigo! ¡Ya voy a salir! —me grita desde la regadera.

Espero en la puerta entre el vapor del baño, impregnándome del calor del cuarto. Me quito la sudadera y dejo mi teléfono en el tocador. Hago una pausa para checar mi última llamada, con curiosidad de saber cuánto tiempo tardé en el teléfono con el 911.

Once minutos.

Once minutos para que mi vida se cruzara brevemente con la de ese hombre. Tiempo suficiente para que yo fuera el latido de su corazón hasta que llegara ayuda. Tiempo suficiente para salvar su vida. Tiempo suficiente para cambiar la mía.

HEATHER GALLEGOS

24

Está en las pequeñas cosas

E ra uno de esos días en los que hay mucho que hacer. Me había atrasado en casi todas mis labores domésticas. Había ido muy poco al súper y nos hacían falta muchas cosas. La ropa sucia se derramaba fuera de los botes, y la casa excedía hasta mis estándares razonablemente holgados de limpieza. Y por si todo eso fuera poco, estaba por vencerse el plazo de entrega de dos de mis artículos, y debía pasar un muy buen rato en la computadora.

> Disfruta las cosas pequeñas, porque un día voltearás y verás que son inmensas.
>
> ROBERT BRAULT,
> www.robertbrault.com

Así las cosas, mis cuatro hijos no habían tenido que ir a clases ese día. Estaban emocionados de haberse quedado en casa, y me preguntaban una y otra vez cómo pasaríamos su día libre.

Mis planes iban a desilusionarlos. No habría absolutamente nada de diversión para ellos. Nada especial, nada digno de un día sin escuela.

Despertaron esa mañana esperando sus usuales tazones de cereal frío. Pero no había leche, y ellos odiaban el cereal seco. No había pan ni huevos, lo que dejaba muy pocas opciones para el desayuno. Busqué en el congelador, con la esperanza de encontrar una caja de waffles. Pero no tuve suerte. Me asomé al refri, y hallé finalmente un tubo de galletas de nata. Les espolvoreé azúcar y canela, las horneé y se las serví a los chicos.

—Perdonen que no pueda ofrecerles nada mejor esta mañana, pero no he tenido tiempo para ir de compras —les dije.

Ellos no se molestaron en contestar. Estaban demasiado ocupados llevándose a la boca mis improvisados roles de canela.

Después de desayunar, puse a lavar una carga de ropa sucia y me senté frente a la computadora. Mi hija menor, Julia, se me acercó con carita de que iba a empezar a lloriquear.

—¡Pero, mamá, creí que hoy íbamos a hacer algo divertido! —reclamó—. Porque no hay clases.

—Ya sé que es su día libre, pero no es el día libre de mamá —le expliqué—. Tengo trabajo.

—¿Puedes jugar conmigo? —preguntó suplicante—. ¿A Candy Land? ¿O al salón de belleza?

Suspiré. No tenía tiempo para jugar. Debía trabajar. Pero se me ocurrió una idea.

—¿Podemos jugar al salón de belleza mientras trabajo?

Así que escribí mi artículo y me hice pintar las uñas de los pies al mismo tiempo.

Mi hijo mayor, Austin, se ofreció a hacer de comer para que yo pudiera seguir trabajando. Los chicos se entusiasmaron con las selecciones de su hermano. No exactamente las opciones de la pirámide de los alimentos que la gente recomienda, pero los niños se divirtieron y yo pude entregar mis textos a tiempo.

Después de comer fuimos al súper. Austin empujó el carrito mientras los demás tomaban cupones de los pequeños dispensadores esparcidos en la tienda. Compré todo lo que necesitaba, con algunas adiciones de mi séquito, por supuesto.

De vuelta en casa, los chicos decidieron jugar a la "tienda" con los cupones que habían juntado en nuestro viaje. Alinearon los productos enlatados en los mostradores de la cocina y los bocadillos en la isla y fingieron que compraban nuestros víveres.

Dediqué el resto de la tarde a limpiar la casa, doblar la ropa limpia y hacer de cenar. Los niños siguieron jugando hasta que Eric, mi esposo, cruzó la puerta.

Él me vio y sonrió.

—¿Cómo estuvo el gran día libre de los chicos?

Me puse a explicarle que no habíamos hecho nada especial porque yo había estado demasiado ocupada con mis pendientes. Pero los niños me interrumpieron.

—Papá, ¿ya viste las uñas de los pies de mi mamá? ¡Me dejó sentarme bajo su mesa y pintárselas mientras escribía! —dijo Julia—. ¡Me divertí mucho!

—Y desayunamos de maravilla, papá —agregó Austin—. ¿Alguna vez le has hecho a mi papá esas galletas especiales? —me preguntó—. ¡Estaban riquísimas!

Eric me lanzó una mirada inquisitiva, y lo único que pude hacer fue alzarme de hombros. Mis dos hijos intermedios, Jordan y Lea, saltaron para platicarle a su papá de su juego de cupones y de la comida especial de Austin.

—¡La pasamos muy bien, papá! ¡Fue un gran día!

Miré las caras de mis hijos. Estaban radiantes de emoción. Emoción por los roles de canela improvisados, por una comida muy poco saludable, por cupones del súper y por unas uñas de los pies pintadas.

—¿De veras estuvieron bien? ¿No están decepcionados de que no hayamos hecho nada divertido? —les pregunté.

Austin se alzó de hombros y dijo:

—Uno es el que vuelve divertida la vida, mamá.

Asentí con la cabeza, convencida de que tenía toda la razón. La felicidad tiene que ver con nuestra actitud mucho más que con nuestras circunstancias.

Abracé a mis hijos y les di las gracias por recordarme que la felicidad debe buscarse en las pequeñas cosas.

Julia sonrió y dijo:

—Y las pequeñas cosas que te hacen más feliz somos nosotros, ¿verdad, mamá?

¡Vaya si son inteligentes mis hijos!

DIANE STARK

25

En plena floración

Ella estaba afuera, viendo las flores.

—No creo haberlo dicho ya, pero uno de mis pasatiempos es tomar fotografías de flores –dijo, contemplando los pocos botones que quedaban en mi jardín–. Déjame ir por mi cámara.

—Como quieras –dije, alzando los hombros y preguntándome por qué alguien se molestaría en hacer tal cosa. No había plantado mucho ese año, habiendo reducido casi todo desde que me quedé sin empleo. Pero si ella quería tomar fotos…

Había sido un año difícil. Justo cuando creía haber puesto fin a tantas inclemencias, todo volvió de pronto. La última cosa en mi mente eran flores.

> Hay quienes se quejan de que las rosas tengan espinas; yo agradezco que las espinas tengan rosas.
>
> ALPHONSE KARR

Ella dirigió su lente a una rosa. Yo había dejado de verla durante cerca de veinte años, desde la universidad en Nueva York. El mundo había cambiado, pero nosotras parecíamos ser las mismas. Aún podíamos ir a fiestas como en los viejos tiempos, siempre y cuando regresáramos a casa antes de las once, usáramos zapatos cómodos y tomáramos un par de aspirinas y un antiácido. Y como no podíamos vernos las patas de gallo sin nuestros anteojos, esencialmente éramos iguales. O casi, razoné.

Jugueteé con el control remoto de la televisión. Mi laptop estaba en la mesa de centro junto a una revista que yo estaba leyendo. Así era yo, haciendo una docena de cosas al mismo tiempo, llenando de todo lo posible el instante. Estaba muy atareada con la escuela de estudios de posgrado, la intensa búsqueda de trabajo y el hecho de ser la madre soltera, estereotipadamente fuerte y valiente, de dos chicos.

Ella se detuvo cerca de la última rosa de la estación, quieta y silenciosa, tomando una foto tras otra. Por fin hasta el perro se aburrió de su tarea y se fue.

El aire se llenó de repente de una canción de *Mary Poppins*. Yo estaba totalmente cierta de que su origen residía fuera de mi cabeza. Este día era cada vez más extraño.

–Es mi teléfono celular –comentó ella–. Le puse la alarma para que me recordara tomar mi medicina. "Una cucharada de azúcar", ¿te acuerdas?

–¿Una alarma para la medicina? –pregunté riendo–. ¿Ya así de viejas estamos?

Yo seguía negándome a hacer listas de compras para el súper, insistiendo en que podía llevarlas en mi cabeza. Así había olvidado muchas cosas, pero ¿y qué? Éste era el precepto del asunto. Envejecería cuando estuviera dispuesta a hacerlo.

La cólera me mantenía joven, suponía. Aquellos días eran agridulces, y mi furia se había mellado pero seguía sana.

–Qué pastillas tan raras –observé mientras ella las sacaba de su bolsa.

–Son para el hígado –explicó, y tomó un sorbo de agua–. Aunque en realidad el hígado no es mío. Lo tomé prestado. –Una de las comisuras de su boca se curvó hacia arriba.

Cada tantas horas, Anne tomaba una medicina inmunosupresora para impedir que su cuerpo atacara al órgano que se le había donado. Ocho años antes le habían diagnosticado un extraño trastorno hepático, tan raro que su médico no lo detectó en absoluto. Sin embargo, ella sabía que algo marchaba mal. Pero no sabía qué.

–Lo cierto es que fue una casualidad –dijo–. ¿Cuál es la probabilidad de conocer en una fiesta a un especialista en hígado? ¡Y estaba guapísimo!

Había un montón de casualidades en su vida. Después de su trasplante de hígado, contrajo cáncer de tiroides, que un médico descubrió al azar al tocar la base de su garganta durante un chequeo.

–Le dije que examinaba el extremo equivocado –comentó entre risas. Podía reír de cualquier cosa.

Un día se sintió mareada. Con su historial, su doctor le mandó hacerse una resonancia magnética, que reveló un pequeño tumor cerebral.

–No es más grande que una uña, y no ha crecido nada, lo cual es buena señal. Después de todo, ¡el tamaño es lo que importa!

Así era Anne: siempre optimista, sonriente y veleidosa. Ni siquiera un temor cerebral escapaba a sus bromas. Yo envidiaba su actitud, aunque ciertamente no su situación.

Se fue pronto. Sola me sentí bien. Fue agradable tenerla ahí, compartir viejos tiempos, pero yo me sentía a gusto en soledad. No necesitaba a nadie.

Con un abrazo se marchó. Tomé una cerveza del refri.

Más tarde recibí un correo de ella, que tardó siglos en bajar, especialmente para una cascarrabias impaciente y malhumorada como yo. "Caray", resoplé, "tengo cosas que hacer".

Estaba lleno de fotos de flores: quietas, nítidas y preciosas. Había hecho resplandecer unos cuantos botones, los había vuelto perfectos, los había hecho eternos. A partir de unas cuantas flores mustias.

"¡Vaya!", pensé. Ella había dejado atrás la ira, la lástima. Estaba del otro lado, capturando sonrisas y recogiendo flores, formando un ramo increíble e imperecedero mientras yo rezongaba y me quejaba. Tampoco esto era justo.

Quise poder hacer lo mismo. Ahí estaba yo, tratando de llenar mi vida con toda suerte de acontecimientos para que pudiera valer de algo, mientras que ella tomaba alegremente cada momento, lo pulía hasta darle brillo y lo compartía con todos. Hacía que pareciera fácil. En comparación con muchas otras cosas en su vida, supongo que lo era.

Ella podía parar tranquilamente el mundo, mantenerlo quieto un momento e insistirle que dedicara tiempo a ver una sola y modesta margarita. Y, asombrosamente, el mundo lo hacía.

"¡Oye!", le escribí en respuesta. "Están increíbles". Escueta, lo sé, pero por primera vez no supe qué decir.

"Annie", contestó ella, intuyendo lo que yo pensaba. "No sabemos qué pasará mañana. Ni siquiera sabemos si tendremos un mañana. Así que yo opto por concentrarme en el hoy. Por eso tomo fotos. Por eso fui a visitarte. Por eso estoy aquí".

Miré el jardín. Ahora comprendía. Era necia y obstinada, pero por fin lo entendí. Y yo que había creído que era la fuerte...

Volverá a visitarme, estoy segura. Hasta entonces, tengo sus capullos, en plena floración. En realidad siempre los tuve, pero fue Anne quien me hizo verlos de verdad.

ANNIE MANNIX

26

Una lección oportuna

"**—A**penas tiene 18 años. Se cayó en la cancha de basquetbol. SADS. Muchos atletas jóvenes mueren de eso.

"–Sí, ¿qué es SADS?

"–Síndrome de muerte súbita por arritmia (Sudden Arrhythmia Death Syndrome)".

Mientras oía las palabras del actor de NCIS, me enderecé en el sofá, tirando al suelo el crucigrama de *The New York Times*. Tras librarme de las pesadas patas de Yoshi, nuestro perro con cruza de labrador, me acerqué a la computadora y tecleé SADS.

> Sólo puede decirse que estamos vivos en aquellos momentos en que nuestro corazón está consciente de nuestros tesoros.
>
> THORNTON WILDER

Me embebí en las investigaciones sobre este síndrome, el cual se caracteriza por un problema cardioeléctrico. Eso era probablemente lo que había segado la vida de mi hijo adolecente diecisiete años atrás. Tal vez si Josh hubiera nacido años después, habrían podido salvarlo. El SADS ya no desembocaba necesariamente en muerte súbita, pero era genético, así que los parientes cercanos debían hacerse la prueba.

Jeff y yo siempre hemos agradecido que nuestro tercer hijo, Maliq, haya nacido dieciocho años después del primero, que haya tenido bases más sólidas. La vida le ha dado pocos sinsabores.

La niñez fue distinta para nuestro hijo intermedio, Miles. Habiendo perdido a su hermano mayor cuando apenas tenía 8 años, una sombra cubrió su infancia. Miles topó con la mortalidad demasiado pronto. Ahora, a los 27, él mismo era padre.

Le llamé para decirle que tenía que hacerse la prueba del SADS.

—Me hicieron un electro hace poco, mamá, cuando me fracturé las costillas. No detectaron nada. ¿Estás preocupada? ¿Yo debería estarlo? ¿Por Mikah?

Miles no había planeado tener hijos. Nos llevó a su papá y a mí el ultrasonido como una forma de decirnos que iba a ser padre. Estaba feliz. Y aterrado.

—Mamá, todo puede salir mal…

—Sí, pero también todo puede salir bien. Mírate a ti; mira a Maliq.

Como padres, Jeff y yo no nos preocupamos de muchas cosas desde que Josh murió: golpes al auto, problemas de dinero, piercings de adolescentes y casi cualquier otra cosa que no sea una amenaza de muerte en perspectiva.

***

Fuimos a que Maliq se hiciera la prueba del SADS. El doctor y la enfermera irrumpieron de pronto en la salita de reconocimiento médico que nosotros llenábamos. El doctor le lanzó una mirada a Maliq, quien lo hacía parecer pequeño aun estando sentado, y empezó a disparar preguntas: ¿historial de problemas de la vista, escoliosis, problemas cardiacos? Supe adónde iba porque yo ya había pasado por ahí en mis muchas búsquedas en internet. Síndrome de Marfan.

—Mire, doctor, no soy cardióloga, pero he investigado a fondo el Marfan. Maliq no se ajusta a los criterios.

Mientras esas frases salían ansiosamente de mi boca, supe que el doctor no me estaba tomando en serio.

—¿De todos modos cuánto mides?

A sus apenas 15 años de edad, Maliq ya medía uno noventa. El cardiólogo le puso el estetoscopio en el pecho. La expresión de su rostro cambió. Oyó mucho tiempo, y luego puso a la enfermera a oír.

¡Yo conocía esa expresión, caray! La había visto suficientes veces con Josh. Me volví hacia Jeff. Se veía demacrado, abatido tras reconocer él mismo esa alteración.

El médico volvió a oír.

—Definitivamente hay un susurro.

De cara afilada y esculpida, Maliq exhibía por su parte una expresión fresca y en gran medida despreocupada.

—Creo que este joven tiene el síndrome de Marfan.

Maliq nos miró, y después al médico.

–¿Qué es eso?

–Es un síndrome que incluye graves problemas cardiacos. Muchacho, a partir de este momento estás en total restricción atlética.

De los asustados ojos de Maliq manaron lágrimas que rodaron por sus mejillas. Su mundo daba un giro brusco. Se le cerraba de golpe la puerta a una vida que él mismo se había forjado, a un futuro que él había dado por supuesto. Había sido futbolista, jugando como portero, desde que tenía 4 años.

Miles se acercó a su hermano, lo rodeó con su brazo y le murmuró algo al oído. El tiempo se detuvo mientras yo veía juntos a mis hijos. Su relación se ahondó en ese momento, acortando una distancia de años entre ambos.

Intervine para compensar el estilo obviamente informal del médico, con voz tan severa que mi esposo hizo una mueca y Miles sonrió.

–¿Qué otras pruebas se necesitan para confirmar o descartar ese diagnóstico, y cuándo podemos hacerlas?

El cardiólogo pareció sorprendido por mi tono y mis dientes apretados. Años de navegar en el sistema médico me habían ayudado a parecer temible cuando era necesario.

–El electro podemos hacerlo aquí. Tendrán que ir al hospital para el ecocardiograma.

Maliq se había recompuesto y dejado de llorar.

El aparato cupo a duras penas en la sala. Jeff y yo suspiramos aliviados cuando en las retorcidas líneas del electro no apareció ningún largo QT, un indicador relacionado con el SADS, ni ninguna otra anormalidad.

Como tenía tiempo, llevé a Maliq al hospital universitario para que le hicieran el eco. Mientras nos dirigíamos al auto, me acerqué para abrazarlo. Él siempre abrazaba con ímpetu, pero esta vez me dio un abrazo mucho más fuerte y largo que de costumbre.

–¿Cómo te sientes, cariño? ¿Tienes algo que preguntar?

Volvieron a aparecer las lágrimas.

–¿Tengo lo mismo que mató a Josh?

–Tal vez, pero Josh murió hace mucho tiempo. Las cosas han cambiado. Lo que Josh tenía, ahora puede tratarse.

–Nunca había sentido tantas ganas de ser futbolista como en este momento, mamá. Si tengo eso del corazón, ¿podrán operarme para que pueda volver a jugar?

–Sí, supongo que sí.

–Pues entonces que me operen pronto, para no perderme la temporada.

Por primera vez ese día, rompí a llorar; ahí estaba aquello, la cosa que siempre verás incrustada en la adversidad. En cuestión de minutos, Maliq había hecho cristalizar sus prioridades. Sabía, sin dudarlo un instante, lo que estaba dispuesto a hacer para preservar una vida que antes había dado por sentada.

—¿Todo va a estar bien, mamá?

Contesté con la parte lógica de mi cerebro:

—Todo va a estar perfecto, y aquí está además la buena noticia; esta mañana te quitaron el futbol, pero cuando regreses lo valorarás como nunca.

—¿Realmente lo crees o sólo lo dices para parecer positiva?

Este niño me conocía muy bien.

—Lo creo, pero también lo digo porque soy positiva.

Finalmente, a las 9:45 de esa noche llamó el cardiólogo.

—El ecocardiograma salió limpio.

Solté el aliento que sin darme cuenta contenía.

—¡Qué bueno! ¿Eso quiere decir que Maliq no tiene Marfan ni SADS?

—Todavía tienen que ver al genetista, para completar las piezas.

La cita con el genetista resultó ser científicamente interesante pero, por fortuna, clínicamente insignificante. No detectó Marfan, y descartó el SADS.

Maliq empezó a correr una milla en menos de seis minutos. Su equipo llegó al torneo estatal, y en un partido en que él se enfrentó al que podía decirse que era el mejor portero del estado, paró la mayoría de los disparos y su equipo ganó.

Más tarde, haciendo una pausa en la última de las diez comidas que había hecho ese día, me dijo:

—Lo creí seguro, mamá. Pensé que siempre habría tiempo para tomar el futbol en serio. Ahora sé que no puedo dar nada por hecho; nunca sabemos cuánto tiempo tenemos.

Di gracias al cielo de que una lección que yo había aprendido a través de una tragedia, mi hijo pudiera aprenderla salvándose por un pelo.

LINDSAY A. NIELSEN

27

Al abrir el regalo

Acurrucada en la cama, una vez más trataba de deducir qué hacer con mi vida. "Señor, ¿qué quieres que haga? ¿Dónde quieres que vaya?".

Demasiado impaciente para esperar su respuesta, mi mente catalogó todo lo que yo esperaba oír: "Combatir el hambre en el mundo". "Salvar a los niños". "Frenar el calentamiento global".

Pero oí claramente: "Ve a Costco".

"¿Cómo? ¿A Costco? ¿De veras?".

No es que yo subestimara el valor espiritual de setenta y cinco rollos de papel higiénico, sino que quizá mi lista de pendientes se enredaba con mi vocación espiritual. Así que volví a intentarlo.

> Una persona feliz no es alguien en cierta serie de circunstancias, sino en cierta serie de actitudes.
>
> HUGH DOWNS

"Señor, ¿qué quieres que haga hoy? ¿Dónde quieres que vaya?".

Ya no cabía la menor duda: "A Costco", fue la respuesta.

Francamente, me sentí aliviada. Costco parecía algo infinitamente más manejable que combatir el hambre en el mundo, especialmente dado que yo tenía que volver a casa antes de las tres de la tarde.

"Si tienes la desagradable sospecha de que estás desaprovechando tu vida", dijo una vez la preceptora espiritual Marianne Williamson, "es porque es cierto". La remodelación de nuestra casa, que había sido mi "trabajo" durante más de un año, había terminado por fin, y ahora mi labor se había reducido al mínimo, puesto que mi hija ya cursaba la secundaria. En pocas palabras, me vi de repente sin nada que hacer, y con la desagradable sospecha de la que habló Marianne. Claro que mi ego ansiaba apropiarse de la pose de coctel que impresionaría a cualquiera cuando inevitablemente preguntara:

—¿A qué te dedicas?

—Ay... a nada.

En un esfuerzo por reparar mi identidad, me había puesto a leer libros espirituales. Lo que más me impactó fue la alta frecuencia con que una persona encontraba su vocación o propósito en la vida despertándose cada mañana y preguntando a Dios: "¿Qué quieres que haga hoy? ¿Dónde quieres que vaya?".

La verdad es que todo eso parecía un poco ramplón. ¿De veras podía marcarle a Dios al 911 y obtener respuesta?

Pero bueno, seguiría la corriente. Tal vez ese asunto de Costco era como una audición. Si Dios comprobaba que yo era capaz de resolver el hambre de mi familia, tal vez algún día me daría una oportunidad en el mundo.

Así que abandoné la cama y me vestí para ir a Costco.

Siendo el Día Uno de mi deber asignado por Dios, abordé mi vocación muy a lo divino, por así decirlo. En vez de llevar por los pasillos mi carrito al estilo de la carrera NASCAR, corriendo por las intersecciones y volando por las vías menos transitadas, cedí. Apagué el celular y renuncié a creerme capaz de multitareas, lo que, como descubrí en ese momento, me permitió recordar todos los artículos que había ido a comprar. Pero mientras esperaba en la caja, mi pie no dejó de tamborilear ansiosamente. Todavía tenía que ir a la tintorería, el correo y la biblioteca, y estar en casa en treinta y cinco minutos. Mi corazón se aceleró. Respira. Ubícate. Aquí. En el presente.

Me concentré en mis pies y los sentí fijarme en la tierra. Mientras respiraba, la tensión se evaporó. Me sentí menos estresada. Experimenté una apertura a la gracia. Me sentí más ligera.

Llegué a casa y descargué la abarrotada camioneta. Normalmente me quejaba de tener que hacer varios viajes por los dos tramos de escalera, cargando, entre otras cosas, un envase de tres galones de detergente, pero esta vez hallé gratitud en mí. Primero, estaba agradecida de haber tenido dinero para comprar todo. Segundo, estaba agradecida de que mis brazos y piernas fueran lo bastante fuertes para sostener mis bienes, y tercero, estaba consciente de que contábamos ya con alimentos para comer y cenar y de que yo podría acometer las pilas de ropa sucia que se me habían acumulado.

Fue así como la gratitud comenzó a enseñorearse de mí. Entre más conciencia cobraba de mi presente, más agradecía lo que tenía. Estaba agradecida de tener aparatos y de que funcionaran. Daba gracias cada vez que abría la llave y salía agua limpia. Agradecía tener una familia para la cual cocinar y hacer el aseo. Si mi novedosa gratitud no hubiera producido tanta serenidad, podría haber resultado sumamente irritante.

–¿Qué te pasa? –me preguntó mi hija, mirándome con desconfianza, mientras se desprendía de su mochila y se quitaba pataleando los zapatos–. Pareces muy contenta.

Lo estaba. No muy, sólo contenta.

Ser agradecida, ¿puede ser una vocación? ¿Mi propósito en la vida?

Mi esposo llegó a casa más temprano que de costumbre.

–¡Hola! –lo recibí alegremente.

Tenía la cara bofa y descolorida, y en los ojos la expresión "tengo algo que decirte pero no quiero".

–Están "reduciendo personal" en el trabajo. No me despidieron, pero estoy desempleado.

Sentí el pánico de la incertidumbre recorrer mi cuerpo. ¿Qué iba a ocurrir? ¿Qué esta vez? ¿Qué sería de nosotros? Me puse tensa. Me sentí enferma.

Sí, la gratitud es muy fácil con la bolsa llena y la luz del sol, pero yo no estaba preparada para esto, así, tan pronto. ¿Y ahora qué, Dios mío? Éste era apenas mi primer día a tu servicio.

Caí entonces en la cuenta de que Dios no me había mandado a Costco a buscar papel higiénico, y de que la gratitud sólo había sido en realidad un ejercicio de calentamiento. Lo que me había enviado a buscar era presencia.

Yo había entendido mal. No era: "Señor, ¿qué quieres que haga?". Era: "Señor, ¿dónde quieres que esté?".

En el presente. En este momento. Estar.

Respiré profundamente y abracé a mi esposo, impregnándome de la calidez de su cuerpo. Mientras ese momento presente se abría, indiscutible y aceptado tal como era, entendí que lo único que en verdad tenemos es el presente. Mantener gratitud, fe y presencia eran acciones que yo podía elegir ahora. La fe es saber que la luna siempre está llena aun si sólo veo un fragmento, o nada en absoluto. Y desde esta profunda sede de conciencia, supe que estábamos, y estaríamos, perfectamente bien.

TSGOYNA TANZMAN

28

El bote de
"¿A quién le importa?"

N o rezo tanto como debería. Pero hace dos semanas recé cuando Bob, mi esposo, fue llevado en ambulancia al hospital de Cape Cod con un creciente dolor en el pecho.

Hay una exquisita sencillez y pureza en las palabras "Te amo" que dos personas comparten cuando puede ser la última vez. Y en ese instante, todo lo demás, toda idea, toda acción, todas las partes restantes de tu vida van a dar al bote de "¿A quién le importa?".

Sólo unas cuantas cosas importan de verdad.

MARIE DRESSLER

Quiero contarte algo muy importante. No es nada del otro mundo llamar al 911. Llamas. Ellos vienen. Habrá sirenas, pero recibes con gusto su sonido. Los paramédicos no desean que esperes hasta estar seguro de que algo marcha mal.

Desde el sofá, Bob me vio esforzarme por responder rápido las preguntas que se me hacían, con voz entrecortada. Y me costaba trabajo respirar. Él pronunció entonces la palabra "Perdón", que, desde luego, me rompió aún más el corazón. Luego se lo llevaron.

Diez minutos más tarde, crucé a toda prisa el estacionamiento del hospital con una sola súplica: "¡Déjalo vivir, por favor!".

Y mi rezo fue atendido.

Me desplomé radiante en el sillón junto a su camilla. Ya sabían que no era del corazón. No cabíamos de felicidad.

La enfermera conectó cables de un aparato de electro en diferentes partes del pecho de Bob. Mientras ella le desabotonaba la camisa, él me miró y echó a reír. Recordé entonces su reciente decisión de madurez de probar la fórmula Grecian contra su barba blanca. Pero temeroso de probarla de inmediato, había experimentado con el vello del pecho, que por lo tanto lucía motas de color castaño. La enfermera no dijo nada. Tampoco mientras Bob y yo tratábamos en vano de reprimir la risa.

—¿Qué comió hoy? —le preguntó ella antes de tomarle sangre.

—Gomitas.

Para entonces, él ya había perdido toda credibilidad como adulto. Después del electro, le sacaron rayos X. Luego le dieron un frasquito de plástico para el análisis de orina. Tardó mucho tiempo en salir del baño.

—¿Qué pasó? —le pregunté una vez afuera—. ¿No tienen revistas pornográficas o algo así?

—No era ese tipo de prueba —respondió él, mirando alrededor con la esperanza de que nadie me hubiera oído.

Así que todo continuó bien, hasta el viaje a casa. Bob, sintiéndose bien, quiso manejar, pero en plena Main Street lo vi tocarse el pecho otra vez.

—¿Qué pasa? —pregunté, presa de pánico.

Él se tocaba por todas partes.

—Me dejaron puestas estas cosas.

—¿Qué cosas?

—Me pusieron unos perdigones en las tetillas para no confundirlas con manchas en las radiografías. Pero los pegaron con una especie de tela adhesiva, y no me los puedo quitar.

Me puse como loca.

—¡Tienes que quitártelos! ¿Y si tenemos un accidente? ¿Qué va a pensar la gente si llevas puestos unos botones en las tetillas?

Lo agarré de las tetillas y empecé a jalar. Él viró bruscamente para estacionarse.

Y ahí me tienes, inclinada sobre el pecho de Bob con la cara en sus tetillas tratando de desprenderle los perdigones. Una pareja con tres niños pasó a nuestro lado, se asomó por la ventana, los padres se dijeron algo entre sí y luego todos se alejaron corriendo.

Estoy aprendiendo a rezar más. Y una cosa que he aprendido últimamente es a elegir con todo cuidado mis oraciones. "¿De veras esto es importante?", me preguntaré, porque si es trivial o demasiado egoísta tendré que descartarlo. Y quizá en realidad la oración sea un proceso de evaluación que me enseña qué importa y qué no.

Y te diré algo más. La mayoría de las cosas que, en esos terribles momentos de vida o muerte, van a dar al bote de "¿A quién le importa?"... ahí se van a quedar.

Pero lo cierto es que desde el principio debían haber estado ahí.

SARALEE PEREL

29

Delicias de la infancia

A mi madre se le diagnosticó Alzheimer mucho después de que yo había aceptado los cambios graduales que veía en ella. Había terminado por acostumbrarme a oír a medias sus repetitivas historias, y a llenar las palabras faltantes en sus frases.

Supongo que habría seguido negando mis presentimientos si no la hubieran internado una corta temporada. Al parecer, una noche se desorientó y las enfermeras la encontraron vagando en los pasillos. Habiendo acudido a una consulta neurológica, el doctor me dijo que mi madre se hallaba cerca de las etapas intermedias del Alzheimer.

> La vida humana se extingue hasta volver a su raíz, pero sigue lanzando sus retoños a la eternidad.
>
> HENRY DAVID THOREAU

El doctor se mostró amable y compasivo mientras nos acomodábamos en una sala de juntas del hospital. Me explicó que cuando una persona con demencia senil olvida algo, no vuelve a recordarlo jamás, a diferencia de lo que ocurre con el derrame cerebral. Creí comprender este concepto, pero en los meses siguientes a menudo tuve que combatir el impulso a decir: "Ya te lo dije".

Mi madre había vivido con mi esposo y conmigo desde que se jubiló. Éramos íntimas, y ella llevaba una vida muy independiente, llena de actividad. Pero, casi de la noche a la mañana, la vida de mi familia cambió drásticamente con la emisión de aquella palabra: Alzheimer.

Esos activos y felices días se desvanecieron en mi conciencia al tiempo que caía atrapada en los retos que creí que nos esperaban. En algún momento del proceso de oír y aceptar ese diagnóstico, mi foco de atención pasó de estar con mamá a cuidar de mamá.

Cada día conducía a un nuevo descubrimiento mientras yo me enteraba de qué sabía mamá y qué ya no podía recordar. Por ejemplo, el alma se me cayó a los pies el día que comprendí que ella ya no podía leer. Se paró frente al microondas con su cena congelada sin saber qué hacer. En ese momento entendí que necesitaría que alguien se quedara con ella mientras yo estaba en el trabajo. Sólo de esa manera podría estar segura de que mamá comería algo durante el día.

Pensaba todo el tiempo en la mejor forma de cuidar de ella. No dejaba de observarla, aunque con discreción. Al mirar atrás, ahora me pregunto si, pese a mis buenas intenciones, no asumí con arrogancia el deber de decidir qué era lo mejor. Es posible que, en medio de todo esto, yo haya coartado, en parte, la independencia de mi madre y no haya considerado su capacidad para expresar en todo momento sus sentimientos y opiniones.

La de manejar fue una decisión y dilema importante, pues yo me preguntaba si ella era capaz de ir en coche al súper y volver a casa. ¿Cuándo llegaría el momento de sacar de su bolsa las llaves del auto? Por suerte, resolvimos esto de común acuerdo, cuando me llamó llorando desde el centro comercial: "¡No sé dónde estacioné el coche! ¡Ayúdame!". Gracias al cielo recordó mi número telefónico, tal vez a causa de que lo había marcado cientos de veces a través de los años.

Esa decisión fue un duro golpe para todos. Señaló para mamá una gran pérdida de independencia y una enorme dependencia de mí. Empecé a pensar cómo convencerla de que se pusiera un brazalete de alerta médica con su nombre y dirección, sin ofender su dignidad.

Cada día olvidaba más cosas, pero poco a poco descubrí que todo nubarrón ofrece una perspectiva consoladora. Gracias a que mi madre ya no recordaba muchas cosas, pude conocerla de nuevas y diferentes maneras, libres del bagaje que la mayoría cargamos a lo largo de la vida. Ya no le importaba el resentimiento con una cuñada, y otra vez se hablaban por teléfono. Podía ir al salón de belleza en martes en vez de sábado, porque cada uno de sus días era realmente para ella borrón y cuenta nueva.

Yo me libré lentamente de la firme noción de cuidar a mamá y estar con ella. Comenzamos a disfrutar de nuestra mutua compañía. A menudo parecía que ella experimentara por primera vez lo que hacíamos. Yo veía deleite en su rostro cuando soplaba las velas de su pastel de cumpleaños, cuando coloreaba con crayones o cuando cortaba flores en el parque.

Era asombroso ver cambios en patrones supuestamente establecidos. Olvidó que solía dolerle la espalda, y yo ya no tenía que dar vueltas en el estacionamiento buscando el lugar más cerca de la tienda. Incluso empezó a dar paseos en nuestra calle.

Una día fuimos a un buffet, y admito que me escandalicé y avergoncé un poco cuando ella metió las manos en la ensaladera y llenó su plato con una amplia variedad de manjares. No recordaba qué le gustaba y qué no y, fascinada, la vi probar y disfrutar algunas de esas viandas.

Con el paso del tiempo noté que se procuraba de otra manera. Se vestía sola, pero no cuidaba de que su ropa combinara. Ésta era la misma persona que de niña me había comprado faldas tableadas, suéteres tejidos y calcetas que hicieran juego. Con diversión y tristeza, la vi apoderarse del control remoto de la televisión. Su gusto cinematográfico pasó de sus queridos clásicos al canal de películas del Oeste.

Ignoraba la adición a mi agenda de una lista de pendientes cada vez mayor. No tenía que pagar cuentas, hacer de cenar, transportarse sola a sus citas con el médico, lavar ropa ni ocuparse de los muchos otros detalles que componen el día de una persona.

Toda su felicidad era estar conmigo. Me seguía de una habitación a otra, y siempre estaba dispuesta a saltar al auto para ir a una diligencia o hacer una salida. Yo empecé a identificar poco a poco su individualidad, conforme ella mostraba sus gustos y aversiones y una amplia gama de emociones impredecibles. Era mi madre, no sólo un ser humano con una enfermedad.

Uno de mis recuerdos más preciados es el de la vez en que la llevé a un concierto al aire libre. Tocarían música de la época del Big Band. Para entonces apenas si podía sostener una conversación, pero cuando empezó la música ¡cantó casi todas las canciones! Durante más de cuarenta y cinco minutos me sentí llena de asombro y gratitud de que, en algún lugar muy dentro de ella, aún hubiera un puente con el mundo exterior. Aún recuerdo la alegría y satisfacción reflejadas en su rostro.

El Alzheimer me enseñó a apreciar a mamá, no sólo a cuidarla. Mientras su memoria se desvanecía, descubrí en ella una inocencia casi infantil. De mi madre aprendí a ver el mundo desde otra perspectiva y a percibir lo precioso que puede ser cada momento. No deja de ser irónico que, entre menos recordaba, más presentes estábamos ambas en nuestra vida.

JEAN FERRATIER

30

La gente es primero

Cuando asistí al festival de la escuela de mi hijo, examiné el tablero de avisos fuera de su salón de primer grado. Me detuve a observar entonces el trabajo manual de Cody en medio de un colorido mar de papeles prendidos al tablero. De pronto, mi expectante sonrisa se desbarató.

Se suponía que él tenía que escribir o dibujar en un círculo lo que no le gustaba.

"MANOS", garabateó en mayúsculas. "Oh", pensé sorprendida. ¿Cómo era posible que a Cody no le gustaran las manos? ¡Si le encantaban las de su papá! ¿O es que alguien le había hecho a mi hijo cosas atroces con las manos?

—Cody —pregunté indiferente—, ¿puedes leerme qué dice aquí?

—Sí —contestó, y luego recitó cuidadosa y lentamente cada palabra—: "No… me… gustan… los… malos".

Así es el mundo de la fonética, confundir palabras de sonido parecido.

Aquel ejercicio había servido como reforzamiento de la percepción del mundo de nuestros hijos, dividido en dos clases: buenos y malos.

> Prefiero pensar lo mejor de todos. Ahorra muchos problemas.
>
> RUDYARD KIPLING

No importaba cómo fuera la persona. Se era bueno o malo. Piénsese en nuestra vecina de al lado, por ejemplo. Era una buena persona, que les daba golosinas a los niños cuando se las merecían. Piénsese ahora en el niño abusivo del autobús que golpeaba a Cody en el estómago…

–¡Él es malo, mamá! –gritaba Cody–. ¡Es un niño malo!

–No es un niño malo –replicaba yo, secando sus lágrimas–. Malo es lo que hizo. Hay una diferencia.

Eso es lo que las revistas para padres nos dicen que digamos. Y tiene sentido, en el marco de la gran campaña para programarnos a pensar en términos de "la gente es primero".

La gente con o sin discapacidades.
La gente con o sin un ingreso fijo.
Con o sin casa.
Con o sin bondad.
La gente es primero.

No obstante, dudé que Cody entendiera mi lógica.

Hasta una calurosa mañana de sábado.

Llegamos los dos a la pizzería en la que se celebraba la fiesta de cumpleaños de su compañera Kristi.

–¡Cody! –gritó Kristi, dirigiéndose a él en medio de una nube de holanes rosas, el abundante cabello rubio dispuesto en una larga trenza que descendía por su espalda. Estaba radiante cuando lo abrazó.

–¡Oye, Kristi! –le dije–, ¡qué bonita estás!

–Gracias –contestó, dándose la vuelta–. ¡Vamos a jugar, Cody!

Sin inmutarse por el hecho de ser el único niño entre el puñado de asistentes, Cody brincaba felizmente de un juego a otro, metiendo fichas en máquinas ávidas.

Cuando en las mesas cubiertas de globos se sirvieron pizzas, Kristi tuvo el cuidado de pedirle a Cody que se sentara junto a ella. Y cuando Cody pidió una limonada rosa, ella dijo a la mesera, con un dejo de autoridad en la voz:

–¡Yo también!

Llegada la hora de abrir los regalos, Kristi anunció:

–¡Quiero abrir primero el de Cody!

Él le tendió un paquetito, un Ooglie rosa que hacía ruidos graciosos e irreverentes cuando se le jalaba la cola.

–Es para tu mochila –dijo Cody tímidamente.

–¡Qué lindo está! –proclamó ella, abrazando a mi hijo–. ¡Gracias!

Mientras todos comían pastel, Kristi se inclinó a mi lado y me dijo:

–Señora Oliver, Cody es muy bueno conmigo en la escuela. Es el único que nunca me ha hecho maldades.

Yo parpadeé para no llorar. Y no sólo por el hecho de que una niña fuera tan dulce para reconocer ante mí la sensibilidad de Cody. Sino también por confirmar lo crueles que podían ser los niños, en especial con niñas tan frágiles como Kristi.

De repente me sentí tan orgullosa que hasta pena me dio.

Lo único que pude pensar fue: "¡Caray!, entendió".

Cody había entendido.

La gente es primero.

Jennifer Oliver

Caldo de Pollo
para el Alma

4

CAPÍTULO

Modelos a seguir

Un buen ejemplo vale el doble que un buen consejo.

Anónimo

31

La Reina de los Lugares para Estacionarse

"**¿C**ómo lo haces?", exclamé mientras mi tía Judy conseguía un lugar para estacionarse justo a la puerta de la concurrida Round Table Pizza de su vecindario. Pero así es mi tía Judy, la Reina de los Lugares para Estacionarse. Nunca se estaciona hasta el quinto infierno. Dondequiera que yo vaya con ella, así sea el centro comercial, el súper o su restaurante favorito, la tía Judy se estaciona enfrente... Siempre lo ha hecho, siempre lo hará.

> Si pudiéramos cambiar de actitud, no sólo veríamos la vida de otra manera, sino que la vida misma terminaría por cambiar.
>
> KATHERINE MANSFIELD

Un día fuimos a The Jewelry Mart de San Francisco. Antes de salir siquiera del Contra Costa County, comenzamos a avanzar a vuelta de rueda. Nos arrastramos junto con las dos hileras de coches por el túnel entre Orinda y Oakland, y claro que había un embotellamiento en las casetas para el Bay Bridge, aun en las reservadas para vehículos con pase de FasTrack en el parabrisas. Una vez en el puente, continuamos a paso de tortuga –bajo la luz del sol sobre la movediza agua azul– hasta llegar a la ciudad.

Por suerte, The Jewelry Mart está en el distrito comercial; y en una ciudad costera como San Francisco, es totalmente lógico que ese distrito se encuentre cerca de la bahía. Gracias al cielo, nuestra salida era una de las primeras en la ciudad, así que salimos como pudimos de la autopista, el Mercedes de mi tía Judy apenas uno en una larga fila de coches y camiones. Esperamos tres veces la señal en la cola de la salida antes de poder dar vuelta a la izquierda en la calle de un solo sentido que pasa bajo la autopista.

Los edificios del distrito comercial aparecieron por fin ante nosotras. Yo sabía que en esa zona escasearían los lugares para estacionarse, ya fuera en la calle o en los raros y distantes estacionamientos. Las áreas de descarga, además, limitan la posibilidad de estacionarse en la calle. Después de todo, en este lugar se entregan materias primas y mercancías para ser embarcadas y vendidas en otras partes. No es un sitio diseñado para el comprador suburbano. Yo había ido preparada para caminar.

Justo cuando emergimos de debajo de la autopista, un estacionamiento apareció a nuestra derecha. Pero mi tía Judy ni siquiera volteó. Una, dos cuadras... siguió adelante, segura de sí misma.

–¡Ahí está! –exclamó cuando ante nuestra vista, y a la izquierda, se alzó el edificio que aloja a The Jewelry Mart.

Puso la direccional para pasarse al carril izquierdo, redujo la velocidad conforme nos acercábamos al edificio y se metió en un lugar vacío justo frente a la entrada principal de la tienda. ¡Increíble!

–¿Cómo lo haces? –aullé, haciendo ademanes hacia las relucientes puertas de cristal.

Ella se rio.

–Si no le buscas, ¿cómo conseguirás estacionarte enfrente alguna vez?

Así de simple y obvio.

Pasamos un día de compras y paseos realmente encantador, y de regreso a su casa hicimos una escala en Safeway, estacionándonos a dos lugares de la puerta, y luego seguimos nuestro camino.

Yo me he convertido ahora en la Princesa de los Estacionamientos. Esta mañana fui a Costco, y repté en una hilera de coches hasta el estacionamiento. Tras recorrer la parte alejada para evitar la conmoción frente a la tienda, di vuelta en el carril que da a la entrada. Me estacioné a tres carros de la puerta.

Sin embargo, la actitud de mi tía Judy no se aplica sólo a buscar lugares para estacionarse. Hay mucho que apreciar y disfrutar en la vida si tan sólo se busca la oportunidad de hacerlo.

Cuando me divorcié, los niños estaban por pasar una semana de verano con su papá y yo no tenía un centavo para mí. La idea de vagar sola por la casa, de cuatro recámaras, me daba pavor. Pero de pronto me acordé: ¡tenía millas acumuladas en una línea aérea! Así, me puse a pensar: ¿dónde podía ir sin gastar mucho? No conté la alimentación, porque aun quedándome en casa tendría que comer, así que lo único que necesitaba era alojamiento y diversión. ¿Adónde ir?

Y de repente se me ocurrió: a Washington, D.C. En el Distrito de Columbia, casi todos los lugares de interés son gratis. Podía tardar semanas sólo en explorar todos los museos de la Smithsonian Institution, y únicamente disponía de cinco días.

Reservé mis boletos de avión y, como era agosto, conseguí alojamiento a precio de ganga, desayuno incluido, tras de lo cual emprendí uno de los viajes más fabulosos de mi vida.

El día de mi llegada, me fui caminando a The Mall bajo la luz del sol de la tarde, e hice un alto para mostrarle mis respetos al presidente Lincoln en su monumento. Apenas si podía creer que estaba ahí frente a él, admirando su inmensa escultura, el famoso y compasivo rostro magistralmente ejecutado y las alentadoras palabras que formuló hace tanto tiempo, exhibidas en las paredes a su alrededor.

Esa semana me solacé en arte y museos, me maravillé ante la gótica belleza de la catedral nacional y me sobrecogí frente al Capitolio y la Biblioteca del Congreso. Pienso volver algún día.

Mi viaje a Washington fue el primero que hacía sola. Esa semana descubrí que podía no sólo hacer algo así, sino también disfrutarlo. Pasar de Princesa de los Estacionamientos a Reina de los Viajes no es un largo trecho. Pero tal vez no habría encontrado mi camino de no haber sido por mi tía Judy y su filosofía de los lugares para estacionarse.

DEBORAH ZIGENIS-LOWERY

32

Un verdadero día de acción de gracias

Hace unos años, justo antes del día de acción de gracias, el hombre con quien creí que me casaría me dejó sin previo aviso. Al día siguiente perdí mi empleo como asistente administrativa. Un día después cumplí 40 años.

Para entonces llevaba diez en Nueva York, tratando de triunfar como actriz. Aunque había tenido algo de suerte en el escenario, no podía vivir de eso. Era soltera, estaba quebrada y me acercaba a la edad madura en una profesión que rinde culto a la juventud y la belleza.

> Yo diría que dar gracias es la forma más alta del pensamiento, y la gratitud, la felicidad duplicada por la maravilla.
>
> G. K. CHESTERTON

Lo último que quería era volver para el día de acción de gracias a casa, en Florida, a competir con mis jóvenes, casadas y exitosas primas. Al menos nos reuniríamos en Brooks, mi restaurante favorito allá y una tradición de las festividades familiares desde hacía veinte años.

El día anterior a mi vuelo a Florida, tenía un catarro espantoso. Me compadecía de mí misma en la cama cuando sonó el teléfono. Era mi madre.

—Querida —me dijo—, ¡te tengo una noticia maravillosa!

Me quise morir. Su más reciente "noticia maravillosa" había sido que acababa de casarse con un hombre que conoció en internet dos semanas antes. Ahora, recién divorciada por cuarta vez y residente en una nueva unidad habitacional para "ancianos dinámicos", temí lo peor.

—¿Cuál? —pregunté, sorbiéndome la nariz.

—Bueno… —respondió, haciendo una pausa para acentuar el efecto dramático—, bien sabes que todos los años cenamos en Brooks. Pero esta vez he decidido hacer de cenar yo misma para la familia. Bueno, con tu ayuda, por supuesto. Mira, seríamos… veinticinco personas, sin contarnos a nosotras dos. ¿No te parece fantástico?

¿Yo podría haber fingido que mi mamá había marcado un número equivocado? Sí, si no hubiera estado molida por los medicamentos y hubiera podido pensar claramente. En cambio, farfullé:

—Claro… increíble… qué gusto —y colgué, tapándome la cabeza con las cobijas antes de desconectarme.

Al día siguiente llegué al aeropuerto de Ft. Lauderdale luciendo y sintiéndome fatal.

Recogí mi equipaje en el mostrador y salí a buscar a mi madre. Una rubia platinada se acercó a la banqueta y tocó el claxon.

—¿Te gusta cómo me veo? —preguntó.

Se asomó por la ventanilla para mostrar unos rizos mal planchados que le llegaban hasta los hombros.

—¿Quién es usted y por qué robó el coche de mi madre? —repliqué.

Ella echó a reír como una nena de dieciséis.

—¡Tonta! ¡Es para celebrar mi nueva y fabulosa vida!

—Ah, qué bien —dije.

Debía haberme alegrado por ella, pero en ese momento mi mamá parecía diez años menor que yo.

El día siguiente fue de locura. Llegado el mediodía, yo ya había ido de compras y cocinado más de lo que había hecho en años. A medianoche estaba agachada sobre el fregadero, hundida hasta los codos en un pavo todavía congelado, tratando de sacar las vísceras con las dos manos.

Aunque tanta actividad me distrajo de mis problemas, seguía sintiéndome triste por lo que me había pasado, y preocupada de lo que haría al regresar a Nueva York.

El día de acción de gracias me levanté a las seis de la mañana para terminar de cocinar. Creí que no lo lograríamos, pero de un modo u otro preparamos todo, aseamos la casa, adaptamos cuatro mesitas junto a la mesa del comedor en un departamento de una sola recámara, pulimos la platería, buscamos platos que hicieran juego y hasta hicimos cuatro centros de mesa en forma de calabaza.

Dispusimos en el aparador nuestros guisos y platillos calientes, revisamos el pavo, y apenas si tuvimos tiempo para cambiarnos antes de que llegaran los primeros invitados. Pronto la casa estaba rebosante de parientes. Nadie me preguntó por mi novio o si a últimas fechas había tenido algún trabajo de actuación. Todos se limitaron a lanzar exclamaciones sobre la mesa. No podían creer que lo hubiéramos hecho todo nosotras mismas.

Antes de cenar dimos gracias y fuimos diciendo por turnos nuestros motivos personales. Esto siempre me ha gustado, pero aunque en esta ocasión me sentía orgullosa de haberle ayudado a mi mamá y contenta de verlos a todos, tenía la impresión de que en realidad no había contribuido en nada.

A mi madre le llegó su turno antes que a mí. Dijo:

—Doy gracias por mi salud, mi familia y mis amigos. Pero doy gracias en especial por mi hija Alyssa, quien hace treinta y nueve años me enseñó el significado de la gratitud, en un día de acción de gracias como hoy.

Alcé la mirada desde mi plato. ¿Qué quería decir con eso?

Continuó:

—Ed, el padre de Alyssa, acababa de salir del ejército. Yo era nueva esposa y madre de una niña de un año. Dejamos Ft. Polk en Louisiana por Pittsburgh, porque Ed encontró trabajo ahí. Pero, bueno, el ejército perdió todos nuestros muebles en la mudanza, y no teníamos dinero para reponerlos. Tampoco teníamos para ir a casa el día de acción de gracias.

"Salí y compré dos frascos de alimento para bebés para Alyssa, uno de pavo y otro de zanahoria, y dos sándwiches de pavo para nosotros. Luego nos sentamos en el suelo de nuestro departamento vacío a lamentar nuestra suerte. Entonces oímos reír a Alyssa".

Mi madre me miró, con lágrimas en los ojos.

—¡Estabas tan feliz! Cantabas, y te la pasaste de maravilla jugando con tu comida en ese helado departamento vacío. Pido al cielo que siempre encuentres felicidad en cada momento de vida, querida hija.

Me quedé atónita. No había dejado de preguntarme cómo era posible que una mujer de 65 años que vivía sola con un ingreso fijo hubiera decidido convertirse en una rubia despampanante y hacer de cenar el día de acción de gracias para casi treinta personas.

Ahora tenía la respuesta. Ella seguía el ejemplo que yo le había dado hacía años, y que había olvidado.

Cuando regresé a Nueva York, tenía nuevos ímpetus y gratitud por la vida.

Y me había vuelto rubia también.

ALYSSA SIMON

33

Fe inquebrantable

C omo casi todas las mamás de su generación, mi madre, de origen italiano, tiene mantras para cada hecho de la vida. En el caso de malestares físicos, ya sea un hueso roto o un dolor de muelas, su consejo es "tomar dos aspirinas y ponerse Vick". Cuando algo que predijo no ocurrió exactamente como lo creía, su réplica es: "Quizá no siempre acierto en todo, pero nunca me equivoco de plano".

Uno de los atributos más ejemplares de mi mamá es su capacidad para hacer frente a la adversidad y no salir derrotada. Siempre emerge con un espíritu renovado y una esperanza contagiosa. Su perspectiva ante sucesos trágicos suele ser: "Nadie se ha muerto, nadie tiene cáncer; ¡también superaremos esto!". Pero su mantra más común es, con mucho, "¡Agradece lo que tienes! ¡Podrías estar peor!". Y ella ha de saberlo por experiencia. Cuatro de nosotros, sus cinco hijos, así como tres de sus nietos, padecemos una rara enfermedad hereditaria de los huesos llamada osteogénesis imperfecta (OI), también conocida como "huesos frágiles". Tener hijos que en común se han roto más de trescientos huesos empujaría a algunos padres a cuestionar su fe, pero mi madre se niega a que la compadezcan, y a que nosotros nos compadezcamos a nosotros mismos. "Es sólo un hueso roto… sanará. Los hijos podrían tener cosas peores. Si esto es lo peor con que tendré que lidiar en la vida, lo acepto".

> Cada día de mañana tiene dos asas. Podemos tomarlo por la de la angustia o por la de la fe.
>
> ANÓNIMO

Yo, en cambio, necesité un poco más de persuasión. Permíteme referirte un día representativo en mi historial de OI. Una mañana desperté, me eché encima cualquier cosa, me caí y me rompí la muñeca. Después de que papá me entablilló el brazo, nos fuimos a urgencias, y antes de las diez de la mañana yo ya ostentaba un pesado yeso blanco. La mayoría de los padres permitirían a una hija lesionada quedarse en casa y no ir a la escuela el resto del día, pero mi madre no. Fregaba pisos para pagarnos a los cinco una educación católica, y por la gracia de Dios ella iba a encargarse de que no faltáramos a clases un solo día. Quejarse estaba de más, como también lo estaba razonar cuando se trataba de lidiar con mi madre.

—Pero mamá, tengo un brazo roto. ¿No me puedo quedar en casa?

—Es sólo un brazo, Jodi. Sigues teniendo buenas ambas piernas, así que baja del coche y úsalas para entrar a la escuela.

—Pero mamá, es mi brazo derecho… y yo soy derecha. ¿Cómo se supone que voy a escribir?

Era inútil protestar, porque mi madre tenía respuesta para todo.

—Por eso Dios te dio dos manos. Usa la otra.

¿Ya dije que ahora soy ambidiestra? Lo soy por agradecer tener dos manos. Años después, al enterarme de que yo tendría hijas gemelas, mi alegría terminó cuando nacieron dieciséis semanas antes de lo debido. Habiendo pesado medio kilogramo y medido poco menos de treinta centímetros cada una, mis hijas tuvieron que hacer frente a un reto inmenso. Mi madre, a mi lado, sosteniendo su rosario en una mano y mis dedos en la otra, me dijo con firme convicción:

—Están chiquitas, pero fuertes. Agradece lo que tienes.

Y aunque más tarde Hayley sucumbió a la pulmonía y murió tres semanas después de haber llegado a nuestra vida, mi indeclinable madre estuvo a mi lado ayudándome a buscar cómo seguir adelante pese a mi profundo dolor.

—Sé que quisieras tener a tu bebé aquí contigo —me dijo con voz suave y cariñosa—, pero Dios ha de tener otro plan. Tal vez necesitaba a Hayley en el cielo para que sea el ángel guardián de su hermana aquí en la tierra. Hayley velará por Hannah para que Hannah pueda sobrevivir.

Tenía razón: Hannah sobrevivió. Cada día de los últimos diecisiete años, he mirado los ojos azules de mi hija y sabido de primera mano que, efectivamente, fue bendecida.

Cuando a Hannah se le diagnosticó OI y la gente empezó a compadecerse de nosotras, yo repliqué:

—No se está muriendo ni tiene cáncer; sobrevivirá a esto. Los huesos rotos sanan.

Y luego eché a reír… Había terminado por ser igualita a mi madre.

En 2003, mamá enfermó y tuvieron que operarla. Cuando el doctor comunicó a mis hermanos el inconcebible diagnóstico mientras mamá estaba en recuperación –cáncer ovárico posmenopausia–, mi hermana me llamó y me dijo:

–¿Y ahora qué vamos a hacer? No podemos decirle: "¡Nadie se ha muerto, nadie tiene cáncer!".

Al final, no tuvimos que decir una sola palabra. Mamá lo dedujo todo aun antes de que le dijeran, y nos consoló cuando nosotros debíamos consolarla a ella.

–Agradezcamos lo que tenemos; el doctor tiene todo bajo control y todavía no me muero. Tengamos fe.

Como de costumbre, nuestra sabia madre tenía razón. Sobrevivió no sólo a ese brote de cáncer, sino que cinco años después salió indemne de otra ronda cancerosa, esta vez colorrectal. Nunca necesitó quimioterapia ni radiaciones, porque, milagrosamente, ambos cánceres fueron contenidos y eliminados mediante cirugía, y ella ha estado libre de cáncer durante cerca de dos años, más los que vengan.

–Fe, eso es todo lo que se necesita –dice firmemente mi madre mientras tamborilea en la mesa–. Compadecerse de uno mismo no sirve para nada ni resuelve el problema… la lástima sólo lo agrava. Uno debe dedicar su tiempo a agradecer lo que tiene. Así verá lo bien que está en realidad. Ése es mi lema.

Y ahora tenemos el tino de contestar:

–Sí, mamá… ¡Ya lo sabemos, ya lo sabemos!

Agradecer lo que se tiene es no sólo un mantra que mi madre nos ha metido en la cabeza. También se ha vuelto un modo de vida para nosotros. Tanto es así que, cuando agradezco lo que tengo, mi sabia madre siempre encabeza la lista.

JODI L. SEVERSON

34

El poder de la ilusión

Hace muchos años me encontraba en la sala de paredes hermosamente tapizadas de mi querida amiga Sara. Hablábamos de mi empeñoso esfuerzo por tapizar debidamente varias habitaciones de mi casa.

–No consigo que case el dibujo –me lamentaba yo–. No está recto en el techo, y no es para nada tan bonito como el tuyo. ¿Qué estoy haciendo mal? ¿Cómo lograste que el tuyo luciera mucho mejor que el mío?

Sara escuchaba en silencio mis tribulaciones. Noté que sonreía ligeramente, y me pregunté si acaso se estaría burlando de mí. Ella había visto mi primer cuarto terminado. Tal vez reía para sí de mi mal trabajo. Por fin dejé de quejarme y le di la oportunidad de responder.

> No hay verdad.
> Sólo percepción.
>
> GUSTAVE FLAUBERT

–Todo es ilusión, Donna –me tranquilizó–. Los detalles no importan. Mira mis dibujos; tampoco son perfectos. Hay una rotura en la esquina, ¿no la ves?

Sacudí ligeramente la cabeza mientras miraba con atención las antes inadvertidas imperfecciones de las paredes de su sala. Ella continuó:

–Entras a mi casa y ves la ilusión de un cuarto bonito. No te das cuenta de todas las fallas. Pero cuando eres tú misma la que tapiza, conoces cada punto que no está bien. Quieres que tu cuarto sea perfecto, así que buscas todo lo que podría estar mal. Sin embargo, nadie más verá los errores, así como tú no ves los míos.

Al salir ese día de su casa, supe que Sara tenía razón, y al llegar a la mía vi mis habitaciones con ojos menos críticos.

La vida siguió su curso y yo terminé por olvidar la conversación de ese día con Sara. El tiempo pasó y una de mis hijas decidió casarse en mi jardín. Yo me había esmerado muchos años en convertir el patio en un bello jardín, cultivando, trasplantando, cortando, probando nuevas variedades de plantas. Con la ayuda de mi esposo y mis hijos, cavé un estanque, planté nuevos arbustos y árboles y convertí el lugar en un refugio del mundo ordinario. Era un paraíso donde anidaban las aves, correteaban las ardillas y las ranas se posaban sobre lirios. Yo había soñado con que un día uno de mis hijos eligiera este sitio para su boda. Ese día había llegado y, entusiasmada, me puse a plantar flores de color amarillo pálido y lavanda, que hacían juego con los tonos seleccionados por mi hija.

Las cosas marchaban de maravilla, pero llegaron las lluvias. En el Colorado célebre por sus sequías, de repente nos vimos inundados por una lluvia tras otra. El pasto de mi jardín desarrolló un hongo; la maleza se desbordó a causa de la humedad extrema, pero no dejaba de llover lo suficiente para que yo pudiera arrancarla; aparecieron setas por todas partes, tanto en el jardín delantero como en el de atrás. Y aunque se pronosticaba clima seco y despejado para el día de la boda, ¿cómo iba yo a poder tener listo el jardín para esa fecha?

Días antes de la boda estaba desesperada. Se suponía que el sol saldría unas horas antes de otra tormenta. De rodillas en el lodo tratando de arrancar la maleza más obvia, la rama de un árbol me acarició suavemente el hombro como el roce delicado de una mano tierna, y en la brisa oí el murmullo de la dulce voz de Sara diciéndome desde el pasado: "Todo es ilusión, Donna. Los detalles no importan".

Supe otra vez que ella tenía razón. Miré a mi alrededor y vi que, además de maleza, también habían brotado exuberantes flores gracias a los aguaceros persistentes. Las plantas y buena parte del pasto lucían un verde esmeralda y brillaban bajo el sol. Mi jardín brindaba la ilusión de un lugar de paz y tranquilidad. Una vez que mi hija apareciera enfundada en su elegante vestido blanco, y con la chispa del amor en los ojos, nadie notaría la maleza ni las manchas cafés en el césped. Este escenario al aire libre sería sólo el fragante telón de fondo de un acontecimiento inolvidable. Eso era lo que toda la gente recordaría, no los detalles de una jardinería inconclusa.

La boda estuvo perfecta. Bueno, no perfecta, pero sí fue la ilusión perfecta de una boda de cuento de hadas en un lugar mágico. Nunca volveré a olvidar las palabras de Sara de tanto tiempo atrás. En los acontecimientos restantes de mi vida, siempre recordaré que "todo es ilusión. Los detalles no importan".

DONNA MILLIGAN MEADOWS

35

Porrista

E l cielo estaba encapotado y el sol no hacía el menor esfuerzo por salir. Yo me hallaba en las escaleras del Hospital General de Vancouver mirando el ambiente frío y gris, e intimidada por el tamaño del edificio y toda la tristeza contenida en él. Apretando un ramo de flores en una mano y una novela en la otra, intentaba librarme de mi aversión por los hospitales y de concentrarme en la tarea que me aguardaba.

Mi amiga Terri y yo estábamos de visita en Vancouver, aunque por razones muy diferentes. Yo reanudaba relaciones con mis familiares y amigos, y ella estaba en el hospital para hacerse pruebas.

Entré despacio, sintiéndome impotente y angustiada. Obtuve en la recepción el número de cuarto de Terri y me dirigí a los elevadores. Al cerrarse las puertas, cobré conciencia no sólo de nuestros diferentes propósitos en la gran ciudad, sino

> Si tuviera que resumir la amistad en una sola palabra, sería consuelo.
>
> TERRI GUILLEMETS

también de los distintos senderos que cada una de nosotras había seguido. A mí se me había agraciado con una vida sumamente normal. Terri, por su parte, llevaba una vida muy difícil. A veces la veía y me preguntaba cómo le hacía para sobrevivir. De cuarenta y tantos años de edad, ya había criado a dos hijos cuando asumió el cuidado de sus dos sobrinas preadolescentes, cuya madre había muerto asesinada. Ambas llegaron cargadas de equipaje, y la menor parecía sufrir síndrome de alcoholismo fetal. Hacerse cargo de ellas fue una labor de tiempo completo llena de estrés.

Además, Terri tiene epilepsia, y sus ataques le causaban problemas crecientes. Las actividades diarias que la mayoría damos por sentadas, para ella implicaban la amenaza de un desvanecimiento o un ataque. Naturalmente, ya no podía manejar, y debía tomar autobuses dondequiera que fuera. En las reuniones en nuestra iglesia, apagábamos las luces fluorescentes, porque su parpadeo podía ocasionarle a Terri un ataque. Ella se inscribió en un curso de computación en la universidad, pero debió dejarlo porque en dos ocasiones sufrió un colapso y tuvieron que llevarla de emergencia al hospital.

Su médico decidió que ya había sido suficiente y la mandó a Vancouver para que se le hicieran amplios estudios. Se le destinó un cuarto privado y estaría internada por un periodo indefinido, con electrodos implantados en el cráneo para vigilar hasta el más leve cambio en su actividad cerebral. Los médicos querían saber con exactitud qué estímulos ocasionaban sus ataques. Yo esperaba que mi visita sorpresa la animara un poco.

Seguí con temor a la enfermera hacia el cuarto de Terri. No me gustan los hospitales, ni siquiera como visitante, y siempre me pongo nerviosa pensando qué decir. Aparte, la paciente a la que iba a ver sufría varios ataques al día. Tal vez mi súbita presencia tendría efectos catastróficos. Quizá una visita sorpresa era en realidad un disparate.

Terri estaba acostada en la semioscuridad, con los ojos cerrados.

—Terri, tienes visitas —murmuró la enfermera.

Una vez que ajustó su visión, me dedicó una amplia sonrisa.

—¡Lydia! ¡Vaya! ¡No lo puedo creer! Ven y siéntate. No te preocupes si me tocas —dijo riendo—. ¡No te vas a electrocutar ni nada!

Mientras yo tomaba asiento, ella bromeaba sobre la docena de alambres que le salían de la cabeza.

—¿Qué te parece mi nuevo peinado? De locura, ¿no? Pensé cambiar de peinado algún día, ¡pero jamás imaginé algo así!

Reí con ella, aunque con la impresión de que ese armatoste era un tanto agobiante.

—¿No duelen? —pregunté.

—No. Son algo incómodos de vez en cuando, pero nada grave. ¿Ves esa pantalla allá arriba? Ésa es casi toda la tele que veo a diario. Muestra mi actividad cerebral.

Miré la televisión suspendida del techo y vi líneas, ondas y señales luminosas flotar de un extremo a otro de la pantalla.

—Qué aburrido, ¿no? No es lo que la mayoría querría ver por horas enteras. Déjame decirte que no tenía idea de que mi cerebro fuera tan perezoso. Pero la cosa se pone emocionante cuando me da un ataque. En ese momento todo empieza a repiquetear, y la enfermera llega corriendo. Si eso pasa, no te asustes ni te vayas, a menos que te lo pidan. Todo regresa a la normalidad en uno o dos minutos.

Yo seguía viendo la pantalla.

—¿Han encontrado algo? —pregunté.

—No. Todos estamos esperando un ataque fuerte, pero no llega. Aquí la vida es demasiado tranquila. Yo les insisto que lo mío se relaciona con el estrés, ¿y qué tipo de estrés puedo tener aquí? Sin responsabilidades, niños, esposo, teléfonos, ruido, ni perros, me estoy volviendo loca. ¡Necesito acción para tener un ataque de verdad!

Permanecí a su lado la media hora siguiente. Hablamos de hijos y esposos, iglesia y escuelas, automovilistas en ciudades pequeñas y tráfico de la gran ciudad. De los retos de su vida y sus esperanzas para el futuro.

Parecía muy contenta cuando me fui.

Y claro que me levantó el ánimo.

LYDIA A. CALDER

36

Arroja la llave

Mis padrinos Bel y Max se conocieron en Inglaterra durante la segunda guerra mundial. Se hicieron amigos en el comedor por causas de nutrición: a Max sólo le gustaba la carne, y a Bel únicamente las verduras. Iniciaron su relación intercambiando alimentos de sus charolas. Pronto compartían otras partes de su vida.

> Las cerraduras sólo dejan fuera al honesto.
>
> PROVERBIO JUDÍO

Cuando se mudaron a una casa vieja y destartalada en Berkeley, California, Max pidió a Bel cruzar el umbral y le dijo:

—Dame tu llave.

Ella se la dio y él tomó las llaves de ambos y las lanzó al patio.

—Quiero vivir en una casa abierta para todo el que lo necesite —declaró.

Y así lo hicieron. Su casa nunca estaba cerrada con llave. Amigos entraban y salían, llegaban a cenar, tomaban una pierna de pollo del refrigerador o se acomodaban en un sillón para leer en paz. La hora de la cena era siempre un revoltijo de opiniones y personas: el estudiante kurdo y el disidente israelí, el abogado de Dallas y el representante industrial de Denver, el rabino sin comunidad de Brooklyn y el cura de la iglesita de Santa Fe.

Aun así, Bel había crecido en Chicago, y conocía el valor de las puertas cerradas.

La casa sin cerrar la tonificaba tanto como la aterraba. A veces se quedaba despierta en la cama, esperando lo que su madre habría llamado "lo peor". Robo, violación y muerte corrían por su mente. Y todo porque su *meshuggeneh* (excéntrico) esposo se negaba a cerrar las puertas con llave.

Un viernes mucho después de medianoche, Bel oyó que una puerta se abría. Escuchó pasos, y luego un tropezón. Sus manos se paralizaron y apretó las cobijas. Quiso gritar, pero su voz se le ahogó en la garganta. Decidió entonces guardar silencio, para que el ladrón tomara lo que quisiera y se marchara. Escaleras abajo, los muebles rechinaron, y un cajón se abrió. Le dio un codazo a Max, pero él no despertó. Bel se tapó la boca con las cobijas para no gritar. Luego oyó el chirrido de la puerta mosquitera, y de la puerta exterior al cerrarse. Sacudió el hombro de su esposo.

—Max, alguien estaba abajo. Creo que nos acaban de robar.

—¿Estamos bien? —preguntó él, adormilado.

—Sí —contestó ella.

—Entonces volvámonos a dormir. Mañana veremos.

A la mañana siguiente, Bel apenas si se atrevió a bajar. Echó un cauteloso vistazo a la sala y sólo vio sus conocidos sofás arrugados y un rimero de papeles junto al sillón. Todos los cajones de la cocina estaban intactos; el refrigerador seguía provisto de reservas. Los candeleros de la noche previa continuaban en la mesa del comedor, y la platería de su abuela seguía en la vitrina. Sólo una cosa estaba fuera de lugar: una hogaza fresca de pan de challah reposaba en una carpetita en medio de la mesa del comedor.

—¿Tú compraste ese challah, Max?

Max sacudió la cabeza.

Mientras se instalaban en el comedor y bebían su café matutino, Bel dijo:

—Max, tenemos que cerrar la casa con llave. Algo malo podría pasarnos.

—O algo bueno —repuso él, mientras mordía un trozo de pan fresco con mantequilla.

DEBORAH SHOUSE

37

Desayuno con un amigo

—**B**uenos días —contesté en el trabajo.

—¡Buenos días! —llegó la voz masculina desde el otro extremo—. ¿Qué se te antoja desayunar esta mañana?

La atenta voz del otro lado fue una sorpresa agradable. Compartíamos un interés y un problema que ninguno de los dos podía compartir con nadie más entre sus conocidos. Había paz y seguridad en esa pregunta tempranera.

Pensando en platillos que me agradaban pero ya no podía disfrutar, respondí:

> Ninguna vida es tan difícil
> que el modo de llevarla
> no pueda facilitarla.
>
> ELLEN GLASGOW

—Me gustarían unas crepas con mucha miel y mantequilla.

Entristecida por la pérdida del dulce placer de comer, mi mente cayó en mi nuevo patrón de pesadumbre. El señor de 82 años en el otro extremo de la línea interrumpió mi autocompasión.

—Ve por tu jugo de zanahoria y desayunemos juntos por teléfono.

Fui corriendo al refrigerador y tomé el ya muy conocido vaso de plástico azul claro, ahora permanentemente manchado de naranja.

—Listo, Bill, ya está.

—Muy bien —dijo él desde otro estado, a dos horas de camino—. Gocemos esas crepas.

Mientras tomaba mi jugo de zanahoria con apio, lo imaginé bebiendo su jugo en el otro extremo de la línea. Éste era el mejor momento de mi deprimente ritual alimentario, y me sentía muy agradecida de que él hubiera llamado para animarme.

La conversación duró apenas un par de minutos, y terminó con su rúbrica:

—Ya me tengo que ir a trabajar.

Su consideración para conmigo me hacía sentir que tenía un ángel que me ayudaba.

Sobreviviente del cáncer de próstata, Bill era extraordinario. Ya en la ochentena, aún trabaja en su maderería desde las 6:30 de la mañana hasta después de las cinco de la tarde seis días a la semana, manteniendo a flote al mismo tiempo otros negocios que tenía.

Cuando lo conocí supe que era especial. Momentos después de conocerme, no me preguntó qué podía hacer por él y su negocio, sino sobre mis metas y propósito en la vida. Descubrir que yo también estaba a dieta de jugos por motivos de salud lo movió a darme consejos y recetas.

Cuando le dijeron que su cáncer era incurable y que moriría pronto, Bill investigó sobre medicina alternativa y empezó a tomar jugos en todas sus comidas. Sólo los omitía en la cena del día de acción de gracias. Yo no podía imaginar pasar años sin que un trozo de comida tocara mis labios. Pero la resolución de Bill me alentó e impulsó.

Luego de su tempranero telefonazo inicial, que me tomó por sorpresa, comencé a disfrutar de su saludo matutino. Pronto le preguntaba qué quería desayunar. Su respuesta solía ser "Café, tocino, jamón y jugo de carne".

Éramos dos candidatos improbables a la amistad: él me recordaba al coronel Sanders y yo era una veinteañera frágil. Pero la perspectiva universal de la enfermedad, la muerte y la recuperación acercaba las generaciones y distancias.

En cuestión de semanas yo ya no rehuía los diversos jugos que debía tomar, gracias a que Bill había dedicado tiempo de su apretada agenda a animar a una joven necesitada. Años después, cada vez que sacaba mi empolvado extractor, me acordaba de la bondad de Bill para con una persona casi desconocida, y me recordaba que ser positiva en medio de las dificultades de la existencia puede hacer por alguien mucho más que la medicina más avanzada.

Algunas personas hablan de tomar limones y hacer limonada. Sólo Bill hablaba de zanahorias y apio como si fueran un bistec frito. Con su positiva actitud, hasta los rábanos y la col pueden saber a brownies calientitos con dulce de leche y helado.

ERIN FUENTES

38

Ella me hizo
cambiar de actitud

M i abuela, de 90 años de edad, permaneció en silencio en la
cama de hospital luego de la visita de su cardiólogo. Él le había explicado que necesitaba un bypass cuádruple, pero ella
se aferró a la única buena noticia que había recibido: la de que su cuerpo
era el de una persona de 70.

La vanidad de mi abue la for-
zaba a seguir pintándose el pelo, de
modo que rizos castaños enmarca-
ban su carita de porcelana, sus ojos
afables y su sonrisa de finos labios
cuando me preguntó:

La actitud es algo pequeño
que hace una gran diferencia.

WINSTON CHURCHILL

—¿Tú qué harías?

Mi abuelo había muerto cerca de treinta años atrás, y mi abue había
sido de decisiones muy independientes desde entonces. Yo sabía que ella
ya se había formado una opinión antes siquiera de que se la preguntaran,
pero le gustaba hacerme sentir que me incluía en su vida, en especial tras
la muerte de mi madre.

—Yo me operaría —respondí.

Ella asintió con la cabeza y susurró:

—No quiero ir a casa a esperar a morirme. Además, voy a estar bien.

Tenía razón. Días más tarde, una enfermera postoperatoria me permitió visitar a mi abue en la sala de recuperación después de la cirugía,

en retrospectiva un privilegio más bien inusual. Sentí alivio de que mi abuela hubiera sobrevivido a la operación, pero, curiosamente, siempre había estado seguro de que así sería. Para mi sorpresa, la encontré tendida en la camilla, desnuda e inconsciente, aún sin limpiar ni vendar. Tenía yodo esparcido en medio de sus senos inflamados, y me impresionó que su enorme incisión estuviera tan perfectamente cosida como las costuras que ella había hecho en otro tiempo.

Ver subir y bajar su pecho me reconfortó; pero si hubiera estado despierta, le habría avergonzado que la viera desnuda. La tomé de la mano y ponderé el momento en que mi cuerpo se vería como el suyo, "de una persona de 70" en términos médicos, aunque me inquietó pensar que, dado mi estresante trabajo, eso ocurriría cuando yo tuviera 40, no 90.

Un año después de esa exitosa operación, Ann y yo invitamos a mi abuela a la casa, a cenar costillas a la barbiquiú. Éste era uno de sus platillos favoritos. Pensé que le agradaría olvidarse un rato del puré de papas con salsa que su asistente le servía a diario en su departamento.

El jueves previsto, tanto Ann como yo tuvimos mucho trabajo. Así, llegamos a casa apenas minutos antes del arribo de mi abuela, lo que frustró toda esperanza de darle de cenar temprano, como era su costumbre. Sin embargo, gané un poco de tiempo proponiéndole que fuéramos a conocer mi oficina, que estaba cerca, mientras Ann se encargaba de preparar la cena.

La ayudé a subir a mi auto deportivo y la conduje hasta la compañía en que trabajaba. Casi lanza una exclamación cuando di vuelta en la entrada de tres carriles frente al edificio. Su rostro se llenó de asombro, como siempre, y sus brillantes ojos captaban todo en su derredor.

—¡Qué bonito está aquí! —dijo—. Parece un parque.

Yo nunca había visto de ese modo los jardines de la compañía. Por lo general mi mente estaba distraída en el retraso más reciente de uno de nuestros proyectos o en la última crisis de personal. Llegué al acceso privado a espaldas del edificio y usé mi tarjeta de seguridad para entrar al estacionamiento subterráneo. La puerta automática se abrió lentamente, y yo me estacioné en mi sitio antes de iniciar el paseo de mi abue.

A ella le impresionó todo: el prístino estacionamiento subterráneo, los incontables cubículos que se extendían hasta donde alcanzaba la vista, la variedad de prendas corporativas en venta en la tienda de la compañía y el delicioso aroma que salía del comedor.

Cuando llegamos a la cafetería le pregunté, por consideración a su diabetes:

—¿Tomamos algo aquí para que puedas llegar bien a la casa?

Ella miró la cena de pollo con verduras, la ensalada, la sopa y las barras de sándwiches y respondió:

—Prefiero no perder el apetito, pero ¿sirven platillos tan extravagantes todas las noches?

Esta vez descubrí, gracias a ella, que había dado por sentada la calidad y comodidad de la cafetería de la empresa, pero el olor me hizo querer ir a cenar a casa lo más pronto posible.

—Sólo una escala más, abue. Quiero enseñarte dónde trabajo.

Caminamos hasta mi oficina y nos sentamos en torno a mi mesita de juntas. Ella acarició la caoba y dijo:

—Está preciosa.

Luego señaló la silla detrás del escritorio al otro lado de la oficina y preguntó:

—¿Y quién se sienta ahí?

A la abuela siempre se le habían humedecido los ojos cada vez que yo le explicaba cómo me ganaba la vida, pero al parecer creyó que yo trabajaba en la mesa, mientras que "mi jefe" ocupaba la gran silla detrás del escritorio. Sabiendo que aun eso le había impresionado, reí mientras contestaba:

—Yo, abue, yo… Ésta es mi oficina. Casi siempre me siento ahí, frente a la computadora, y sólo uso esta mesa para reuniones con mis colaboradores.

Sus ojos se iluminaron de azoro, y paseó la mirada por mi oficina con nueva apreciación. Su reacción me impactó. Ella había asistido a la universidad para maestros –o escuela normal, como le decía–, pero cuando se embarazó de mi padre renunció a su carrera. Las oportunidades para las mujeres ya eran mucho mayores que las disponibles para ella en su momento: maestra, enfermera, secretaria o ama de casa.

Se acercó al escritorio y se sentó en mi silla. La hizo girar y contempló una por una las fotografías de los Canyonlands, Zion y Yosemite National Parks que yo había tomado en mis vacaciones.

Señalé un cuadro en la pared titulado "Actitud". Mostraba un arco iris sobre un rugiente río de montaña, y abajo una cita grabada de William James.

—Lo compré con el dinero que me regalaste la navidad pasada.

Observó el cuadro, respiró hondo y leyó en voz alta la cita:

—"El mayor descubrimiento de cualquier generación es que un ser humano puede cambiar su vida si cambia de actitud". –Luego añadió–: Todos tus cuadros me gustan, pero ése es mi favorito.

—También el mío, abue. ¿Te parece bien si nos vamos?

Asintió con la cabeza. Al salir de mi oficina, se detuvo en la puerta y volteó. Hizo un ademán hacia la placa con mi nombre y dijo:

–No la vi cuando entramos.

Tocó las letras de mi apellido... de su apellido... y después enredó su brazo en el mío, me palmeó la muñeca y dijo:

–Has hecho un gran esfuerzo. Estoy muy orgullosa de ti.

Cuando volvimos a casa, mi abue esperó pacientemente a que se sirviera la cena. Eran casi las ocho cuando finalmente nos sentamos a la mesa. Intentó comer las costillas, pero la carne estaba dura como ladrillo. Cuando terminó lo que pudo, se limpió la boca con la servilleta y, sin saberlo, resumió así su filosofía de la vida:

–¡Qué rica estaba la salsa!

Las instalaciones de la compañía, mi oficina y hasta mi trabajo no me habían parecido nunca tan maravillosos como aquel día a través de los ojos de mi abuela, radiantes ojos grises siempre ávidos de posibilidades y que sólo se fijaban en lo bueno, especialmente cuando se posaban en mí.

KRIS FLAA

39

Gracias, oficial

La larga fila de automóviles en hora pico serpeaba por la calle húmeda mientras yo miraba nerviosamente mi reloj. ¡Las cinco y media! Era la tercera vez en una semana que llegaría tarde a recoger a mis hijos, y la niñera se molestaría. "Bueno, pues que se moleste", me dije. Mi retraso no tenía remedio. Nada había marchado bien en todo el día, desde la batería muerta del coche esa mañana hasta la ausencia de la secretaria, que puso de cabeza a la oficina. Este embotellamiento parecía el final perfecto de un día espantoso.

> Lo que nos hace felices no es nuestra posición, sino nuestra disposición.
>
> ANÓNIMO

Lo único que quería era llegar a casa y desplomarme en una tina de agua caliente y jabonosa para disfrutar de un poco de paz y tranquilidad. Pero sabía que los niños estarían pidiendo de cenar tan pronto como atravesáramos la puerta, y esa mañana yo había dejado la casa en tal desorden que definitivamente debía hacer algo al respecto antes de que mi esposo llegara. Además, después de la cena habría trastes que lavar y lonches para el día siguiente que empacar y una carga de ropa sucia que sencillamente no podría dejarse para otro día. Luego sólo tendría ganas de tumbarme en la cama, como todas las noches.

Suspiré ruidosamente, aunque no había quien me oyera. A últimas fechas, mi vida parecía un ciclo interminable de labores domésticas, trabajo y sueño, sin nada que rompiera la monotonía más que los fines de semana, llenos de más quehacer. Seguro había otras cosas por las cuales vivir aparte de esto. Supuse que simplemente estaba demasiado ocupada y demasiado cansada para buscarlas.

Entonces lo vi.

Un policía solitario, apenas visible de no haber sido por su radiante chaleco naranja, estaba parado en medio de la calle, dirigiendo pacientemente cuatro carriles de coches que se fundían en uno solo. Pero había algo inusual en él, y mientras avanzaba esperando mi turno para pasar, me di cuenta de qué era.

De pie en medio de docenas de impacientes automovilsitas, mojado hasta la médula y empapándose aún más con cada charco de lodo helado con que se le rociaba, no dejaba de sonreír. Y a cada conductor que pasaba, no sólo le sonreía, sino que además lo saludaba, agitando la mano. No muchos contestaban el saludo, pero sí algunos. Muchos sonreían.

Mientras esperaba mi turno en mi coche cálido y seco, sentí vergüenza. Si este hombre, que no hacía nada en todo el día más que ver pasar un carro tras otro, podía mantenerse bajo la lluvia una hora tras otra y aun así dedicar un gesto amable a cada persona que pasaba, ¿qué derecho tenía yo de quejarme de mi existencia? Pensé otra vez en lo que me aguardaba esta noche: una casa acogedora, comida en abundancia sólo a la espera de ser preparada y, sobre todo, un marido cariñoso e hijos que amaba más que nada en el mundo.

¿Y mañana? Mañana tendría la oportunidad de usar mis habilidades e inteligencia en la realización de un trabajo útil e importante. ¿Qué clase de vida tenía yo? Una clase absolutamente maravillosa.

Por fin llegó mi turno de pasar junto al policía. Como si nos hubiéramos puesto de acuerdo, nos saludamos uno a otro.

"Gracias", le dije, moviendo los labios junto a la ventana. Él sonrió y asintió con la cabeza, y yo seguí mi marcha, con la moral levantada y una nueva actitud. Todavía alcancé a ver por el espejo retrovisor que el oficial seguía alzando la mano para saludar a cada coche que pasaba.

JENNIE IVEY

40

Una estrella brillante en medio de la oscuridad

Ciertas cosas que nos ocurren quedan grabadas para siempre en nuestra memoria, y podemos recordarlas tan vívidamente como si hubieran sucedido ayer. El 29 de mayo de 2009 es la fecha que yo repito en mi mente una y otra vez, porque fue el día en que nos dijeron que mi querida sobrina, Cassy, estaba en etapa terminal y que le quedaba muy poco tiempo con nosotros.

> Si pudiera estirarme y tomar una estrella cada vez que me haces sonreír, tendría todo el cielo en mi mano.
>
> ANÓNIMO

"Tres meses a lo sumo", nos dijeron, y que harían todo lo posible por "mantenerla a gusto" y "sin dolor". Recuerdo que miré a Cathy, mi hermana, para observar su rostro mientras asimilaba esa devastadora noticia y nuestro trayecto de catorce meses llegaba de repente a un destino indeseado.

A Cassy le diagnosticaron sarcoma de Ewing, una modalidad de cáncer en los huesos, cuando sólo tenía 11 años, y enfrentó cada operación, cada tratamiento y cada procedimiento médico con dignidad, valentía y una actitud positiva que conmovieron a todos los que la conocíamos. La montaña rusa que nuestra familia atravesó en ese periodo fue justamente eso, altas y bajas que nos mantenían llenos de emociones difíciles de describir. Aprendimos muchas lecciones mientras tratábamos de lidiar con las numerosas citas médicas y estancias hospitalarias, intentando conservar al mismo tiempo cierto grado de normalidad en nuestra vida. Cassy y toda su familia hicimos cuanto pudimos por mantener a raya esa monstruosa enfermedad, y nadie podrá negar nunca nuestra tenacidad y dedicación a esta causa.

Cuando tuvimos que enfrentar la tarea atroz de darle a Cassy la terrible noticia, nos reunimos con ella y le explicamos que ya no habría más tratamientos, y que en los meses siguientes nos concentraríamos en ayudarle a cumplir todos sus deseos.

Una vez más, la positiva actitud de Cassy y su aceptación de ese injusto destino nos dejaron absolutamente sorprendidos. Ella hizo una "lista" de cosas que quería hacer y lugares que quería visitar, y la familia emprendió entonces la misión de satisfacer sus deseos.

Sus peticiones eran tan propias de una adolescente que nos hicieron sonreír cuando las leímos. Eran cosas que la gente da por descontadas, pero que para Cassy resultaban increíblemente importantes.

Quería asistir a la preparatoria un día entero, hacerse un tatuaje, ponerse un piercing en el ombligo, aprender a manejar, hacer un viaje con la familia, ir a su graduación de octavo grado (aunque apenas iba en séptimo), visitar la isla Príncipe Eduardo y, para el día en que cumpliría 13 años, tener una fiesta con el tema del luau hawaiano. En las seis semanas posteriores, Cassy hizo la mayoría de las cosas de su lista… y nosotros conservamos muchas fotos que cuentan este último capítulo de su vida. Fue un periodo muy especial para todos, y nos sentimos agradecidos por estos recuerdos.

Cassy cumplió 13 años el 8 de julio de 2009, y recuerdo haber batallado para decidir qué regalarle y haberme preguntado: "¿Qué le compras a una jovencita que ya no va a estar mucho tiempo con nosotros?". Opté por "llamar una estrella" con el nombre de Cassy, y llevé la documentación al hospital el día de su cumpleaños. Ella se emocionó con la idea de que hubiera una estrella especial llamada en su honor. Hizo muchas preguntas acerca de dónde se ubicaba y cómo podríamos encontrarla. Halló algo de consuelo al saber que tendríamos una conexión permanente con ella, y que, a nuestra vez, nosotros encontraríamos algo de paz al tener ese símbolo especial de nuestro querido ángel.

Cuando, cuatro días después, Cassy se agravó, la familia viajó al hospital a media noche para velar con ella mientras realizaba su difícil transición al otro mundo. Esa noche recordé aquella otra en la que ella nació trece años antes y me llamaron del hospital para que fuera a ayudar a mi hermana durante el parto. Fui la primera en cargar a Cassy cuando llegó a este mundo, y ahora la veía dar su último suspiro.

Puede ser difícil recorrer el complicado trayecto de Cassy y pensar que hubo algo positivo en él, pero, pese a la tristeza y las lágrimas, es indudable que aprendimos lecciones vitales. Nuestra familia conoció el verdadero valor de la amistad, del apoyo de la comunidad y del amor de los parientes. Aprendimos a no dar por sentadas las pequeñas cosas de la vida, y que tal vez todos deberíamos ser un poco más espontáneos. Aprendimos que se puede influir en la gente y dejar una huella en su corazón aun si sólo se está aquí poco tiempo, y que los recuerdos nos dan fortaleza para seguir adelante aun si no queremos hacerlo.

Hoy seguimos lidiando con la pérdida de nuestra preciosa Cassy, pero sabemos que su espíritu es fuerte y que su presencia se deja sentir a diario en los sutiles mensajes que nos manda. Alzamos la vista al cielo y sonreímos cuando vemos las chispeantes estrellas que se han vuelto nuestro símbolo de fe y esperanza.

Ella fue y será siempre nuestra "estrella brillante en medio de la oscuridad".

DEBBIE ROLOSON

CAPÍTULO

Agradece lo que tienes

*La aritmética más difícil de dominar es la
que nos permite agradecer lo que tenemos.*

ERIC HOFFER

41

Demos gracias por los favores recibidos

"El cheque no ha llegado todavía".

Estas palabras de mi esposo no me alarmaron en particular. Después de todo, ya en el pasado se había quedado sin sueldo alguna vez, y siempre nos las habíamos arreglado. Mentalmente, me congratulé de que no tuviéramos deudas, más allá de la hipoteca de la casa.

Mi esposo tenía, junto con dos socios, un pequeño despacho de ingenieros. Cuando las cosas se ponían difíciles, él y sus socios se quedaban sin sueldo, con tal de asegurar el de sus empleados. Yo daba gracias al cielo por estar casada con un hombre tan honorable.

> Por qué no aprender a disfrutar las pequeñas cosas; hay muchas.
>
> ANÓNIMO

Pasaron dos semanas, luego cuatro y después seis sin sueldo a la vista. Las cuentas, en cambio, llegaban con deprimente regularidad, así que vivíamos de nuestros ahorros, una reducida reserva de alimentos y nuestra fe en el Señor.

El otoño de 2008 señaló una crisis económica nacional en Estados Unidos. Atrapados en la espiral, clientes que siempre habían pagado a tiempo incumplían ahora el pago de sus cuentas.

La navidad estaba cerca y yo me preguntaba cómo hallaríamos los recursos para comprar siquiera algunos regalitos. No se lo mencioné a mi esposo, sabiendo que tenía suficientes preocupaciones. Busqué ofertas y puse a trabajar mi creatividad.

Me suscribí entre tanto a freecycle.com, organización internacional promotora del reciclaje. Esto me permitía anunciar en línea artículos que ya no necesitaba o no quería, en espera de la respuesta de otros suscriptores. Asimismo, yo podía responder otros anuncios si veía algo que necesitaba.

Cuando llevábamos cuatro semanas sin sueldo, vi dos anuncios de víveres. Mandé correos de inmediato, avisando que esos productos podían ser muy útiles para mi familia.

En freecycle, el primero en responder a un mensaje suele ser quien se beneficia de él. Cuando vi que se mostraba la hora de los mensajes, se me cayó el alma a los pies. Ya habían pasado varias horas.

Seguramente los productos que me interesaban ya habían sido asignados.

Para mi sorpresa y deleite, los dos suscriptores implicados de freecycle me contestaron, diciendo que los artículos eran míos. Ambos me dieron sus direcciones, y acordamos una hora para pasar a recoger los productos.

Me paseé por las cajas de alimentos como un niño al abrir sus regalos de navidad. Latas de verduras. Papas en rebanadas. Harina para pastel. Y hasta frutas frescas. ¡Mi esposo, mi hija adolescente (el único miembro de nuestra familia que quedaba en casa) y yo celebramos esa noche!

Una inmediata amistad surgió entre una señora mayor y yo. Ella me daba alimentos que no necesitaba. Yo la llevaba a tiendas y le hacía mandados, porque ella no podía manejar. Intercambiábamos mensajes alentadores, y descubrimos que teníamos mucho en común, como una profunda fe en el Creador.

Mi pertenencia a freecycle me animó a deshacerme de ropa, libros y artículos para el hogar que ya no usábamos. Mientras descargaba mi casa, sentía que también descargaba mi alma, liberándola de antiguas rencillas, resentimientos y temores.

Les escribí a nuestros cuatro hijos adultos, explicándoles nuestra situación.

También les comenté que reduciríamos los regalos de navidad ese año, y les sugerí hacer lo mismo. Como sutil indicación, les dije que el mejor regalo que podían darnos a su padre y a mí era deshacerse de deudas.

En años anteriores yo había llevado un diario de gratitud. Todos los días registraba cosas, grandes y pequeñas, por las que estaba agradecida. Como suele suceder con los buenos hábitos, éste se perdió entre las ocupaciones de la vida. Pero lo recuperé entonces, enlistando cada noche cinco cosas en mi diario.

Pequeños sucesos se abrían paso hasta mi diario de gratitud. Una monedita reluciente hallada en un paseo. La carta de una amiga. Una inesperada llamada telefónica de un pariente que vivía lejos. Un abrazo de mi hija adolescente, usualmente distante. La sensación del sol en mi cara.

Cosas ordinarias se volvían motivo de regocijo. ¿Cuándo había sido la última vez que agradecí una lavadora y secadora?

¿Cuándo la última vez que agradecí tener amigas que escucharan mis quejas sin compartir las suyas? (Avergonzada, decidí enmendar este feo hábito.) ¿Cuándo la última vez que había dado gracias a Dios por tener un cuerpo fuerte, aunque no estuviera en la forma o condición que yo deseaba?

Mis prioridades empezaron a cambiar. Dejé de pensar en lo que me faltaba y empecé a fijarme en lo que tenía. Al mismo tiempo, vi a mi alrededor y me di cuenta de que también otros sufrían. Dediqué tiempo a enviar notas a amigos y miembros de mi comunidad religiosa necesitados de una dosis extra de amor. Rezaba más y me quejaba menos. Agradecía lo que tenía.

Nuestra situación financiera no había cambiado, pero mi actitud sí.

Ya habían pasado cerca de ocho semanas desde que mi esposo había recibido su último pago y la navidad estaba encima. Yo había logrado adquirir y hacer pequeños y modestos regalos para familiares y amigos. Me negué a ceder a la tentación de disculparme por la humildad de nuestros regalos, sabiendo que quienes me apreciaban comprenderían y aceptarían nuestros presentes.

Una noche mi esposo volvió a casa con una sonrisa enorme.

—¡Llegó dinero por correo!

Me explicó que uno de sus clientes, víctima también de la crisis económica, le había enviado un cheque que le debía desde tiempo atrás.

Habíamos pasado cerca de dos meses sin recibir pago. Pero no sólo habíamos sobrevivido, sino también mejorado.

Hice un conteo de nuestra vida: teníamos amigos, familiares y fe. Realmente éramos ricos.

JANE MCBRIDE CHOATE

42

Envejecer con gratitud

Cuando cumplí 68 años, sentí que la vejez había llegado. Se acercaban los 70, los cuales me parecían especialmente ominosos, pues mi madre había muerto a los 72. Tom, mi esposo, siempre optimista, me recordó que mi padre había vivido hasta los 94; asimismo, que yo era mucho más dinámica y cuidadosa de mi salud que mi madre. Después de todo, cada mañana hacemos estiramientos antes de desayunar una vigorizante avena, tomamos vitaminas y complementos alimenticios, hacemos mucho ejercicio y tenemos días muy intensos. Yo dedico los míos a la jardinería y a escribir, y Tom los suyos a cantar y tocar los teclados y la trompeta.

> Interesarse en las distintas estaciones es un estado más feliz que enamorarse perdidamente de la primavera.
>
> GEORGE SANTAYANA

Aun así, ¡a veces es necesario que nos ayudemos a dar con el nombre de un conocido, o con el título de una película que vimos apenas un año atrás! Antes yo podía dedicarme al jardín seis horas seguidas, pero ahora necesito un descanso tras las dos primeras. Y después están esos asombrosos momentos en los que doy vuelta en una tienda para tropezar inesperadamente con mi imagen. ¿Quién es esa anciana en el espejo?

No es casual que los tres focos sobre del espejo de mi baño sean ahora de quince watts. Me gusta ese resplandor tenue. Además, sin mis lentes no puedo ver mis arrugas, aunque parece que los ojos se me están encogiendo. ¿Es hora de elevar los párpados? En un instante, el terror a la cirugía vence a la vanidad. Luego pienso que sencillamente tengo que encontrar la manera de aceptar la vejez con todos sus cambios. ¡Estoy amargando con preocupaciones los últimos años de mi vida!

Cuando empecé a inquietarme por el envejecimiento, decidí buscar la ayuda de mis amigas del Golden Years Gardening Group (Grupo de Jardineras Nuestros Años Dorados). Una vez al mes nos reunimos a hablar de nuestros jardines y cualquier otra cosa que se nos ocurra. Todas somos mayores de 60 y amantes de las plantas. Yo propuse que el tema de nuestra siguiente reunión fuera "Los aspectos positivos del envejecimiento".

Me preocupaba que nadie quisiera asistir. ¿Por qué diablos había sugerido ese tema? Podía resultar demasiado serio, demasiado alarmante. Así que fue un alivio que la mayoría del grupo se presentara a la reunión.

Gail Austin puso en marcha el Golden Years Gardening Group un año después de la muerte de Ken, su esposo. Quería pasar más tiempo con sus amigas, disfrutar de la vida: trabajar menos y gozar más. Cuando empezó a simplificar su inmenso jardín, muy costoso de mantener, se percató de que muchas otras jardineras de edad avanzada pasaban por un proceso similar y podían beneficiarse de un grupo de apoyo que les ayudara a aceptar sus nuevas circunstancias. Compartiríamos la aventura de librarnos de un trabajo estresante y de aprender a gozar de jardines menos complicados.

Esa tarde Gail sugirió que fuéramos hablando por turnos de las ventajas de envejecer, sin interrupciones. Ella comenzó con una declaración clave:

—Ya no me preocupan las pequeñeces —dijo—. Esto empezó en mis 40.

Este tema —la perspectiva que adquirimos tras experimentar muchos de los cambios de la vida en el transcurso del tiempo— surgió en forma repetida. Hazel, reciente integrante del grupo, dijo con sus propias palabras algo similar:

—Resistencia. La experiencia de la vida me ha dado eso.

Se hizo un silencio en la sala mientras asimilábamos el sabio concepto de Hazel. Luego, algunas asentimos con la cabeza, sonriendo en reconocimiento de esta gran ventaja de envejecer.

Lisa mencionó entonces otro hilo común:

—Mi nieta —dijo—. Ahora comprendo por qué mi abuela significó tanto para mí. Entiendo el amor que me daba y puedo transmitírselo a mi nieta.

Parte del amor de la abuela de Lisa había adoptado la forma de disciplina. Ahora Lisa practicaba ese mismo amor estricto con su nieta, ayudándola a poner límites.

Jepi añadió una nueva capa al tema de los lazos familiares:

—Tengo una nueva relación con mi papá, de 89 años —dijo—. Se aficionó a la jardinería casi a los 80.

Ahora comparten esa pasión y pasan tiempo juntos en el jardín. Su papá es lento, pero no importa. Lo importante es que están más cerca.

Dru nos recordó la importancia de una actitud positiva:

—Yo soy de quienes ven el vaso medio lleno, no medio vacío, y me siento afortunada por eso —dijo.

Ann se hizo eco de esta afirmación, a la que agregó detalles:

—El vaso está lleno, un nuevo día siempre es maravilloso. Me siento agradecida por estar aquí —expresó.

Ann practica la gratitud cada noche, repasando los dones del día antes de dormirse.

Diane nos recordó acerca de la independencia financiera:

—Tengo la suerte de disponer de ingresos de retiro —dijo—. ¡Ahora es agradable levantarse a las seis de la mañana!

Renee retomó esta idea:

—Por fin soy independiente —apuntó—. Decido qué quiero hacer.

Para este momento, yo ya me había reconciliado con la idea del envejecimiento. No había preparado mi intervención, pero cuando llegó mi turno supe exactamente qué iba a decir. Lo solté sin mayor preámbulo:

—Me da mucho gusto haber encontrado el amor en una etapa avanzada de la vida —expliqué—. Cuando conocí a Tom, yo tenía 58 años, y nos casamos cinco después. Luego de veintitrés años como divorciada, enamorarme de un hombre maravilloso fue un gran regalo de la tercera edad.

Rodeé con el brazo a Diana, sentada a mi lado en el círculo de amigas. Ella y yo habíamos sido colegas jardineras durante años, mucho antes de la aparición de las Golden Gardeners.

—Diana fue mi modelo; me animó a no darme por vencida, a seguir buscando hasta encontrar al hombre indicado —señalé.

Diana sonrió y explicó al grupo que tuvo que pasar por cinco matrimonios antes de encontrar un amor perdurable. Ambas nos casamos con hombres jóvenes que aún no estaban disponibles cuando éramos veinteañeras, ¡porque eran preparatorianos! Al envejecer, diez años de diferencia en la edad no importan.

Me quedé pensando entonces que envejecer nos ayuda a amar más. Tom está a mi lado cuando me enfermo tanto como cuando estoy sana.

Comediante natural, me hace reír el día entero, el mejor tónico que conozco. Cuando yo era joven, nunca me habría fijado en un hombre calvo y bajito casado y divorciado tres veces. Pero cuando conocí a Tom, lo único que vi en él fue su hermosa sonrisa, cálidos ojos azules y gran corazón. Le di crédito extra por haberse vuelto a casar; conocí a muchos hombres que se habían amargado aun después de un único divorcio. Las ilusiones de Tom me dieron valor para casarme de nuevo.

Mi grupo me había ayudado más de lo que imaginé. No sólo se apaciguaron mis preocupaciones por el envejecimiento; también me emocionó estar en esta etapa de la vida, ahora que veía el panoroama completo. Lo mejor de todo fue que nuestro círculo se unió más tras compartir esos detalles íntimos de nuestra vida. Comencé a ver a mis amigas con más comprensión, respeto y amor. ¡Qué maravilla formar parte de esta asamblea de sabias mujeres, fortaleciéndonos unas a otras en un periodo tan interesante!

BARBARA BLOSSOM ASHMUN

43

Deja de compadecerte

No tenía el menor deseo de cumplir 57 años. La angustia que sentí cuando cumplí los emblemáticos 30, 40 y 50 no fue nada en comparación con el terror ante los 57.

Veintitrés años antes, mi madre había muerto a los 57 de ALS, el mal de Lou Gehrig. El susto de llegar a la misma edad en que mi madre murió me golpeó con la fuerza de una locomotora que chocara contra mi psique. Apenas si podía creer que mi madre tuviera esa edad al morir.

Me pregunté cuántos años más me quedaban a mí.

> Lo que cuenta no son los años de tu vida, sino la vida de tus años.
>
> ABRAHAM LINCOLN

Como madre soltera, mis cuatro hijos llevaban años viviendo solos, en California, Arizona y, dos de ellos, a ciento veinte y ciento cincuenta kilómetros de mi casa en Wisconsin. Yo había terminado con mi último novio diez años atrás, así que no había ningún hombre cerca que pudiera encargarse de orquestar mi cumpleaños. Pasé la primera parte del día con mi hija Julia y sus tres hijos, quienes habían recorrido los ciento cincuenta kilómetros desde su casa en Dane, Wisconsin. En condiciones normales, esto habría salvado el día, pero Julia pasaba entonces por un desgastante divorcio, y después de comer tomó una siesta de cuatro horas. Estrés y tensión parecían salir de todos sus poros, y cuando se fueron yo también estaba exhausta.

De nuevo sola, entré a la casa y empecé a compadecerme de lo lindo. ¿Hice algo constructivo o divertido para librarme de mis lamentos? Claro que no. Las reglas de la autocompasión exigen que uno se sienta lo más miserable posible.

Nada de regalos. Ni pastel. Las tarjetas de mis parientes y amigos habían llegado por correo un par de días antes. Mi hija mayor, en California, no había llamado. Como en años anteriores, pensó que mi cumpleaños era el 14, no el 12.

Seguí compadeciéndome, con todo y lágrimas y mucho coraje. Lo único que quería era que esas veinticuatro horas terminaran rápido. Incluso me puse a hablar con Dios en voz alta:

—Vamos a ver, Señor: soy una persona buena, feliz, simpática y graciosa. Tengo muchos amigos, hijos fabulosos, maravillosos parientes. Algunos de ellos deben recordar que hoy es mi cumpleaños. ¿Así que por qué estoy sola esta noche? Hago muchas cosas por otros en su cumpleaños. ¿Hay algo que quieres que aprenda de esta horrible experiencia?

En un desesperado esfuerzo por hallar algo productivo que hacer esa noche, junté la basura y la saqué a la cochera. Al volverme, vi mi vieja bicicleta en una esquina. Me la había regalado mi novio en la Navidad de hacía doce años. En realidad nunca me gustó esa bici. No me acomodaba, y las velocidades se corrían pese a que se les ajustara. Pateé la llanta de atrás y dije:

—Eres casi tan inútil como yo me siento ahora. ¡Cómo me gustaría tener una bici nueva! —Hice una pausa y, luego, prácticamente grité—: ¡Eso es! Voy a darme un regalo de cumpleaños. ¡Una bicicleta nueva! Iré a comprarla el lunes en la mañana.

Había querido una nueva bicicleta desde hacía tres años, pero cuando una mamá soltera lleva ya dieciséis ininterrumpidos con hijos en la universidad, no debe considerar compras extravagantes para sí misma. Sin embargo, mi mal humor me empujaba al límite de la autocomplacencia.

Habiendo tomado la decisión, prácticamente entré brincando en la casa, sintiéndome treinta años más joven y llena de la expectación de una bicicleta nueva de marca. Era niña otra vez, soñando con una bici nueva y ligera con amortiguadores y un cómodo asiento.

Esa noche, antes de dormirme, me puse a hojear el libro de los Salmos, buscando una buena definición de felicidad. La encontré en Salmos 144, 12-15:

Que nuestros hijos sean como plantas crecidas en su juventud;
Nuestras hijas como las esquinas labradas a manera de las de un palacio;
Nuestros graneros llenos, provistos de toda suerte de grano;

Nuestros ganados, que paran a millares y diez millares en nuestras plazas;
Que nuestros bueyes estén fuertes para el trabajo;
Que no tengamos asalto, ni que hacer salida,
Ni grito de alarma en nuestras plazas.
Bienaventurado el pueblo que tiene esto:
Bienaventurado el pueblo cuyo Dios es Jehová.

Estos versículos describían a la perfección a mis hijos, mis hijas y mi vida. Estaba sana, tenía comida en abundancia, ningún enemigo atacaba mis murallas, no había crímenes en mis calles y contaba con un maravilloso amigo en el Señor. Ese cumpleaños era sólo un día más. Y no cabía duda de que todo marchaba bien en mi mundo.

Para la mañana del lunes, la emoción por mi bicicleta nueva no se había desvanecido un ápice. Fui en coche hasta la tienda de bicis y me monté en una ligera, blanca y plateada, con cuadro de aluminio que era una verdadera belleza, y en la que di varias vueltas. Estaba tan emocionada como cuando tenía 7 años y tuve mi primera bici, cincuenta atrás. Incluso, esta bici de ensueño estaba rebajada, porque era la temporada de otoño. Saqué mi chequera y la pagué íntegra.

Desde entonces, cada vez que siento un poco de autocompasión me monto en mi prodigio de veintiún velocidades con amortiguadores y asiento de resortes y me dirijo a la pista ciclista de ochenta kilómetros a sólo tres de mi nueva casa en Florida. Una hora más tarde, con otros quince o dieciocho kilómetros en mi haber, mi buen humor ha regresado. He aprendido que, cuando ya eres mayor, cada día puede ser una celebración de cumpleaños. En especial si tienes una buena bicicleta con un asiento suave y bonito esperando a llevarte.

Patricia Lorenz

44

Monedas relucientes

No había razón de que ella fuera tan jovial. En todo el país la gente estaba desempleada, había perdido su casa y se veía empujada a recurrir a los servicios sociales o a las calles. Los jóvenes universitarios a los que yo daba clases eran cínicos y apáticos. ¿Para qué esforzarse en el estudio si no había empleos? ¿Yo impartía habilidades y una ética laboral que bien podían carecer de sentido? ¿Alentaba falsas esperanzas?

> No pienso en la desgracia, sino en la belleza de lo que aún permanece.
>
> ANA FRANK

Sin embargo, cada día en la fila de hasta delante, Betty, de 45 años de edad, sonreía con ganas. Era una mujer corpulenta que se envolvía en sudaderas sin forma y jeans bombachos, cuyo cabello lacio y cano le caía sobre los hombros y quien resollaba con el penoso esfuerzo de los artríticos. ¿Cómo podría competir ella en un mercado de trabajo despiadado? Si alguien tenía motivos para avinagrarse, era Betty. Pero siempre hacía toda la tarea, y esperaba el inicio de la clase como un caballo pataleando en el cajón de salida.

No era sólo que sacara puros dieces, participara en todas las discusiones e hiciera investigación extra. Tampoco aceptaba el cinismo y la apatía. Una vez que comentábamos el caso de un hombre que liberó a un pájaro de una trampa para que pudiera reunirse con su pareja, que revoloteaba en las alturas, Betty suspiró:

–Cómo me gusta que alguien haga cosas así… ¡Es maravilloso!

Un chico replicó:

–¿Qué más da un pájaro de más o de menos? Habría vivido más tiempo en cautiverio. Además, la gente simplemente atrapará otro. ¿Sabes cuánto dinero se gana en la captura de aves exóticas?

Betty sonrió.

–Es cierto –dijo–, pero lo que importa es el momento en que las aves vuelven a juntarse en el cielo. Imagina eso y olvida el resto. No importa si los cazadores atrapan otra ave, si los pájaros mueren o si el mundo estalla. Tienes que vivir para esos grandes momentos, ¿o si no qué caso tiene vivir? La existencia está llena de pérdida y muerte. Eso no es ninguna novedad. Ustedes los jóvenes creen que el mundo se está cayendo a pedazos, pero no es cierto. Conozco el desastre. Mi esposo murió el año pasado. Mi hija está enferma de los riñones. No tengo seguro de salud ni ingresos.

El chico se ruborizó. Betty volvió a sonreír.

–No te sientas mal. ¿Cómo habrías podido saberlo? Está bien. Pero el solo hecho de que pasen cosas malas no vuelve mala a la vida. Eso debería enseñarnos a amar lo bueno ahora. No esperes a que el dinero y el éxito iluminen tu vida. Mientras están ahí, toma los buenos momentos, por pequeños que sean, que nos llegan a todos.

"Sí", pensé. "Eso es justo lo que debería decirles a mis alumnos, y a mí mismo".

Una semana después vi a alguien agachado sobre un bote de basura en la sociedad de alumnos. En esos días era común que personas sin hogar peinaran la basura de la universidad en busca de latas, las cuales canjeaban a razón de cinco centavos de dólar cada una. Pero cuando aquella persona se enderezó con dos latas en las manos, vi que se trataba de Betty. Dudé en saludarla. Ser sorprendida por su maestro hurgando en la basura podía ser bochornoso. ¡Vaya!, lo era para mí. Mientras intentaba escabullirme, ella me vio y se le iluminó el rostro.

–¡Profesor!

–¡Hola!

–Me dedico a recolectar latas entre una clase y otra –procedió a explicarme–. ¡Así pago mi pasaje de autobús! Es increíble lo que la gente tira, aun en épocas como ésta.

Echó las latas en una bolsa.

–En realidad, qué bueno que sea así. Todos los días vengo a la universidad con el monedero vacío. ¡Ni un solo centavo a veces! Pero siempre encuentro suficientes latas para el viaje en autobús, y en ocasiones también para la comida. Me aguardan todos los días.

–¿Y si no hallas suficientes?

Rio y se alzó de hombros.

–Supongo que podría caminar hasta mi casa, de ser necesario. Pero siempre hay. Lo que una persona necesita suele estar ahí si se busca con ganas.

Le dije que si alguna vez le hacía falta, podía pasar a mi oficina. Sonrió.

–¿Lo ve usted? ¡Ahora ya tengo seguro de viaje en autobús!

La hice a un lado, para alejarla del gentío que no cesaba de pasar.

–¿Sabes?, lo que dijiste en clase la semana pasada impresionó a los muchachos. Han escrito sobre eso. Les hiciste ver las cosas de otra manera. Y a mí también –admití.

–¡Qué gusto! Hasta el sufrimiento puede hacer algo bueno.

–Lamento lo de tu esposo.

–¡Ay, no le voy a mentir! Me costó mucho tiempo recuperarme. Me sentía destrozada. Y ha sido terrible tratar de sobrevivir. Falleció dos meses antes de tener derecho a pensión, y por supuesto el seguro de salud expiró cuando más lo necesitábamos. Por fortuna, aún puedo aferrarme a él.

–¿Qué quieres decir?

Sonrió.

–Lo quiero mucho, como lo quise siempre. Cada noche lo imagino en mi cama, y que leemos y platicamos, hasta las tres de la mañana a veces. Teníamos una casa vieja y derruida, pero también sueños. ¡Ay, unos sueños luminosos! Eso no se le puede arrebatar a quien quiere prenderse de ello. Ahora estoy sola en un departamento, pero seguimos enamorados y casados. Sólo que él está muerto. Algún día nos volveremos a ver, como los pájaros de la historia.

–¿Qué harás con tu hija?

–El doctor dice que sus riñones pueden durar cinco años más. Yo le daría uno de los míos, pero no son compatibles. Sencillamente tendremos que ver qué pasa. No puedo controlar lo que el destino trae consigo. Sólo la forma en que reacciono a él. ¿Así que por qué elegir la desdicha? ¿No basta con el solo hecho de haber vivido? ¿De haber sentido y visto y probado la vida? Bill y yo nos aseguramos de que nuestra hija hiciera eso. No morirá sin haber vivido.

Sugerí varias instituciones que podían ayudarle con las cuentas médicas de su hija.

–Sí, las conozco –dijo–. Estamos trabajando en eso. Pero aquí me tiene usted, ¡cursando a mi edad la universidad para poder conseguir un trabajo decente! –rio–. ¡A Bill le encantaría eso! Los jóvenes creen que no hay empleo. Pero puede hallarse uno si se busca con empeño y no se tiene miedo a ensuciarse las manos. Yo voy a encontrar trabajo.

Sacudió su bolsa para que resonaran las latas.

–Esto no es basura. No es aluminio reciclable. Son monedas relucientes.

GARRETT BAUMAN

45

Apagón

Desperté en medio de un frío sin ruidos. En mi cabaña, el reloj no parpadeaba ni zumbaba el refrigerador. En el área rural de la costa de Oregon, los apagones son frecuentes: un minuto, una hora, a veces tres. Luego, de pronto, la bienvenida cascada sonora –chirrido, parpadeo, ronroneo, zumbido– cuando el radio, el refri, el reloj, la computadora, la televisión, el calefactor y la contestadora vuelven a funcionar.

> Mi riqueza no consiste en la extensión de mis posesiones, sino en la escasez de mis necesidades.
>
> J. BROTHERTON

He pasado por muchos apagones. Nada de luz, calefacción ni ruido: todo eso puedo soportarlo. Pero no puedo vivir sin el café de la mañana. Pude haber hecho una fogata en el patio para calentar agua. Pero llovía a cántaros. Pude haber subido a la casa de Jenn, mi vecina, para ver si había café haciéndose en la estufa. Pero el viento silbaba entre las ramas de los árboles. Cuando menos funcionaba el teléfono.

Le hablé a mi jefa.

–Tardarán mucho en reparar las líneas –me dijo–. Así que ni modo: suspendemos actividades. Hay comida y refugio de emergencia en la ciudad, en la iglesia metodista.

A tientas en medio de la tenue luz de la mañana, saqué una linterna y mi raído sleeping bag del fondo del clóset. Puse la linterna en el mostrador de la cocina, releí las instrucciones, encendí un cerillo y prendí la mantilla.

¡Bendito sea Coleman por haber inventado esta maravilla! La tapa metálica se calentó pronto. Tal vez podría hacer café después de todo. ¿Pero qué puede sostenerse sobre la tapa cónica de una linterna? Intenté calentar agua en una cacerola de fondo grueso, pero luego descubrí que una lata de puré de tomate de mi bote de reciclamiento funcionaba mejor. Tras enjuagarla y llenarla de agua limpia, tomé unas agarraderas y la estabilicé con dos palos de plástico. Pronto, una minitaza de café instantáneo humeaba fragantemente. Cuatro latas después, había disfrutado de una buena sacudida de cafeína, y tenía incluso media taza de agua caliente para darme una limpiadita. Me deleité en el sencillo placer de una toalla caliente en la cara. Esto me dejó lista para enfrentar un día sin energía eléctrica.

Me puse una vieja chamarra de plumas y botines de piel de borrego. Tras tomar varios libros del buró, subí el cierre de la chamarra, amarré fuerte la capucha y me metí al sleeping. Ajusté la linterna y me acurruqué para ponerme a leer. Pasajes descriptivos de *Under the Tuscan Sun* (Bajo el sol de la Toscana) me transportaron con Frances Mayes a la soleada Cortona, mientras afuera el termómetro marcaba un grado. Mal protegida, mi vieja cabaña estaba húmeda y helada. Los dedos se me adormecieron de dar vuelta a las páginas. Salí serpenteando de mi gastado sleeping en busca de unos guantes de lana. Enlisté en mi mente a las amigas con guantes de lana, pero me fascinaba la idea de un poco de soledad. Entonces llegó Jenn, mi vecina.

—¡Voy a casa de mi novio! —gritó, asomando la cabeza por la puerta.

—¡Pero si está a cien kilómetros y a toboganes de lodo de distancia! —repuse, preocupada.

—El suertudo tiene luz. ¡Suertuda yo! Puedes quedarte en mi casa y usar la estufa de leña, excepto que me quedé sin leña. Hazles compañía al labrador y al gatito. Te mantendrán caliente. —Volvió sobre sus pasos en dirección a su vehículo, pero antes añadió—: Ah, quedó brandy de la fiesta. Toma lo que quieras.

Mi visión de una cálida estufa de leña estaba a punto de hacerse realidad.

Supuse que no tendría problemas para encontrar leña. Vivimos en un bosque. Hay palos y ramas tirados por todas partes. Recorrí el patio, las cañadas y la orilla de la carretera, pero sólo encontré madera húmeda. Cortar ramas me hizo sudar horas enteras.

Esa noche la temperatura fue de varios grados bajo cero. Con apenas una hoguera humeante, necesité varias capas de ropa y tres sleeping bags para mantenerme caliente. El perro y el gato se acurrucaron conmigo. Sobrevivimos. El día siguiente fue igual: buscar leña, cortar ramas, alimentar el fuego con pedazos de cartón y periódicos hechos bola, cualquier cosa que hiciera arder la leña húmeda. Afuera, el viento azotaba los pinos. Mientras observaba la tormenta, por todas partes se esparcía el aroma de la deliciosa sopa de lentejas que hervía a fuego lento en la estufa.

Para la tercera mañana sin electricidad, necesitaba urgentemente leña seca que cupiera en la estufa sin tener que pasar horas cortándola. Volví a mi cabaña, y en clósets, armarios y bajo la cama busqué objetos de madera que pudiera quemar. Registré paredes, estantes y mesas. Desesperada, tomé las placas grabadas de Toastmasters, el reloj de madera que había hecho mi exmarido, un alhajero de secoya, marcos de cuadros de venta de garage a la espera de fotos de familia, repisas necesitadas de pegamento.

En principio consideré un crimen quemar mis pinzas y ensaladeras de madera de teca, pero rara vez las usaba. Prender fuego al rodillo de la abuela me pareció tabú, pero ya estaba enmohecido y le faltaba un asa. No sabía si quemar mi librero de nogal. ¡Para nada! En cambio, junté ramas húmedas en el portal de Jenn, para que no volvieran a mojarse, y luego las corté en tamaños adecuados para la estufa y las puse a secar cerca de la hoguera. Era imposible saber cuánto tiempo más estaríamos sin energía.

Siempre había querido depurar mi cabaña. La desesperación me empujó entonces a pasar de la intención a la acción. Frente a cada objeto de madera me torturaba: "¿Me gusta? ¿Lo necesito?". Pronto acumulé muchas cosas junto a la puerta: una lámpara, la panera de mirto, el tripié desvencijado. Mientras desarmaba cada pieza con un martillo, tuve una sensación de fortaleza interna. Cargué los maderos hasta la casa de Jenn. Tras meter en la estufa esos tristes recuerdos y artefactos de familia, me di cuenta de que el apagón me había llenado de valor y resolución para realizar una liberación ritual de mi pasado.

Mientras entraba en calor gracias al fuego crepitante de la estufa, me quité la chamarra, el suéter y la blusa de cuello de tortuga, me mecí en un sillón demasiado abombado y me puse a sorber licor de durazno, acurrucándome con las mascotas. Un cazo de fondue suizo burbujeaba en la estufa y en mi taza humeaba el café caliente. Al pasear la mirada, aprecié la sencilla decoración de Jenn y me puse a pensar que, curiosamente, su vigoroso espíritu parecía haber decaído. Tomé mi pluma, le escribí un poema de agradecimiento y decidí que en la siguiente navidad le diría a su novio que le regalara una minimotosierra.

Tener que sobrevivir ochenta y cuatro horas sin electricidad me hizo desarrollar una nueva apreciación de la luz, el calor y la estufa eléctrica.

Pero también agradecí la experiencia por otro motivo. Había quemado reliquias que sofocaban mi vida. Gracias al apagón, a Jenn y al fuego, el gran purificador, me sentí fortalecida y sumamente reconfortada. Mis pertenencias habían decrecido, pero mis bienes aumentado.

SHINAN BARCLAY

46

Cien bendiciones

U n día en que pasaba por momentos difíciles, leí un libro que me
retó a dejar de compadecerme y a enlistar en cambio cien bendiciones en mi vida. Como
me deleitaba en un humor pésimo,
aquélla me pareció una tarea imposible. Pero tan pronto como me puse
a escribir al azar las cosas positivas
de mi vida, me sorprendió lo rápido
que llené la hoja con cien de ellas.
Pronto desaparecieron las arrugas de
mi frente y empecé a sonreír.

> Si pudieras contar todos tus
> bienes, siempre obtendrías
> ganancias.
>
> ROBERT QUILLEN

Después, cuando leí mi larga lista de bendiciones me di cuenta de
que... fácilmente podía añadir cien más.

La vida es buena.

100 bendiciones

1. Estar viva
2. Estar sana
3. Poder hacer ejercicio
4. Ser estadunidense
5. Tener dinero suficiente
6. Mi esposo Jim
7. Cuarenta y siete años de casada

8. Mi hija Betsy
9. Mi hija Lori
10. Mi hijo Steve
11. Mi nieta Rachel
12. Mi nieto Adam
13. Mi nieto Kyle
14. Mi nieta Sarah
15. Mi nieta Emma
16. Mi nieta Amy
17. Mi nieta Anna
18. Mi nieta Ava
19. Mi nieto Andrew
20. Mi yerno Geoff
21. Mi yerno Matt
22. Mi nuera Stephanie
23. Los escritores
24. Mi grupo del taller de creación literaria
25. Talento para escribir
26. Los libros de *Caldo de pollo para el alma*
27. Las editoriales que me publican
28. Mi bella casa
29. El patio
30. Talento para la decoración
31. Vista al mar
32. Encuentros con delfines
33. La lanchita
34. Mi coche
35. Música
36. Flores
37. Comida rica
38. Venta de frutas y verduras
39. Recuerdos
40. La computadora
41. Mi prima Lyz
42. La ropa
43. Las fiestas
44. Buenos libros
45. Masajes de espalda
46. Días festivos
47. Mi buena dentadura

48. Comprar ofertas
49. Risa
50. Salir con mis hijos
51. Mi cocina
52. Mi cuarto de lavado
53. Antigüedades
54. Árboles de navidad
55. Libertad
56. Clima templado
57. Las palmeras
58. Curación
59. Los viajes
60. Bondad de otros
61. Conversaciones estimulantes
62. Paseos por la vecindario
63. Amaneceres y atardeceres
64. Pájaros en el bebedero
65. La terraza
66. Mi cómoda cama
67. El antiguo armazón de mi cama
68. La chimenea
69. Estudios
70. Ser maestra retirada
71. Televisión interesante
72. Playas tranquilas
73. Buenos inquilinos
74. Aventuras familiares
75. Iglesia
76. Protección contra daños
77. Confort
78. Barrio tranquilo
79. Nuevo trabajo ya jubilada
80. La belleza de la naturaleza
81. Momentos preciosos
82. El gusto de vivir tanto tiempo
83. Amistades especiales
84. Tiempo libre
85. Jardinería
86. Las personas que me corresponden
87. Un buen médico

88. Un futuro
89. Sonrisas de los demás
90. Perdón
91. Elogios
92. Mi carrera docente
93. Ningún gran desastre en la vida
94. No tener cáncer
95. Dormir bien
96. Relación con Dios/Cristo
97. Dos grupos de estudios bíblicos
98. La electricidad
99. El aire acondicionado
100. Tener cien cosas que agradecer

MIRIAM HILL

47

La vida no es una emergencia

Tuve el privilegio de estar presente en un evento en el que participaron Mark Victor Hansen y Jack Canfield. Jack estaba hablando cuando de pronto se oyó un grito entre el gentío, de un asistente que necesitaba atención médica. Varios doctores entre los presentes fueron a atender de inmediato a la afectada. Jack tranquilizó al público y pidió que dirigiéramos nuestros pensamientos a la curación de aquella señora. Una profunda calma se apoderó entonces de la audiencia. La sensación de compasión y quietud en la sala fue tan intensa que dejó en mi memoria una huella indeleble que siempre llevaré conmigo.

> El ciclón deriva su fuerza de un centro sereno. Igual una persona.
>
> NORMAN VINCENT PEALE

Pensé en esos días que la serenidad de esa sala estaba en marcado contraste con el bullicioso hospital en cuyo turno nocturno yo trabajaba, y donde las peticiones de ayuda solían ser muy estresantes. En ese instante, en el evento, tomé nota en mi mente de que "la vida no es una emergencia". Decidí que cuando en mi vida surgiera una emergencia, la enfrentaría con la misma tranquilidad que sentí en el evento. No sabía que semanas después tendría que poner a prueba esta lección.

Ese sábado comenzó como cualquier otro, con las múltiples actividades de una familia atareada. Como de costumbre, Ken dedicó la mañana a los inmuebles que ofrecemos en renta, para cerciorarse del bienestar de nuestros inquilinos. Podría haber terminado sus pendientes en un par de horas, pero le gustaba pasar tiempo con cada familia, para ponerse al tanto de sus actividades y escuchar las aventuras de sus hijos.

En la tarde nos reunimos en una fiesta familiar de cumpleaños. Después regresamos a casa, donde Ken se ocupó esta vez de nuestras propias necesidades, como pintar el baño. Cuando nos dimos cuenta de que arriba había dejado de oírse ruido durante un buen rato, subí para ver qué pasaba, y encontré a Ken tirado en el piso y casi sin poder respirar.

Apliqué en el acto mis conocimientos de primeros auxilios, y mientras llamaba para pedir ayuda recordé el episodio del evento en que se había hecho una petición similar de ayuda, y la increíble sensación de calma que lo acompañó. Me invadieron entonces iguales sensaciones de calma profunda.

Luego de muchas pruebas, en el hospital nos dijeron que mi amor, de 44 años de edad, había sufrido un derrame cerebral severo. Así, nos pusimos a hacer un plan para este nuevo e inesperado capítulo en nuestra vida. Comprendí que nuestra existencia jamás volvería a ser la misma.

No sé si la mayoría vea como milagrosos sus momentos trágicos y difíciles, pero así fue como nosotros decidimos ver aquellas circunstancias. Resolvimos que se nos ponía una enorme prueba que habríamos de soportar juntos como familia, y al someternos a ella comprobamos que experimentábamos un auténtico milagro.

Cinco largos meses y muchas noches sin dormir después, y tras rechazar la sugerencia de que Ken debía vivir en una casa de reposo, él volvió a casa al fin. Antes fuerte e independiente, este hombre tenía que depender ahora de nosotros en todas sus necesidades. Mis hijos atendieron espléndidamente a su papá, para quien hacer hasta lo básico representaba un enorme esfuerzo.

Recibió terapia poco tiempo hasta que se determinó que había llegado tan lejos como era posible y que ya no mejoraría.

El último día de terapia le compré unas acuarelas y dimos inicio a nuestra terapia doméstica. Aunque ninguno de nosotros tenía conocimientos de terapia física, hicimos que Ken ejercitara sus músculos y su mente. Todos los miembros de la familia compartimos la responsabilidad de brindarle la atención y estimulación que necesitaba para mejorar. Los principales ingredientes de la terapia doméstica han sido paciencia, creatividad y mucho amor.

En los últimos años, Ken ha hecho progresos monumentales. Ya camina con bastón, siendo que antes estaba atado a una silla de ruedas. Parecía en riesgo de perder un ojo, pero ya lo recuperó. Puede decir unas treinta palabras completas; "Te amo, siempre" y "Gracias" encabezan la lista. Puede entonar las canciones que constituyen la pista sonora de nuestra vida en común. Nos comunica la certeza de que podemos hacer todo lo que nos propongamos. Su determinación nos enseña a no renunciar nunca. El valor de Ken nos inspira a mejorar nuestra vida y cumplir metas imposibles. No damos por segura una sola de sus respiraciones. Él es nuestro milagro viviente.

Nuestra vida se ha beneficiado muchísimo en este periodo crucial. Nuestra familia ha recibido gran apoyo y aliento de amigos y parientes. Aunque no le deseamos esto a nadie, hemos comprobado que, en los momentos de mayor desesperación, hemos recibido el consuelo de la paz. En las oscuras noches de duda, hemos recibido la luz del optimismo. Hemos soportado la tormenta con una tranquilidad que yo aprendí a emplear cuando se me enseñó la muy valiosa lección de que "la vida no es una emergencia".

DEBBI STUMPF

48

La estrella de la muerte

Los Idus de Marzo es el día de notificación de despido. Como maestro y representante del sindicato de maestros, es un día que temo. Es el día en que se da aviso a las víctimas. Las reuniones son breves y espantosas. Es difícil librarse de la pesadumbre.

Tras aquella penosa reunión, doblaba en una esquina para volver a mi aula cuando tropecé con el padre de una exalumna. Su hija había estado en mi grupo el año anterior. Hacía tres meses, él había recibido un disparo de un pandillero, un chico de 14 años que había sido mi alumno en quinto grado. Un chico que me había escrito dos veces desde la cárcel, la más reciente justo ese viernes. Fue inquietante ver al hombre de pie frente a mí y saber que yo tenía en casa dos cartas del estudiante que le había disparado.

> Si el cielo se viene abajo, cabe esperar atrapar alondras.
>
> FRANÇOIS RABELAIS

¿Qué le dices a alguien con una herida de bala? Yo abrí así:

—Me enteré que tuvo algunos problemas.

El hombre se levantó la chamarra negra drapeada y me enseñó un hombro vendado.

—Me dispararon. Por suerte sigo aquí.

—¿Con qué le dieron, con… una 22, una 38?

—Calibre 25.

—Que le vaya bien. Tengo que irme.

Me marché y sacudí la cabeza en señal de incredulidad. Aquél estaba resultando un día oscuro y muy extraño. Noticias de despido, recibo una carta de un tirador adolescente y luego veo a la víctima. ¿Qué más me iba a pasar?

Comí fuera de la escuela con otro maestro, y al cruzar la calle un coche paró en seco, rechinando. Alguien bajó la ventana del pasajero y me dirigió una cara radiante.

—¡Hey, señor Karrer! ¡Ya me operaron! ¡Salí hace dos semanas!

El chico en el auto, Zavier, era un exalumno mío. Había sobrevivido con diálisis la mayor parte de sus doce años, se había visto a las puertas de la muerte, y finalmente, dos semanas atrás, había tenido la suerte de que se le realizara un trasplante de riñón. Su mamá, al volante, dijo:

—Enséñasela.

Él abrió la puerta, bajó de un salto y se alzó la camisa.

Una horrible cicatriz horizontal de quince centímetros de largo comenzaba cerca de su ombligo, y luego hacía una vuelta vertical ascendente de noventa grados para prolongarse quince centímetros más.

—La mejor cicatriz que haya visto nunca —dije.

Su mamá, sin moverse del asiento del conductor, levantó un enorme recipiente de plástico lleno de medicinas.

—Debe tomar treinta pastillas diarias el resto de su vida.

El chico se acercó y me abrazó. Estaba feliz, y no pude menos que notar sus rojas mejillas y saludable piel. Un año antes, casi no levantaba la cabeza, su piel era azul y se la pasaba haciendo muecas todo el día.

Volvió al coche.

—Tienes una segunda oportunidad, muchacho —comenté.

—Lo mismo le dije yo —intervino su mamá—. No creímos que terminara el año pasado, pero ya cumplió doce.

—Sí, y recuerde que yo casi lo mato también.

Todos guardamos silencio un segundo. ESO había sido una pesadilla.

***

El año anterior, una colega me preguntó en la sala de maestros:

—Señor Karrer, ¿no quiere frutas estrella para sus alumnos?

Sonrió mientras rebanaba trozos de un décimo de la fruta, de dos y medio centímetros de grosor, y los arrojaba en un tazón verde de plástico.

—¡Claro! ¿De dónde son? Para que les pueda decir a los muchachos.

—De Taiwán.

—Muy bien.

—¿De Taiwán?

Le di un trozo a cada chico, pero el supuesto origen taiwanés me inquietó. Prendí la computadora, para buscar en Google "fruta estrella".

"Fruta estrella–Carambolo

"Originalmente de Sri Lanka… bla bla bla…

"NOTA IMPORTANTE: La fruta estrella provoca diversos síntomas en pacientes con insuficiencia renal crónica o enfermedades renales terminales. Los síntomas incluyen insomnio, hipo incontrolable, agitación, debilidad muscular, confusión, alteraciones de conciencia de diverso grado, ataques y paro cardiorrespiratorio. A falta de un tratamiento efectivo, estos pacientes no deben consumir la fruta estrella, ni siquiera en cantidades reducidas".

Fijé la mirada en Zavier Mendoza. Insuficiencia renal significaba malos riñones. Me paré y examiné al chico. Él me vio, sonrió y se lamió los dedos.

–Zavier –lo abordé, tratando de mantener la calma–. ¿Dónde… está tu fruta estrella?

Él sonrió y señaló su estómago. Me puse pálido.

–¡Ven conmigo a la oficina, ya!

Tomó asiento en la oficina y yo cerré la puerta de golpe tras él. Busqué a una secretaria.

–Consígame al director lo más pronto posible.

Un momento después llamamos a Stanford –a cuyo centro de salud renal asistía Zavier cada semana–, y nos dijeron que no sabían nada acerca de la fruta estrella, pero que yo no debía perder de vista al muchacho y ellos nos llamarían en un minuto. La llamada llegó en menos que eso:

–Gracias por ilustrarnos: la fruta estrella puede matar al niño. Tenemos listo un helicóptero para recogerlo. No le quite la vista de encima. Iremos para allá si empieza a hipear. ¿Podríamos aterrizar en el patio de la escuela de ser necesario?

Zavier Mendoza no hipeó nunca. No hizo falta el helicóptero. El chico estaba bien. Al día siguiente llegó sonriendo a la escuela. Pero yo no había dormido bien. Al parecer, existen diferentes tipos de fruta estrella. Eso era lo que había ocurrido un año atrás.

***

Zavier se abrochó el cinturón de seguridad y me miró.

–¿Se acuerda cuando el año pasado fuimos a la oficina por lo de la fruta, señor Karrer? ¡Nunca lo había visto correr tan rápido! Ni siquiera en la cancha.

Sacudí la cabeza.

–Bueno, ¡prométeme que no volverás a comer la fruta estrella JAMÁS!

–No… señor Karrer. No… ¡Porque podría darle un infarto y necesitar el helicóptero de Stanford!

Todos echamos a reír mientras nos despedíamos.

Algunos días horribles pueden terminar muy, muy bien.

PAUL H. KARRER

49

De fastidio a encanto

Desde el principio lo bauticé en privado como Natty la Lata. Mi esposo había recibido este cachorro en obsequio en Flour Mill, tienda de alimentos y herramientas donde la gente llevaba crías que ya no deseaba. Le dijeron que era cruza de Grandes Pirineos, pero a mí me parecía más bien un Heinz 57.

–¿No es adorable?

Ken dejó en el piso aquella bola negra de pelo mientras nuestra akita adulta, usualmente distante, daba un salto para olfatearla. La perra se echó de inmediato al suelo y se tendió de costado para que el cachorro pudiera lanzársele a la panza y roer su tobillo.

> Un perro es una de las pocas razones que quedan para convencer a algunas personas de salir a pasear.
>
> O. A. BATTISTA

–Este pequeño será una gran compañía para ella –dijo Ken–. Ha estado sola mucho tiempo.

Yo me limité a mirar al alegre cachorro de siete semanas de nacido. Sólo eso me faltaba… otro animalito que cuidar, y además peludo. ¡Qué lata!

Aparte de los perros, también tres gatos compartían nuestro hogar. En teoría, a mí me gustaban los animales, pero Ken ya llevaba varios años enfermo, así que alimentarlos, cepillarlos, pasearlos y limpiar su suciedad recaía en mí por completo.

Rezongué semanas enteras por tener que recoger heces hasta que Natty se enseñó. Me quejé hasta que aprendió a tomar agua de su tazón

190 | DE FASTIDIO A ENCANTO

sin regarla. Él intuía que yo no era su más ferviente admiradora, así que se la pasaba enroscado en el regazo de Ken. Cuando creció demasiado para seguirlo haciendo, se conformó con posar el hocico sobre las rodillas de Ken mientras mi achacoso marido se dedicaba a ver repeticiones de *Gunsmoke* y *Cheyenne*. Cada vez que yo entraba a la sala, Natty me dirigía una mirada triste y se lanzaba al sillón reclinable de Ken en demanda de caricias.

Sólo se acercaba a mí cuando pasaba un cepillo por el pelaje de nuestra akita o cuando le hacía arrumacos a un gato. Entonces, él corría y usaba su hocico para retirar mi mano de la otra mascota. Si yo lo ignoraba y seguía cepillando o acariciando, chillaba y gimoteaba, y me golpeaba la mano de nuevo, más fuerte. "¡Qué lata!", me decía yo. "La peor plaga del mundo".

—Nunca he visto otro animal que reclame tanta atención —me quejaba.

—Está muy pequeño todavía —decía Ken—. Ya se le pasará.

Pero jamás se le pasó. Mi esposo murió la primavera pasada. En los días que siguieron, las exigencias de Natty se cuadruplicaron. Antes me evitaba, pero ahora no me perdía de vista. Me seguía de un cuarto a otro, y si me sentaba a leer o a trabajar en la computadora, se acercaba sigilosamente y se ponía a moverme el brazo con el hocico.

Yo sentía lástima por Natty. Ken había sido para él una compañía constante. Sé que los perros lloran una pérdida tanto como los seres humanos. Pero sus molestas interrupciones me incomodaban. Me preguntaba vagamente si debía buscarle otro hogar, donde pudiera recibir la atención que ansiaba… quizá una familia con hijos con quienes jugar. Yo tenía a mi akita como perro guardián, así que no sabía para qué podía servir Natty.

Cerca de cumplir seis años, que debía ser la edad madura para un perro de su tamaño, Natty pareció pasar pronto a una senectud prematura. Noté que casi siempre estaba en el jardín, holgazaneando en el pasto, mirando pájaros o ladrando ocasionalmente cuando un camión pasaba por la casa. Mientras que antes volaba del patio al manzano, ahora, aun si se molestaba en levantarse, cruzaba el jardín lentamente.

"Es un poco como yo", pensaba. Pero yo ya soy mayor de 70, y ese perro era demasiado joven para tener una artritis tan severa como la mía.

Cuando lo llevé a su chequeo e inyecciones anuales, el veterinario no se anduvo con miramientos:

—No es artritis. Está muy sano. Lo que tiene es sobrepeso, y debe bajar unos diez kilos. Sé que le es difícil, pero intente sacarlo más a pasear.

Suspiré. Yo también necesitaba bajar esos diez kilos. Había subido de peso mientras la salud de mi esposo empeoraba. Estando de duelo, me había consolado con espesos guisos y pastel de zanahoria. Y aunque vivía en un circuito campestre frecuentado por caminantes, corredores y ciclistas, siempre tenía pretexto para no recorrer la pista, de kilómetro y medio de largo. Hacía mucho calor. Hacía mucho frío. Estaba muy cansada. Estaba muy vieja.

A la akita solía sacarla dos veces al día a dar un breve paseo frente a la casa, durante el cual Natty trotaba a nuestro lado. Pero a él no lo había llevado a pasear a la pista desde cachorro.

A la mañana siguiente, saqué desganada su vieja correa. Mientras se la sujetaba en el collar, él golpeaba la puerta con la cola. Al menos uno de nosotros estaba emocionado. Me puse mi chamarra y mis guantes y echamos a andar.

Para mi sorpresa, Natty tomó la delantera con seguridad y paso firme, sin detenerse a olisquear cada vara, como lo hace la akita. Encabezaba la marcha, remolcándome, y no hacía siquiera una pausa cuando los perros vecinos se precipitaban al frente de la casa de sus dueños para reclamar con gruñidos sus derechos territoriales.

También para mi sorpresa, me agradó oler el perfume de las lilas en el aire fresco de la primavera, sentir que mi corazón se aceleraba gracias a ese poco de ejercicio, e incluso pasar los dedos por el pelaje tosco de Natty cuando me agachaba para palmearlo después de uno más de sus desaforados intentos por perseguir a un coche.

Al día siguiente salimos de nuevo. E igual al tercero. Pronto se nos volvió rutina. Si hoy tardo demasiado en revisar mi correo electrónico, a las diez de la mañana Natty se me acerca y mete el hocico bajo mi brazo. O si me distraigo mucho en labores domésticas, se planta en la puerta y hace un alboroto, para recordarme que es hora de nuestro paseo.

Más que un fastidio, Natty me parece ahora un encanto. Aunque la akita sigue siendo el guardaespaldas, mi elegante y diligente protectora, el desaliñado Natty se ha vuelto mi terapeuta empírico personal. Juntos nos estamos poniendo en forma.

Él ha hecho renacer mi esperanza.

TERRI ELDERS

50

Vivir en la casa ideal de Barbie

Años antes de tener que vérnoslas con las agitadas aguas de la crítica economía estadunidense, mi esposo y yo nos pusimos el reto de buscar el lado positivo de un estilo de vida sencillo. Bien abiertos los ojos, tomamos la consciente decisión de vivir dentro de nuestras posibilidades, en vez de matarnos para poder hacerlo más allá de ellas. Simplificar significa en muchos sentidos arreglárselas sin algo. En nuestro caso, el balance final arroja un resultado positivo, aunque he de admitir que no todo ha sido miel sobre hojuelas.

> El hombre que no tiene vida interior es esclavo de sus circunstancias.
>
> HENRI FRÉDÉRIC AMIEL

La casa donde hemos vivido los veinte últimos años es un excelente ejemplo de inmueble austero. La mayoría de la gente la califica de pintoresca, pero francamente he visto casetas telefónicas más grandes que nuestra sala. Una o dos cosas fuera de lugar en esta casita y de repente parece como si yo no hubiera hecho el aseo desde el gobierno de Reagan.

Si intentas imaginar nuestra humilde morada, déjame decirte que no es precisamente la casa ideal de Barbie. Quizá sea del mismo tamaño, pero supongo que la tubería de la de Barbie es mejor que la nuestra. Sin embargo, eso no nos importa. Si tenemos tubería, es sólo por gracia divina, para empezar. ¿Así que qué más da que no se pueda tomar un baño y poner la lavadora de trastes al mismo tiempo sin el riesgo de una o dos extremidades escaldadas? Quizá el inventor de los platos de papel tuvo el mismo problema, ¡y ve lo que resultó!

Nuestra "Graceland" fue construida hace ciento cuarenta años en lo que en otro tiempo fueron caballerizas. Un año antes, los caballos emigraron de la ciudad, y yo sé bien por qué. El viento que atraviesa la sala de nuestra casa en invierno sería capaz de levantar a un percherón. No conozco otra persona aparte de mí que se vista conforme a la sensación térmica del viento… en la sala. Como es de suponer, he acumulado una extensa colección de suéteres, y hay días en que me los pongo todos. Si hace mucho frío, acabo pareciéndome al muñeco de Michelin. Pero tan sólo para poder pagar la hipoteca de una de esas casas de ventanas modernas, panorámicas, aisladas y ahorradoras de energía de las que hoy se habla por todas partes, hay que trabajar sesenta horas a la semana.

En los últimos veinte años hemos descubierto qué vuelve cómoda a una casa, y eso no tiene nada que ver con la extensión, albercas interiores o cocheras para múltiples autos. Nosotros no tenemos nada de eso, a menos que el foso en torno a la fosa séptica cuente como piscina interior. Aun así, la gente suele comentar que aquí impera un ambiente incitante y acogedor. Una casa es cómoda y acogedora cuando los ocupantes están relajados y contentos. Así de simple.

No vemos películas en una televisión del tamaño de un anuncio espectacular. Claro que de todos modos no tenemos un cuarto tan grande para alojar una de esas cosas, pero cada noche nos sentamos uno junto al otro a saborear nuestra mutua compañía frente a un platillo casero. Ninguno tiene urgencia de salir volando a su segundo empleo.

Los domingos paladeamos una jarra de café y el periódico dominical. Lo leemos toda la tarde si nos place. La verdad sea dicha, en nuestra pequeña mesa de centro apenas si hay lugar suficiente para la cafetera y ese diario sustancioso, en especial si la idea de galletas y queso crema entra en el cuadro. Pero siempre nos las arreglamos para que quepa todo.

No tenemos la presunción de que para poder gozar de la vida hay que sacrificarse. Gozamos de la vida todos los días. Libres de la carga financiera que implica no querer ser menos que los demás, tenemos tiempo para reír y divertirnos. Me imagino que no es fácil relajarse junto a la alberca cuando para poder pagarle a Juan, el hombre que hizo la piscina, hay que robarle a Pedro.

El precio que hay que pagar tan sólo en tiempo (para no hablar de estrés y dificultades) con objeto de disponer del más novedoso cine en casa, autos ostentosos y una costosa residencia, junto con muchas otras comodidades, es impresionante. Esto sofoca sin duda la ocasional pizca de envidia que siento por los lujos de los demás. El lujo de nosotros es no tener preocupaciones para pagar juguetes tan caros.

Pasamos mucho tiempo en casa, con todo y que estamos apretados y que en nuestras habitaciones soplan fuertes corrientes de aire. Pero esto no me preocupa un comino cuando nos acurrucamos en el sofá bajo una acogedora cobija tejida para disfrutar de una vieja película, o cuando nos instalamos en el portal costanero a sorber té helado y gozar de la belleza de un atardecer de verano.

¡Ah!, de vez en cuando lamentamos no poder bañarnos y poner la lavadora de trastes al mismo tiempo, pero después se nos olvida.

En especial cuando consideramos que a fines del año pasado hicimos el último pago de la hipoteca de esta casita, muchos años antes de la fecha de liquidación prevista. Desde luego que no previmos esto cuando decidimos simplificar nuestra vida. Resultó ser sencillamente uno más de los beneficios.

ANNMARIE B. TAIT

51

Presionada, estresada y agraciada

U na vez vi una calcomanía que decía: "Demasiado bendecido para estar estresado". "Sí, cómo no", resoplé. "Más bien debería decir: 'Demasiado estresado para ser bendecido.'" Tenía entonces 58 años de edad e iba camino a una entrevista de trabajo por un empleo en el que pagaban nada menos que ocho dólares la hora, y que suponía cargar un poco y clasificar y repartir correspondencia. En mis planes había estado semijubilarme para esas fechas, viviendo de los beneficios de una cuantiosa inversión, que se desplomó inesperadamente junto con la economía nacional. En consecuencia, tuve que renunciar al seguro de salud, y mi cuerpo empezó a decirme cosas que yo no quería oír. Me deleité entonces en la autocompasión, recordando con añoranza que alguna vez había sido copropietaria de una compañía exportadora que producía buenas ganancias, y que me brindaba vacaciones, viajes al extranjero y un seguro de salud de primera.

> No hay labores ingratas, sólo actitudes ingratas.
>
> WILLIAM J. BENNETT, *THE BOOK OF VIRTUES*

Mi cuerpo prostestó ruidosamente el primer par de meses en el nuevo trabajo, y me hice famosa por soltar entre dientes ocasionales palabrotas cuando no podía con un costal de correo de veinte kilogramos de peso. Pero estaba decidida a enseñarle a la dueña lo que esta "vieja" podía rendir. Hacía de todo, por lo general antes de que me lo pidieran. Esta conducta motivó a los "jóvenes" a elevar sus niveles de desempeño, y las operaciones de la empresa mejoraron. Sin embargo, mi actitud animosa y mi apariencia de ilimitada energía tenían un costo. Llegaba a casa exhausta, quejándome y gruñendo por todo. Mi esposo desaparecía cuando me oía llegar. Pero luego ocurrió una transformación. Mis bíceps y cuadríceps se tonificaron, y las partes fofas de mis brazos se desvanecieron. Bajé de peso y mi espalda se endureció una vez que aprendí a flexionar las rodillas. Además, este bendito trabajito que me hacía sudar a mares no sólo me ayudó a pagar las cuentas, sino que también me dio al menos dos grandes oportunidades por el solo hecho de hablar con los clientes que llegaban a hacer sus pedidos.

La primera de esas oportunidades fue un contrato de redacción que conseguí con una clienta a la que le imprimimos unos folletos publicitarios que después mandamos por correo. Noté que el texto era algo flojo, y a mi parecer poco atractivo. Así, decidí abordar a esa clienta cuando se presentara. Luego de elogiar su diseño gráfico, me tragué mi miedo y le hice un par de sugerencias para que el texto fuera un poco más "pop". Ella se me quedó viendo y preguntó:

–¿Y usted que hace aquí?

–Bueno –tartamudeé–, trabajo medio tiempo haciendo tal y cual cosa, pero también escribo.

Me lanzó lo que consideré una mirada extraña y se fue. Ha de haber pensado que yo era una idiota, o una presuntuosa en el mejor de los casos. De inmediato me invadieron las inseguridades, y me pregunté si me había extralimitado. ¿Me iban a despedir? Un mes después, esa clienta regresó para hablar personalmente conmigo. Me dijo que mis ideas le habían impresionado mucho y me preguntó si podía hacer un trabajo independiente y ayudarle con el texto de su página en internet y de su ficha personal. Además, podría trabajar desde mi computadora en casa. ¡Vaya! Me pagarían por escribir, y a una tarifa por hora del triple de la que ganaba entonces. ¿Era mi imaginación o de repente me sentí más vigorosa y menos cansada?

La segunda oportunidad me llegó de la propia dueña de la empresa. Al ver lo mucho que hacía y la manera en que trataba a los clientes, me seleccionó para formar parte de la organización Women of the Year (Mujer del Año) en nuestra comunidad. Me explicó:

–Es un compromiso de un año y conocerá a personas maravillosas.

Tenía razón. Ahí conocí a una compañera que me platicó de la organización nacional eWomenNetwork (Red Electrónica de Mujeres). Aunque la cuota inicial me pareció un poco cara, el primer año conseguí diez nuevas clientas. En uno de los eventos mensuales de esta organización hablé con la oradora invitada, LeAnn Thieman, una mujer fabulosa e intensa que comenzó como enfermera y ya era escritora y oradora profesional, lo mismo que colaboradora de *Caldo de pollo para el alma*. "¡Me encantan esos libros!", exclamé. Le pregunté si era posible enviar una colaboración para esa serie. Ella me preguntó a su vez: "¿Tienes una?". Contesté que sí, y entonces me explicó cómo buscar en internet las instrucciones con ese objeto. Para mi gran alegría y sorpresa, mi historia fue posteriormente aceptada y publicada. ¿Quién iba a decir que mi experiencia personal de accesos de calor se convertiría en un relato que alguien juzgaría lo bastante interesante para publicarse?

Tiempo después dejé mi trabajo de clasificar correspondencia y cargar costales. Cuando me marché, la dueña me tendió un costal de correo de veinte kilos y me dijo en broma: "No quiero que pierdas condición". Sonreí pero decliné. Le agradecí la oportunidad que me había dado de trabajar con ella. Había sido un mal momento que resultó para bien.

Hoy, aquí sentada tecleando mientras la fuente de mi jardín burbujea al fondo y mis piernas se balancean en un pedal portátil (mucho mejor que el costal de correo) bajo mi escritorio, sonrío. Ver las cosas en retrospectiva es una herramienta asombrosa para replantear las abundantes bendiciones que he recibido y su origen. Sí, admito que a veces me siento presionada por una fecha límite o por mis finanzas. A veces me preocupo inútilmente por algo que a la larga no vale la pena. Y todos sabemos que la preocupación causa hondas arrugas entre los ojos, algo que definitivamente yo no necesito. Si voy a tener arrugas, que sean de sonreír de alegría y gratitud. Mi esposo dice que esas arrugas son bonitas. ¿Es un adulador, o qué? Sí, claro, he sido bendecida: demasiado bendecida para estar estresada.

Linda L. Leary

CAPÍTULO

Vencer la adversidad

El hombre hace y engendra mucho más de
lo que puede o debe soportar.
Así es como descubre que puede resistirlo todo.

WILLIAM FAULKNER

52

Del miedo a la dicha

Las lágrimas rodaron por mis mejillas y hasta mis oídos tendida en la cama de reconocimiento en aquella sala tenuemente iluminada. Patrick, mi esposo, me apretaba la mano a un lado en señal de apoyo. La operadora del ultrasonido nos dirigió una sonrisa compasiva mientras preparaba mi vientre para el transductor. Me puso un poco de jalea debajo del ombligo y se sentó en su banco para iniciar el escaneo. Yo miré al techo y me dispuse a oír lo peor. Luego de un aborto meses antes, me preocupaba que esto volviera a ocurrir.

> No hay esperanza que no contenga temor, ni temor que no contenga esperanza.
>
> BARUCH SPINOZA

Diez años atrás, mis tres hijas habían muerto atropelladas por un conductor ebrio que iba acompañado por su padre. Al salir de casa de un amigo, el conductor dio vuelta en la avenida en sentido contrario. Chocó de frente con mi exesposo, quien llevaba a nuestros cuatro hijos. Katie, Miranda y Jodi, de 8, 7 y 5 años de edad, no llegaron al hospital. Mi exesposo murió horas después de llegar a la clínica. El hermano gemelo de Jodi, Shane, sobrevivió con una leve conmoción cerebral y una pierna rota.

Pasar de cuatro hijos vivaces a uno solo muy callado fue casi más de lo que yo podía soportar. Antes del accidente, me la pasaba en las clases de gimnasia, piano y para bastoneras de mis hijos, por no hablar de todos los demás deberes de una madre. Shane era un niño tranquilo; una vez que dejamos de recibir visitantes y las cosas se apaciguaron, la casa se sumió en un silencio fantasmal. Para ser honesta, yo ya no tenía ganas de ser madre.

No sabía si quería tener más hijos o no. Justo cuando creí que estaba dispuesta a hacerlo, la sobrina de mi cuñada murió en un accidente automovilístico. Esto me sacudió y perturbó, tanto que cuando regresamos del entierro le dije a mi esposo que había cambiado de opinión. No quería tener más hijos. A diferencia del trabajo de parto, que olvidas en cuanto cargas a tu nuevo bebé, el dolor por la pérdida de un hijo nunca deja de traspasarte el corazón. Yo sabía que no podía volver a correr ese riesgo. Compramos un pequeño auto deportivo e intentamos seguir adelante con nuestra vida. Yo me ocupaba en mi trabajo en un hospital y en las actividades de Shane. Pero aunque trataba de sacar de mi mente la idea de volver a ser madre, el deseo nunca desapareció del todo.

Pasaron seis años antes de que por fin estuviéramos listos para aumentar nuestra familia. Como me habían ligado las trompas cuando los gemelos nacieron, tuvimos que buscar un médico que revirtiera eso, procedimiento llamado reanastomosis tubárica. Una noche veía la televisión cuando, no necesariamente por casualidad, sino más bien por intervención divina, vi el final de un programa médico en The Learning Channel. En él, un médico de Carolina del Norte realizaba una reanostomosis tubárica en consulta externa. Revisé ansiosamente la guía de programación en busca de la siguiente transmisión de ese documental, y preparé la videograbadora. Seis meses después estábamos en el consultorio de ese mismo doctor para sostener una entrevista precirugía. Yo tenía un mes de embarazo. Lamentablemente, nuestra alegría se volvió tristeza cuando sufrí un aborto una semana más tarde. Luego de un aborto más, Landry se sumó a nuestra familia. Era perfecto en todo; su cabello castaño y ojos cafés eran muy parecidos a los de Katie, su hermana mayor. Hubo dos nuevos abortos antes de que naciera mi hijo Kelley. Cuando yo miraba sus ojos azul claro, me recordaba a Miranda.

Kelley tenía dieciocho meses cuando supe que quería una niña. Pero no sabía qué hacer; ¿debía arriesgarme una vez más? Cerca de cumplir los 38, era difícil no preocuparse por el riesgo de otro embarazo. Aun así me embaracé, aunque esto tuvo como consecuencia un nuevo aborto, que me impuso un alto costo. Me pregunté si podría soportar emocionalmente otro aborto. Decidí entonces, en presencia de Dios, que si para el día en que cumplía 38 años no me había embarazado aún, me contentaría con los hijos que ya tenía.

Dos semanas antes de mi cumpleaños, mi mamá y yo llevamos a los niños a casa de mi hermana, donde pasarían el fin de semana. La mañana antes de nuestra partida, tomé una prueba de embarazo del cajón del baño, le di vueltas y más vueltas entre mis manos y sopesé los pros y contras de saber si estaba embarazada. Tras decidir no arruinar la diversión del fin de semana, volví a guardar la prueba en el cajón, que cerré de golpe. "Esperaré hasta que regrese", me dije. Tomé mi bolsa y mis llaves, subí a los niños al coche y nos fuimos. La noche del domingo, al regresar, yo tenía muchas esperanzas. Usé la prueba de embarazo a la mañana siguiente y confirmé mis sospechas. El resultado fue evidente mucho antes de pasado un minuto. Dejé la prueba en el mostrador, como de costumbre, para decirle a mi esposo que estaba esperando. Como yo sabía que el patrón era de dos abortos por cada embarazo a término, mantuve un prudente optimismo.

Una de las ventajas de trabajar en un hospital son las operadoras de ultrasonido. Les gusta practicar su oficio, y a las mujeres embarazadas poder ver cómo crece la vida que llevan dentro, así que el beneficio es mutuo. Un día acompañé a la sala de ultrasonido a mi amiga Bibbi, cuyo embarazo estaba muy adelantado y que quería evaluar una vez más a su bebé antes de la fecha de parto. Cuando la operadora terminó con Bibbi, le pregunté:

—¿Podemos ver si hay latido? Creo que ya tengo cinco semanas.

—¡Claro! —respondió ella—, súbete a la mesa.

Me levanté la blusa y me bajé un poco los pantalones. Quería ofrecerle a ella el espacio que necesitaba para mover el lector óptico y buscar la luz parpadeante que confirmaría que todo estaba bien. Fijé la mirada en la pantalla; pronto vi el círculo oscuro de la bolsita de yema que contenía al bebé.

—Ahí está —dijo ella.

Miré atentamente. También Bibbi se inclinó. Señaló entonces un frijolito que parpadeaba. Yo no cabía en mí de alegría. Sabía que una vez establecido el pulso, el riesgo de aborto es menor. Regresé a la farmacia y le llamé a mi esposo:

—¡Hay latido!

Siempre más reservado, percibí vacilación en su voz:

—Qué bueno, ojalá siga.

Semanas después fui a comprar ropa de maternidad y al llegar a casa descubrí que estaba sangrando. Me propuse ser valiente, y encontré a Patrick haciendo labores fuera de la casa; abrí la puerta y le dije qué pasaba. Fuimos rápidamente a dejar a los niños con mi madre y volamos al hospital. Contesté llorando las preguntas de la enfermera de urgencias, y luego del doctor. Él buscó el latido con un Doppler, y cuando oímos el pum, pum me sentí un poco mejor. Pero cuando el médico me mandó a casa sin haberme hecho un ultrasonido, prostesté.

–¡Por favor! –le dije–, necesito saber qué pasa ahí.

Él asintió con la cabeza y dijo que llamaría a la operadora de ultrasonido.

Así que ahí nos tienes, esperando a que la operadora comenzara el escaneo. Pasó el transductor por mi vientre y mi esposo empezó a gritar:

–¡Son dos, son dos, son dos BEBÉS!

Nuevas lágrimas comenzaron a fluir.

Nuestras gemelas llegaron seis meses más tarde: veinte dedos de las manos y veinte de los pies, dos bebés muy saludables.

BRENDA DILLON CARR

53

¡Ánimo!

Qué bueno que lo supe un verano. Me ponía lentes oscuros y podía llorar sin que se notara.

Hacía mis paseos diarios… y lloraba. Cortaba el pasto… y lloraba. Y nadie lo sabía. Doce años después siguen sin saberlo. Bueno, me he quebrado y se lo he dicho a algunas personas. Y he lamentado haberlo hecho. Nadie puede hacer nada. No pueden asumir la atención diaria que implica apoyar a alguien que ha vivido con sida tanto tiempo. En especial cuando esa persona parece completamente normal.

> Nutre tu fe y tus temores o morirán de hambre.
>
> ANÓNIMO

Cuando nos enteramos, creí que enviudaría en un año. La cuenta de CD4 de él era tan baja que casi llegaba a cero. ¡Y su carga viral tan alta! ¡Casi de 880 000! Recuerdo haberle apretado la mano cuando el doctor nos dio las cifras, y que el llanto reprimido le enrojeció los ojos.

Era nuestro vigésimo aniversario. Dos días después salíamos a Jamaica, y tenían que hacerme la prueba antes de que nos fuéramos. No me darían los resultados hasta nuestro regreso. Fueron diez días muy largos. ¡La primera vez en la vida que iba a un hotel todo incluido y que había bajado de peso! La comida no me sabía a nada ni me llamaba la atención.

Fui a la biblioteca antes de partir y saqué un libro sobre el sistema inmunológico, que leí junto a la alberca en nuestras vacaciones. Mi esposo dormía mucho. Yo buscaba algo positivo que decirle.

Un día estábamos junto a la piscina y un grupo de cantantes jamaiquinos daba una función. Pasaron a nuestro lado y cantaron "No temas. Sé feliz". El cantante era un viejo menudo con un solo diente de oro, y yo lo miré a los ojos preguntándome si, a través de él, Dios me enviaba el mensaje de que todo saldría bien.

Cuando la prueba indicó que yo no estaba enferma, le dije a mi esposo que dedicaría todas mis fuerzas a luchar por él. Dedujimos que su única exposición al virus había ocurrido catorce años y medio atrás. ¡En ese periodo habíamos tenido a nuestro único hijo! Pensando en esto, vi claramente la mano protectora de Dios. Si nos hubiéramos enterado antes, nunca habríamos tenido familia. ¡Jamás! Si los condones no hubieran sido mi forma predilecta de control natal (algo inusual en parejas de casados, como supe después), podría haberme contagiado. Cuando decidimos ser padres, ¡bromeábamos diciendo que bastaría un intento para que yo quedara embarazada!

Asimismo, cuando nos enteramos ya existían los "cocteles" contra el sida, así que mi esposo no tuvo que pasar por el periodo de prueba y error de los años ochenta, que después produjo resistencia en pacientes. La mezcla que él empezó a tomar casi de inmediato volvió indetectable su carga viral, y aumentó lenta pero sostenidamente su cuenta de CD4. Además, el doctor le dijo que como sólo se había expuesto una vez, y la enfermedad estaba recién descubierta, era probable que su infección fuera de una cepa más pura. Múltiples patrones transmiten resistencia acumulada a varios medicamentos. Las cosas pueden complicarse mucho.

Por algún motivo, de igual modo, yo supe de inmediato dónde buscar información, no sólo sobre la enfermedad y las medicinas, sino también sobre curación natural, vitaminas y plantas. Mi esposo toma más vitaminas y plantas que pastillas. ¡Y contrae menos resfriados y enfermedades que casi todos nuestros conocidos!

Así que se encuentra bien a doce años de distancia. Claro que esto lo ha cambiado. Nos ha cambiado a los dos. Concuerdo con los artículos que dicen que el sida se ha convertido en una enfermedad crónica, pero aún me dan ganas de vomitar cuando leo: "El sida, siempre fatal".

¡Dios llamó de inmediato nuestra atención!

Durante mucho tiempo, mi esposo despertaba a media noche y se iba a su teclado a componer maravillas. Canciones cristianas. Es miembro de dos coros religiosos y la gente se le acerca después de oír sus canciones para decirle que le emocionaron: "Muestra, Jesús, tu dulce camino, guía otro día mi destino, toma mi mano a mi lado, vuélveme humilde y reacio…".

Yo entré a un curso de Biblia de siete años de duración, y muy pronto empecé a dar un par de clases para adultos en la escuela dominical. En una de mis lecturas tropecé con el versículo Deuteronomio 8, 3: "Y te afligió, e hízote tener hambre, y te sustentó con maná" (la palabra de Dios), y me estremecí al darme cuenta de que eso fue justo lo que me pasó. De verdad estoy sedienta de la palabra divina. Aprendo tanto todos los días que no sólo me ayuda a resistir, sino que también me lleva más allá de nuestra situación. Sigo con ansia los programas cristianos en la radio. Todos los programas sobre pruebas me hablan directo al corazón.

La historia de Jacob me enseñó que todo acto tiene consecuencias, y que aunque Dios no suele eliminarlas, puede convertirlas en una bendición, porque "todo es para bien de quienes lo aman".

He aprendido que alabar a Dios en medio de nuestras pruebas lo ensalza. Esto es muy difícil para mí, porque casi nadie sabe de mi tribulación. De alguna manera eso me diferencia de la gente, pero me vuelve más dependiente de Dios. Me pregunto si no me ha apartado como a los israelitas en el desierto hasta que aprenda lo que quiere enseñarme.

Me está enseñando a preguntar: "¿Qué quiere el Señor que aprenda de esto?".

No es fácil. Uno pensaría que esto le haría apreciar cada minuto. Sin pensar en nada más. Y así es por un tiempo. Pero después te acostumbras.

Le dije a mi esposo: "Me da miedo que llegues a los 90 y al mirar atrás digas: 'Ojalá hubiera sabido a los 40 que no moriría joven, y no me habría preocupado tanto' ".

Todo en la vida es temporal.

¡Así que ánimo!

JO WEINERT

54

Viajar por el mundo con Asperger

Londres, Inglaterra, fines de abril de 1998: mi primer día completo en un país desconocido. Era el primero de muchos países de Europa occidental que visitaría en mi excursión en grupo. Me aventuré unas cuadras desde mi hotel y topé con una estación del metro que podía llevarme prácticamente a cualquier lugar del área metropolitana. ¡Cómo quería ir al Parlamento a presenciar un debate en la Cámara de los Comunes! Me acerqué a la entrada, pero de pronto me paralicé: los escalones que la mayoría bajaría sencillamente para ir del punto A al punto B eran para mí sinónimo de un millón de cosas por coordinar en forma simultánea.

Una afección con la que vivo todos los días volvía casi imposible satisfacer mi deseo. Se trata de un trastorno neurobiológico llamado síndrome de Asperger. Quienes lo padecen experimentan una amplia gama de síntomas y conductas, entre los cuales está captar hasta el menor estímulo a su alrededor. Así que cuando un entorno no es familiar, enfrentarlo puede resultar demasiado abrumador, justo lo que yo experimentaba en ese momento.

Lucho con mi enfermedad, pero he aprendido a vencerla para satisfacer mi pasión de viajar por el mundo.

> Puedes obtener fortaleza, valor y seguridad en cada experiencia en la que olvides el temor.
>
> ELEANOR ROOSEVELT

Fui a esa excursión grupal pensando que el itinerario me mantendría completamente ocupado con todas las visitas y exploraciones que cabía esperar, junto con la seguridad de viajar acompañado. Pero pronto descubrí que no era así. Se había programado mucho tiempo libre para exploraciones en solitario. A causa de mi afección, me limité a explorar sólo las áreas cercanas a mi hotel, lo que me decepcionó profundamente: ¡Londres es enorme, y yo no pasaba de los alrededores de Hyde Park!

Mi primer viaje al extranjero procedió al sur en las semanas siguientes, hasta llegar a Atenas, Grecia. Mi escaso sentido de orientación, también inherente a mi enfermedad, casi me pone en aprietos en varias ocasiones. Como en Londres, sólo me alejé unas cuadras de mis hoteles en las ciudades de Bruselas, Bélgica, e Innsbruck, Austria. Pero en ambas vagué sin rumbo fijo de noche, preguntándome cómo volvería a los hoteles donde se hospedaba mi grupo. Fue sólo gracias a la ayuda de policías o de monumentos muy notorios que logré regresar a mi punto de partida. En raras ocasiones salí con una o dos personas del grupo para explorar más allá de los caminos trillados. Confiaba en que ellas me conducirían a nuestro destino común, con lo que mi sensación de insuficiencia no hizo sino acentuarse.

Cuando regresé a Estados Unidos, sabía que algo tenía que cambiar. En el fondo sabía que mi afición a viajar y explorar era más fuerte que los impedimentos de mi mal. Las debacles de mi primer viaje al extranjero me atormentaron casi año y medio. Para el otoño de 1999, me sentí compelido a volver a Londres, jurando viajar solo en metro y autobús por todos los rincones de la gran ciudad sin importar lo alarmante que pareciera ni cuánto me extraviara.

Estaba al tanto de que para poder convertirme en el viajero independiente que con toda mi alma deseaba ser, tenía que compensar mis deficiencias naturales con dos cosas. Primero, antes de partir, tenía que estudiar a conciencia los detallados mapas ofrecidos por los departamentos de turismo o provistos por internet, sirviéndome de la visualización positiva de que siempre encontraría mi camino. Segundo, una vez en el extranjero, debía tener agallas para acercarme a perfectos desconocidos y preguntarles si seguía la dirección correcta a alguno de los iconos de Londres, aun si eso implicaba detenerse en casi cada cuadra durante el trayecto. Esto mantendría bajo control mi sentido de orientación. Para muchas personas con síndrome de Asperger, interactuar con los naturales de un lugar también es un reto porque por lo general no somos las personas más sociables del mundo. En definitiva, para poder cumplir mis aspiraciones tenía que tomar mi síndrome de Asperger por los cuernos.

Un amigo de Virginia me acompañaría en la primera parte del viaje. Estaríamos juntos, pero yo actuaría como si estuviera solo cuando se tratara de llegar a cierto destino. Él intervendría únicamente si yo seguía un curso equivocado. Esta técnica resultó muy efectiva. Mi amigo regresó a Estados Unidos unos días antes que yo, pero sobreviví cuando me quedé solo en la metrópoli. En consecuencia, desarrollé una nueva seguridad de que podía recorrer el mundo por mi cuenta.

Un año después, en octubre de 2000, yo fui el guía de turistas, por así decirlo, pues llevé a otro amigo a Londres y sus alrededores. A veces mi sentido de orientación nos causó inconvenientes menores, pero persistí. ¡El resultado fue un viaje lleno de visitas afortunadas!

Desde ese primer y fatídico viaje al extranjero del '98, en el que permití que mi discapacidad mermara mi deseo de aventura, he viajado a Europa occidental, China, Sudáfrica y Panamá, casi siempre solo. He conseguido en todo el mundo reservaciones de hotel, boletos de tren y autobús, etcétera. Mis viajes a España, Panamá e Italia fueron un desafío aún mayor. Tuve que ser más ingenioso al visitar esos países, puesto que no domino el español ni el italiano. La ayuda de libros de frases prácticos y detallados me fue muy útil. Los naturales de esas naciones valoraron mis intentos por usar su idioma para comunicarme con ellos.

En 2004 mis experiencias de viaje me animaron a someter artículos sobre el tema a la consideración de varias publicaciones. Muchos de ellos han aparecido ya, a cambio de una remuneración, en revistas y páginas en internet. Andar por el mundo me inspiró a enfrentar mi síndrome de Asperger como no lo habría hecho nunca, y me condujo a la larga a una nueva carrera como autor de textos sobre viajes.

Cuando miro atrás mis primeras reacciones en ese viaje a Londres de 1998, me sorprenden los cambios y las regularidades. Las dificultades persisten, pero ahora sé que puedo lidiar con ellas y que poseo una reserva de recuerdos y técnicas para hacer frente a mi discapacidad. Aún puedo titubear en una situación de desconocimiento del entorno y de agobio por la sobrecarga sensorial, pero también sé que puedo controlar mi reacción y hacer uso de mis experiencias pasadas para superar el momento con objeto de cumplir mis deseos.

La clave para salvar obstáculos es tener un deseo más fuerte que la realidad de tales obstáculos. ¡Esa inquietud interna es la que nos impulsa a buscar la manera de vencer!

Roy A. Barnes

55

Visión de la vida

Eran las vacaciones de pascua y yo estaría en casa diez días gloriosos, gracias al asueto universitario. Sabía cuánto me extrañaba mi madre cuando yo estaba en clases, y que para consentirme me prepararía mis platillos favoritos.

Estudiaba pintura, me graduaría en dos meses y acababa de obtener una beca para estudiar dos años en una universidad inglesa. Nunca había sido tan feliz.

El viernes en la noche me quedé despierta hasta tarde viendo en la tele una película muy divertida, en compañía de mi madre y mi hermano mayor. Reímos a rabiar. Era bueno estar en casa otra vez.

> Nunca, nunca, nunca
> te rindas.
>
> WINSTON CHURCHILL

Al despertar el sábado en la mañana, no veía con el ojo derecho.

—Me pasó algo en el ojo, mamá –dije.

No me asusté mucho, porque pensé que se trataba de una simple infección o de una reacción alérgica a algo.

Mi madre me llevó al oculista, quien tras revisarme nos ordenó tomar un avión a un hospital a miles de kilómetros de distancia. Dijo que él llamaría antes de nuestra llegada para asegurarse de que me examinara un especialista. No nos explicó qué ocurría. Mi madre especuló que tal vez un pedacito de vidrio o algo así se me había metido en el ojo, y que tendrían que sacármelo para sanar.

Horas después, luego de que me examinaron cinco doctores, uno de ellos nos dio la mala noticia:

—Tienes histoplasmosis. Es un hongo, una enfermedad que carcome los vasos sanguíneos tras la retina. Es intratable e incurable. Podrías quedar ciega o morir en una semana.

Empecé a temblar del susto. Mi madre me rodeó con sus brazos, y vi que también ella temblaba.

—Mi hija tiene 22 años. Es pintora. ¡No se puede quedar ciega ni morirse! Le daré en trasplante uno de mis ojos, o ambos —dijo.

—Los ojos no se pueden trasplantar —repuso el médico—. Lo único que podemos hacer es aplicar tratamientos con rayo láser para intentar detener la hemorragia en la retina.

Me llevaron de inmediato a la sala de urgencias para efectuar un largo y doloroso procedimiento, que tendría que soportar quince veces más. Enferma y adolorida, tuve que permanecer siete días en un cuarto totalmente a oscuras.

Parecía condenada a quedarme ciega o a morir.

No terminaría mi carrera. No iría a Inglaterra. Jamás volvería a pintar. Mi vida había llegado a su fin.

Mi madre y yo le hablamos desde el hospital a mi hermano mayor, Aaron, para darle la mala noticia.

Sus primeras palabras fueron:

—¿Puedo darte en trasplante uno de mis ojos?

Le dijimos que no era posible trasplantar ojos.

Después le llamamos a mi hermano de en medio, Shane, y le avisamos también.

—¿Puedo darte uno de mis ojos? —ofreció.

Cuando le llamamos a mi hermano menor, su reacción inmediata fue la misma:

—¿Puedo donar uno de mis ojos para salvar tu vista? —preguntó.

Mi madre y mis tres hermanos, al enterarse de la noticia de mi posible ceguera, habían ofrecido sin vacilar uno de sus ojos, y seguir viviendo con sólo la mitad de la vista.

Siempre había sabido que mi familia me quería, pero me sentí abrumada.

—Supongo que debería abandonar la universidad aquí —dije—, y avisar a la de Inglaterra que no iré.

—Aún te queda un ojo sano, y sigues respirando —replicó mi madre—. No te rindas. ¡Lucha! No te será fácil; tendrás que buscar valor para esforzarte más que los demás. Eres una artista. No sé qué te deparará el destino, pero debes vivir intensamente cada minuto de cada día. ¡No puedes rendirte, rodar y morir la primera vez que la vida te da en las rodillas!

Diez días después, regresé a la universidad y me gradué. Más tarde me fui a Inglaterra, asistí a la University of Sussex y obtuve una maestría.

Mi visión sufre un daño permanente. No me he curado, pero mi enfermedad está en remisión. Podría reaparecer mañana, y yo quedar ciega o morir en cuestión de días, o podrían pasar años sin que mi vista resienta un nuevo mal.

Han pasado siete años desde que supe que tenía histoplasmosis. Ése fue el peor día de mi vida. Pero también fue el día en que toda mi familia ofreció sacrificar por mí la mitad de su vista. Ese día descubrí, asimismo, un coraje que no sabía que tenía, y que el amor de mi familia no tenía límites. Que vale la pena luchar por un sueño. Veo menos de la mitad que la mayoría, pero eso no significa que no pueda pintar, sino que tendré que esforzarme más.

Desde ese día, he pintado cientos de cuadros. Mis pinturas han obtenido premios y reconocimientos en docenas de exposiciones. He diseñado mi propia línea de tarjetas de felicitación.

En una exposición, vendí todos mis cuadros, lo que me representó ingresos inesperados.

—¿Qué debo hacer con ese dinero? —pregunté a mi madre.

—Vete a París a ver los cuadros de los mejores pintores del mundo —contestó.

Así lo hice. Me sobrecogió estar rodeada de la belleza y el genio de Van Gogh, Monet, Leonardo da Vinci y otros. Fue un milagro para mí.

Nunca doy por descontado un solo día. Antes de que esta enfermedad me quitara la mitad de mi visión, yo era pintora.

Lo sigo siendo.

SPRING STAFFORD

56

Puedo superar esto

Tumbada en el asiento delantero de mi coche, la pruebo. Sangre. Un torrente. De pronto, alguien toca en la ventana destrozada del lado del conductor.

—¿Señorita, me oye?

Intento responder, pero no puedo.

—¡No se mueva! ¡La vamos a sacar!

Finalmente comprendo que mi buen samaritano es un policía, y que tuve un accidente. Mis salvadores tratan ahora de sacarme del coche, cuya parte trasera se comprimió contra la delantera, lo que bloqueó las puertas y destruyó el asiento de atrás.

> Adquirmos la fuerza que vencemos.
>
> RALPH WALDO EMERSON

—¡Espere! —grito, presa de pánico—. ¿Dónde están mis hijos?

El policía parece confundido, y entonces recuerdo. Iba de camino al trabajo y acababa de dejar a mis dos hijos con la niñera. Me invade el alivio mientras se lo cuento al policía.

—¡Qué bueno! —dice—. Si hubieran estado en el asiento trasero, habrían muerto.

Su observación es terrible, y yo me siento presa de pánico otra vez.

—¡Ey, se encuentra usted bien, y también sus hijos! Puede superar esto.

Asiento con la cabeza, tratando de dar las gracias, aunque siento la cara tan lastimada que apenas si puedo hablar. Mientras me meten a la ambulancia, veo que el día es de los que me encantan, un día hermoso y azul del veranillo de San Martín, a apenas una semana del de acción de gracias, y hago llorando un rezo de gratitud. Estoy muy agradecida de hallarme a salvo, y mucho más de saber que también mis hijos lo están.

Lo que no puedo saber en ese momento, sin embargo, es cuánto tiempo me afectarán mis lesiones. En los primeros años tras el accidente, me someto a una amplia operación dental: un injerto de hueso en el maxilar fracturado y unas dieciséis endodoncias e implantes para reparar mis dientes dañados. Empiezo a sufrir a veces un intenso dolor en la cara, el cuello y los oídos, y cada vez puedo abrir menos la boca, lo que dificulta la operación dental. Esto también trastorna las "pequeñas" cosas: comer, besar, lavarse los dientes, usar hilo dental y hasta hablar. Mi cirujano bucal sospecha una afección de las articulaciones temporomandibulares en la quijada, diagnóstico confirmado por resonancias magnéticas y un doloroso procedimiento llamado artrograma.

La articulación temporomandibular es esa simple protuberancia frente a cada oído que une al maxilar inferior con el hueso temporal del cráneo. Es una articulación compleja, ya que permite que la boca se mueva arriba y abajo y de un lado a otro. Una boca normal puede abrirse hasta cuarenta y cinco milímetros; la mía llegó a cuatro en un momento dado. Mis médicos intentan remediar las cosas con tablillas y procedimientos de "estiramiento" no invasivos, pero cinco años después del accidente mi cirujano realiza dos cirugías de articulación abierta, que lamentablemente sólo brindan un alivio simbólico. Sigo teniendo problemas para comer, y con mi limitada abertura. Sólo tolero líquidos y alimentos suaves, y para "poner en marcha" mi boca abierta, el doctor prueba un aparato parecido a un enchinador de pestañas de gran tamaño. Pero ni siquiera puedo aceptar esto, así que recurre a depresores de lengua, palos planos que mete en mi boca uno sobre otro. Esto mantiene las articulaciones en movimiento y rompe tejido cicatricial, pero el dolor que causa casi me para de la silla.

—Voy a meter los depresores uno por uno, Theresa —me tranquiliza, enjugando mis lágrimas—. Puedes superar esto.

Asiento con la cabeza, transmitiendo mi gratitud con los ojos.

Dieciocho años después del accidente, mi mandíbula se ha deteriorado al punto de que los huesos de la articulación se han fundido, dejándome prácticamente sin movimiento. Fomentos de agua caliente, bolsas de hielo y medicinas se han vuelto mi constante compañía, y a veces el dolor me postra en cama. Esto impone un costo a mi trabajo y mi familia, y cada vez es más difícil pensar positivamente. Mi médico cree que lo único que me queda es el remplazo total de la articulación, tarea sumamente especializada. Por supuesto, me preocupa. ¿Qué tan grandes serán mis cicatrices? Con una abertura tan limitada, ¿pueden entubarme sin riesgo? Pero confío por completo en mi nuevo cirujano. Mediante un procedimiento de más de trece horas, se me dota de una pieza ortopédica de titanio atornillada en el hueso. Después de la cirugía, mi boca permanece cerrada tres largos meses, y tengo que aprender a comer a través de jeringas. "Inyecto" Ensure y otros líquidos en el pequeño espacio abierto entre la mejilla y los dientes donde se sujeta la abrazadera, soñando con el día en que pueda masticar.

Cuando me quitan las vendas, obtengo una primera visión completa de mi cara, y tiemblo de temor al verla. Mucho tiempo temí que esto acabara mal, pero gracias a las manos de artista de mi cirujano, mis cicatrices, una vez curadas, serán mínimas, y quedarán en gran medida ocultas en el cuello y el nacimiento del pelo. Surge una complicación, sin embargo: no puedo cerrar los ojos. Esto se debe a daños en los nervios, y me ofrece un mundo borroso, sin posibilidad de parpadear. De día apenas si puedo ver, y de noche cierro los párpados con cinta adhesiva para poder dormir. Sin poder abrir la boca y sin poder cerrar los ojos, me siento atrapada en mi cuerpo, preguntándome si alguna vez seré verdaderamente "yo". Para reactivar los nervios, uso un dispositivo imponente, que mi esposo llama de cariño "la pistola fulminante", y poco a poco, gracias a esta estimulación eléctrica, el movimiento de los músculos en torno a los ojos regresa. Retirados los cables, me embarco en una terapia física de cerca de dos años de duración, con un terapeuta que debe manipularme manualmente la mandíbula. Es fuerte y delicado en igual medida y, sabiendo que puedo superar esto, juro dejarme guiar por él.

Hoy, veintisiete años después del accidente, tengo en mente todas las bendiciones que he recibido. Tengo doctores que me siguen saludando con abrazos, familiares y amigos que han estado a mi lado en cada momento de mi viaje. El accidente y sus secuelas me enseñaron que, con un poco de fe y mucha determinación, puedo superar cualquier cosa. Sí, aún padezco dolor crónico, y sé que, dado que la pieza ortopédica se deteriorará con el tiempo, en el futuro tendré que hacer frente al menos a una cirugía de remplazo más. Pero es también gracias a esta cirugía que hoy tengo verdadera calidad de vida. Podré no comer ensaladas ni carne, ni palomitas en las películas, pero aún puedo ir al cine. Puedo usar cepillos de dientes para bebé y duermo provista de almohadas y fomentos de agua caliente, pero todavía despierto para dar la bienvenida al amanecer. Y sí, me preocupa que todas mis cirugías y tantos años de medicinas y dieta menos que óptima acorten mi vida, pero he aprendido que la vida debe vivirse cada momento. Porque, gracias a Dios, no somos rompecabezas. Nuestras piezas no necesariamente tienen que embonar a la perfección para que nos sintamos completos. Me veo en el espejo y me digo: "Esto tengo; esto soy. Soy fuerte, y estoy aquí". Y por más dificultades que la vida pueda traer, sé que he visto al miedo a los ojos y que puedo volver a hacerlo, y salir orgullosa y airosa de ello.

THERESA SANDERS

57

Tiendo a ser la excepción de la regla

Nací dos meses antes de tiempo, con pulmones subdesarrollados y una afección cardiaca. Los médicos le dijeron a mi mamá que yo no saldría viva del hospital. Me conectaron a media docena de aparatos que hacían de todo, desde respirar por mí hasta notificar a las enfermeras que mi ritmo cardiaco era muy bajo.

Al paso de los días, los médicos no podían creer que yo siguiera viva. Le dijeron a mi madre que tenía todo en contra. Junto con cada nuevo día llegaban nuevas luchas y retos, pero también esperanzas. Todos comenzaron a darse cuenta de que yo era una luchadora. Un mes después, los doctores me quitaron todos los aparatos para ver si podía respirar sola, y sobrevivir, principalmente. Rebasé sus expectativas y fui dada de alta dos días más tarde.

> De la médula del sufrimiento mismo sacaremos los medios de inspiración y sobrevivencia que necesitamos.
>
> WINSTON CHURCHILL

Una enfermera iba a mi casa todos los días para enseñarle a mi mamá cómo cuidarme. Una semana después, mi mamá ya hacía todo sola. Tenía que darme tratamientos de respiración, y yo tomaba medicinas a diario, pero siempre fui una bebé muy alegre. Un día las cosas dieron un giro drástico. Me ponía a llorar incontrolablemente, y me amorataba. Mi mamá me llevó a urgencias. Llegó el doctor y le dijo que era un bloqueo en una de mis válvulas, y que necesitaba cirugía de corazón de inmediato para deshacerlo.

Mis abuelos permanecieron en la sala de espera con mi mamá mientras me operaban. La cirugía duró cuatro horas y media, pero fue posible despejar por completo la válvula bloqueada. El doctor me mandó a casa apenas dos semanas después, en nochebuena. ¡Todos dijeron que ése era el mejor regalo de navidad que cabía imaginar!

Los años pasaron y yo era casi como cualquier otra niña. Todavía tomaba a diario medicinas para el corazón, pero sólo necesitaba tratamientos de respiración cuando mi inhalador no funcionaba. Iba a checarme con el doctor una vez al mes, lo cual pasó a fomar parte de mi rutina normal. A veces me hospitalizaban unos días, pero ya estaba tan acostumbrada a ese lugar que no me importaba mucho. Además, había otros niños en el pabellón con los cuales platicar. En la escuela, a veces me cansaba mucho más rápido que otros niños y no siempre podía jugar tanto tiempo, pero en el hospital los demás niños eran justo como yo.

Cuando estaba en octavo grado, las cosas se agravaron. Siempre me dolía el pecho, y no sabía por qué. Un par de días después, el dolor ya era insoportable, y tuve que decírselo a mi mamá. Hizo cita para el día siguiente.

Para entonces yo ya llevaba nueve años con el mismo doctor, y estaba muy a gusto con él. El doc —como todos le decíamos— me hablaba de frente y no se andaba con rodeos, así que me sentí segura de que obtendría las respuestas que necesitaba y de que seguiría mi camino en cualquier momento. ¡Pero estaba equivocada! El médico no pudo decirme la causa de ese dolor, porque no sabía cuál era.

La semana siguiente el doc me hizo una prueba tras otra tratando de determinar el origen del dolor. Yo nunca me las había visto con tantas agujas en tan poco tiempo. Pero estaba en disposición de soportarlas una y otra vez. Cuando estaba a punto de decir "¡Basta!", el doc detectó finalmente el problema. Era grave, y yo tendría que empezar de inmediato un programa de tratamiento. Sin embargo, esto implicaría dejar de ir a la escuela unos días. El número de días de mi ausencia determinaría si podría graduarme o no con mi grupo.

La decisión era mía. ¿Debía someterme al tratamiento de una vez y correr el riesgo de no graduarme, o posponerlo al verano y exponerme quizá a un daño irreversible? La decisión no sería fácil, porque mi cabeza decía una cosa y mi corazón otra. Sin duda era algo que debía consultar con la almohada. Después de hablarlo con mi abuelo y con mi mamá, decidí someterme al tratamiento y dejar todo para después.

El programa de tratamiento era muy parecido al de quimioterapia para los pacientes de cáncer. Yo no lo vi con agrado, pero si iba a ayudarme, estaba totalmente a favor. Al terminar la primera semana de tratamiento, me di cuenta de que dejaría de ir a la escuela mucho tiempo. Me sentí enferma durante muchos días, y exhausta tanto en lo físico como en lo emocional.

Tenía cerca de un mes de no ir a clases cuando la orientadora llamó y le dijo a mi mamá que sería imposible que me pusiera al día para graduarme junto con mi grupo. En ese momento perdí la esperanza. No sólo estaba adolorida por el tratamiento y demasiado enferma para ir a la escuela o salir con mis amigas, sino que además ya no podría graduarme. ¿Qué caso tenía todo esto?

Tras un par de días de compadecerme a mí misma, comprendí que eso me quitaba mucha energía. Recordé una expresión frecuente de mi abuelo: "Sueles ser la excepción de la regla". Pensé en todas las historias que me habían contado acerca de mis primeros años de vida y lo mucho que había tenido que luchar para seguir existiendo. Comprendí que si había podido luchar tanto a tan corta edad, sin duda podía superar esto. La única diferencia era que de niña no había sabido que tenía todo en contra; ahora eso era demasiado obvio. No podía rendirme todavía... no sin haber dado antes el todo por el todo.

Le pedí a mi mamá que fuera a la escuela y se enterara de los deberes que yo no había cumplido para poder ponerme al corriente mientras estaba en cama. Pasé un sinfín de horas haciendo una tarea tras otra hasta terminarlas todas. Seguí pidiendo que me llevaran deberes, que acababa muy rápido. Dejé de ir a la escuela dos meses y medio, pero cuando volví estaba justo al nivel de los demás. No sólo pude graduarme, sino que además fui la oradora de mi grupo.

Había logrado lo que muchos creían imposible. Una vez más había vencido contra toda esperanza; fui la excepción de la regla. Aunque a veces tenía mis dudas y pensaba que era un caso perdido, pude mantener una actitud positiva para terminar lo que había empezado. Como esa bebé en el hospital hace tanto años, hasta la fecha sigo teniendo en mí un espíritu de lucha... una voluntad no sólo de sobrevivir, sino también de triunfar en todo lo que me proponga.

Sólo recuerda que, si crees en ti, ¡puedes lograrlo todo!

GRACE GONZALEZ

58

Completamente insegura

¿Alguna vez has intentado detallar tu historial médico mientras respiras entre contracciones que se repiten cada cinco minutos? Añade a esto que ya has contestado ese mismo cuestionario tres meses antes y que la recolectora de la información parece una Barbie de internación hospitalaria, y tendrás mi debut en la maternidad. Tan pronto como esa enfermera concluyó, llegó una doctora de apariencia igualmente quinceañeril y me conectó a un monitor fetal. Después de verlo un minuto y hacer un breve examen, anunció:

–Vamos a mandarla a casa.

¿Mi respuesta?

–¡Óigame no!

Mi embarazo había dado lugar a

> Es un error ver demasiado adelante. Los eslabones de la cadena del destino sólo pueden manejarse uno por uno.
>
> WINSTON CHURCHILL

muchas emociones y experiencias físicas. La náusea era aliviada por la noción de que se formaba un bebé sano. La excitación de ser madre vencía al miedo de dañar psicológicamente a mi retoño. Pero ser madre cimentó en mí una tendencia como no lo había hecho ningún otro acontecimiento en mi vida: la de confiar en mi intuición.

–No hay razón para que esté aquí –insistió la especialista–. Sólo está dilatada un centímetro. Si siente mucho dolor como para irse a casa, la internaré, pero faltan al menos veinticuatro horas para que dé a luz.

Me internaron a las seis de la mañana. Mi hijo nació a la 1:53 de la tarde.

Dos días después Aaron, mi esposo, y yo llegamos a casa con nuestro primogénito, e iniciamos nuestra adaptación a nuestra vida de familia. Sin mucha convicción, hice la broma de que parecíamos prisioneros de guerra: todo giraba alrededor de la voluntad de Joshua Berger, y sólo él determinaba cuándo comíamos, dormíamos y nos bañábamos. Y aunque estaba exhausta, demasiado irascible y desgastada, hice mi mejor esfuerzo por mantener una perspectiva positiva.

Josh hizo lo mismo al paso del tiempo. Era un bebé alegre, de buen talante, que hacía contacto visual, no dejaba de moverse y sonreía. Subía de peso, y nos dio el regalo de dormir toda la noche a partir de los cinco meses. Le encantaba la música y que le leyéramos, y su temperamento y balbuceos fascinaban a todos a su alrededor.

Todo marchaba bien, salvo por el hecho de algunas señales de alarma. Así se lo hice saber a la pediatra, pues Josh tardaba en empezar a caminar y sus primeras palabras eran atípicas. En vez de las primicias estándar de "mamá", "papá" y "bebé", sus palabras iniciales fueron "gato", "vaca" y "cabra", sonidos todos ellos más difíciles de pronunciar y ninguno de los cuales implica que los labios se toquen al hacerlo. La doctora me dijo que no me preocupara, pese a la historia de autismo en la familia de Aaron. Josh hacía contacto visual y platicaba.

—Si el autismo fuera un factor, ya se habría manifestado para este momento —me aseguró.

Pero cuando llegó el momento de que Josh empezara a comer alimentos sólidos, mis señales de alarma tocaron con todas sus fuerzas. Se atragantaba de Cheerios. No quería comer nada que no fueran purés, y aunque sostenía solo su botella, únicamente tomaba agua de una botella de ocho onzas. Ciertas temperaturas y texturas parecían lastimarlo. Lo llevé otra vez con la pediatra y exigí exámenes de evaluación de educación especial, terapia ocupacional, física y del lenguaje. Claro que ella me trató como a una madre histérica, aunque me creyó lo suficiente para autorizar esas pruebas. Yo estaba segura de que ahí había algo con lo que habría que lidiar; entre más pronto lo hiciéramos, mejor para mi hijo.

Los evaluadores llegaron y observaron a Josh. De catorce meses, él iba de un lado a otro, pero su manera de apretar y de sentarse se consideraron "inmaduras". Todos estuvieron de acuerdo en que era mejor prevenir que lamentar, y Josh fue objeto de tempranos servicios de intervención. Tuve la suerte de ser ama de casa, ya que esto me permitió trabajar muy de cerca con todos los terapeutas de Josh. Y aunque por fin él comía alimentos sólidos de diversas texturas, no avanzaba al ritmo que debía. Perdió sus habilidades lingüísticas y se obsesionaba con imágenes específicas en libros. Daba vueltas interminables sin marearse y no respondía cuando se le llamaba por su nombre. Por recomendación del terapeuta ocupacional, pedí una evaluación neurológica. La pediatra estuvo de acuerdo, aunque no sin antes decir:

—No creo que encuentre nada.

Esa evaluación me confirmó lo que yo había temido mucho antes de embarazarme. Ni siquiera esperé el diagnóstico. Cuando terminé de responder las preguntas del neurólogo, simplemente inquirí:

—¿Él está dentro del espectro autista?

—Tal vez —respondió el doctor—, pero he visto casos peores. La meta ahora es darle más terapia.

—¿Y el pronóstico de vida? —pregunté con voz ronca en medio de mis lágrimas.

—Imposible saberlo. Todo lo que le puedo decir —me aconsejó— es que debe mantener un prudente optimismo.

Aaron y yo salimos devastados del consultorio. Josh tenía veintidós meses de edad y lo único que sabíamos a ciencia cierta era que se le había diagnosticado PDD-NOS (Pervasive Developmental Disorder, Not Otherwise Specified; trastorno agudo de desarrollo, sin especificaciones adicionales).

Me di dos semanas para llorar la pérdida del hijo que creí tener. Lloré, devoré chocolates y no traté con nadie. Entonces me di cuenta de una cosa. No podía controlar lo que le había pasado a Josh, pero sí lo que yo iba a hacer, cómo se enfrentaría eso y mi actitud ante la situación. Podía concentrarme en la incertidumbre del diagnóstico, o en el hecho de que había motivos para la esperanza. Nadie me había dicho que Josh no volvería a hablar, ni a desempeñarse eficazmente con juguetes o asistir a una escuela normal. Ésas eran cosas que aún estaban por determinarse. Era evidente que yo tenía una de dos opciones: quedarme quieta o hacer por mi hijo todo lo humanamente posible.

Desde que recibimos el diagnóstico de Josh, mi esposo y yo hemos trabajado a toda máquina. Mientras Josh asiste en la mañana a una institución preescolar de educación especial, yo investigo programas y reúno toda la información posible sobre diferentes tipos de terapia. Cuando él llega a casa, observo y participo decididamente en las metodologías que ayudan a mi maravilloso hijo a alcanzar sus metas, fijadas por sus magníficos terapeutas. Aaron, aunque farmacéutico de tiempo completo, siempre echa una mano cuando puede, y asume un interés activo y afectuoso en el progreso de Josh.

Este verano se cumplirá el primer aniversario del diagnóstico de nuestro hijo; y aunque no es un niño típico de dos años y medio, ha logrado grandes avances. Ya está mucho más consciente de su entorno, se comunica con un poco de lenguaje y se acerca a la puerta principal cada vez que oye que tocan o que suena el timbre. Ha aprendido a decir "mamá" y "papá" cuando nos necesita y sabe manipularnos para conseguir lo que desea.

¿Puedo estar absolutamente segura de que Josh vencerá todos los obstáculos implicados por el autismo? No. Pero sé que tiene unos padres para quienes él es algo más que un diagnóstico, consagrados a procurarle lo que necesita y que lo aman incondicionalmente. Y mientras estas cosas sigan concediéndose libre y generosamente, no creo que ninguno de nosotros sufra en definitiva ninguna carencia. ¡De eso sí estoy completamente segura!

JENNIFER BERGER

59

Sin un reclamo

"Degeneración macular" no parecía un nombre alarmante cuando mamá lo mencionó por primera vez. Me había dicho que sus operaciones de cataratas del otoño anterior habían sido exitosas. Pero que su vista había empeorado con el paso del tiempo, no mejorado. Su oftalmólogo la había remitido con un especialista en retina para que se le hicieran más pruebas. Ya me avisaría. Nada del otro mundo.

> Una mujer es como una bolsa de té. Nunca sabes lo fuerte que es hasta que se sumerge en agua caliente.
>
> ELEANOR ROOSEVELT

Dos meses después me llamó para comunicarme los resultados de las pruebas. Se le había diagnosticado degeneración macular por edad, o AMD (age-related macular degeneration), como se le conoce en los círculos médicos. Su mácula, la parte central de la retina, responsable de los detalles visuales, se estaba deteriorando.

–¿Te acuerdas que te dije que hay dos tipos de degeneración macular: seca y húmeda? –me preguntó.

Lo recordaba; había investigado esa dolencia en internet.

La versión "seca" de la AMD avanza lentamente. Quienes la padecen pueden seguir viendo bien sin presentar ningún otro síntoma, o empezar a ver borroso poco a poco. El tipo "húmedo" avanza rápido. Vasos sanguíneos anormales en la retina empiezan a agrietarse y sangrar, causando por lo general distorsiones visuales y una pronta pérdida de la visión.

—Tengo el tipo seco —me dijo mamá—, así que hay una buena noticia y una mala. La mala es que no existe tratamiento para este tipo. No puedo hacer nada. Pero la buena es que tardaré más en quedar ciega.

¿Ciega? No podía imaginar ciega a mi madre.

Imágenes del pasado cruzaron por mi mente. Mamá devorando un nuevo libro con una taza de café caliente en la mano. Mamá leyendo su Biblia bajo la luz de las primeras horas de la mañana. Mamá consultando una receta frente a un tazón. Mamá y papá en el sofá viendo un partido de futbol. Mamá leyéndoles un cuento a sus nietos. Me pregunté qué imágenes me deparararía el futuro.

—¡Cuánto lo siento, mamá! Lamento que estés pasando por esto.

No sabía qué más decir.

—¡Ay, mi cielo, no me compadezcas! —replicó ella—. Dios me ha tenido muchas consideraciones. He visto un mundo bellísimo con estos ojos. He visto paisajes que nunca imaginé que vería. Si me quedo ciega, no tengo nada de qué quejarme.

Tal vez dijo más, pero no oí nada en varios minutos. Repetía sus cuatro últimas palabras: "Nada de qué quejarme".

Después me contó que había determinado previamente cómo reaccionaría a la AMD, antes de recibir el diagnóstico. Sabía que le sería más difícil decidirlo si esperaba a ver los cambios que esa afección podía producir en su vida. Y quería concentrarse en lo que tenía, no en lo que perdería.

Cuando, hace unos años, su degeneración macular pasó de seca a húmeda, no se quejó. Cuando su doctor le recetó inyecciones mensuales en los ojos, aceptó sin chistar. Hasta ahora le han puesto veintiocho inyecciones en el ojo derecho. No son agradables, pero no por eso se ha arredrado.

No puedo imaginar a alguien clavando una aguja en mi globo ocular, pero mi mamá maneja este proceso con dignidad y humor. Supongo que esto no es de sorprender. ¿Por qué habría de quejarse de una aguja en el ojo alguien que está dispuesto a quedarse ciego?

DONNA F. SAVAGE

60

Más allá del diagnóstico

N o esperé reír tanto. No esperé oír tanta sabiduría espiritual ni sentirme tan inspirada durante mi visita al Early Stage Alzheimer's Support Group (Grupo de Apoyo para Personas en Etapa Temprana del Mal de Alzheimer).

Asistí a esa reunión porque deseaba entender qué era recibir y vivir con un diagnóstico de mal de Alzheimer. Hace años, cuando a mi mamá se le diagnosticó demencia senil, me asusté demasiado para pensar en esas preguntas. Aunque convivir con mi mamá y otros pacientes de Alzheimer había reducido mi temor, cuando me encontraba en uno de esos episodios con la "tercera edad", me preocupaba: ¿esto es normal o producto del Alzheimer?

> Quien quiere cantar,
> siempre halla canción.
>
> PROVERBIO SUECO

Ahora me hallaba en una sala con personas que tenían una etiqueta para sus fallas de memoria. Pero en vez de parecer tristes y desoladas, reían.

Michelle, la facilitadora, invitó a los asistentes a intervenir siguiendo el orden en que estaban sentados en círculo.

Barb estaba triste porque ya no podía manejar.

–He perdido mi independencia –dijo con pesadumbre.

–Lo que importa no es quién va al volante –le dijo Michelle–, sino cómo te ves a ti misma como persona.

Mientras Michelle hablaba, entró Larry.

–Perdón por llegar tarde –dijo él tímidamente.

Era un hombre apuesto a principios de la cincuentena. Parecía capaz de ejecutar un buen baile de salón con sus botas vaqueras, camisa a cuadros y jeans.

–Me perdí –continuó–. Sé dónde me encuentro, pero no siempre cómo llegar de un lugar a otro.

Apenas días atrás, nos contó, se ofuscó en el estacionamiento de un centro comercial y tuvo que pedirle a un guardia de seguridad que lo llevara hasta la salida.

–Sé de qué hablas. Mis mapas internos han desaparecido –dijo Louis–. Ahora tengo que usar MapQuest y pensar cómo ir a cualquier parte.

Louis, sesentón y con un doctorado (al que llamó "champurrado"), tenía muchos sitios adónde ir. Cinco días a la semana hacia trabajo voluntario en una asociación de beneficencia, y casi todas las noches era árbitro de futbol. Jugaba bridge. Y en medio de todo esto tenía que dedicar mucho tiempo a buscar "cosas que estaban aquí hace apenas un minuto".

–Me manejo en forma casi normal, pero no lo soy –dijo Louis, y todos asentimos con la cabeza.

Todos sabían los resbalones internos que podían importunarlos a cada instante.

La gente en el círculo dijo sentir lo mismo armonía que frustración.

–Hay días en que el tiempo avanza, pero yo no –dijo Charlie, a quien se había diagnosticado Alzheimer en fecha reciente, a sus cincuenta y tantos años de edad. Los demás manifestaron su comprensión entre murmullos.

–Yo me siento en paz –dijo Sherry. También a mediados de la cincuentena, era una de las ocupantes más jóvenes de la residencia para pacientes en que vivía.

Dick, exabogado, explicó que se sentía mejor ahora que había vuelto al tenis y la actividad física.

–Luego, lo dejo unos días –sacudió la cabeza–. Bueno, no me queda más que reír.

–Yo soy una persona positiva –comentó Bob, uno de los miembros más recientes del grupo–. Me gusta tener muchas experiencias, y ésta es una de las experiencias de la vida.

Michelle preguntó qué mensajes debía poner en las pancartas que llevarían a la ya próxima Caminata de la Memoria, evento para recaudar fondos.

–¡Nunca nos damos por vencidos! –dijo Sherry.

–Seguimos siendo como antes –sugirió alguien más.

–Tenemos Alzheimer, no lepra –propuso Bob, y todos aplaudieron.

La sesión terminó. La de quienes cuidan a estas personas con Alzheimer, realizada en la sala de junto, terminó también, y los miembros de las familias se juntaron.

Me sentía eufórica cuando me dirigí a mi coche. Había supueso que asistiría a una reunión en la que se hablaría con pesar de los afanes de una enfermedad terrible. En cambio, había encontrado a personas resueltas a aceptar sus desafíos y vivir al máximo. Su esperanza y optimismo en una situación difícil me recordaron que todo es posible.

DEBORAH SHOUSE

61

Su premio al mérito

El ruido de mis dedos en el teclado es el único sonido en la casa. Trabajo durante estos preciosos momentos de paz que he extraído del caos en que se ha convertido mi existencia diaria. Entre citas con médicos y un estricto programa de medicinas, rara vez tengo un momento para mí. Tengo un plazo que cumplir porque la vida no se detiene durante las operaciones, pero después de todo por lo que hemos pasado en las tres últimas semanas los plazos ya no parecen tan importantes.

Mike, mi esposo, se mueve en la cama que antes estaba en la recámara de nuestro pequeño departamento. La cama es ahora el centro de la sala, y de mi mundo. Ya no es un mueble para descansar. Es ahora una especie de cárcel para Mike. Los antibióticos, que recibe por vía intravenosa, lo atan a ella.

> No sólo me rindo a lo inevitable; también me fortalezco con eso.
>
> THORNTON WILDER

Cuando imaginé mi vida, me vi feliz, con todo y un juego de trapos para secar los trastos y una casa salida de un catálogo de Pottery Barn. Me vi como una profesionista exitosa, una esposa exitosa y la envidia de mis amigas. No me vi como esta mujer fatigada apenas capaz de mantener la cordura.

Aquí sentada, fingiéndome productiva, me pregunto si alguna vez volveremos a ser como antes, antes de que hospitalizaran a Mike dieciséis días, antes de que descubriéramos su insuficiencia cardiaca, antes de que le hicieran cirugía a corazón abierto. No creo que tal cosa sea posible, pero necesito aferrarme a algo, porque el hombre atrapado en nuestra cama parece muy diferente a aquel con el que me casé y ansío ver un destello de su antiguo yo.

La cara de Mike es un insano manchón blanco. Tiene cuarteados los labios pese a mis esfuerzos para que se ponga crema. Su cuerpo, antes musculoso, tonificado por años de basquetbol, ha quedado reducido a un montón de miembros escuálidos pegados a un torso cicatrizado y lleno de costuras. Todo esto es inquietante, pero nada es tan perturbador como su mirada. Ha perdido su luz, y rara vez sonríe. Su constante mirada de preocupación lo hace parecer mayor de 26 años.

Me acerco a la cama para revisarlo. Me he quedado sin palabras de consuelo que decir, así que le aprieto suavemente la mano tres veces. Ésta ha sido nuestra callada manera de decirnos "Te amo" desde que empezamos a salir. Él me aprieta en respuesta, pero apenas si lo siento. No tiene fuerzas. Trata de ser valiente frente a mí y yo trato de serlo frente a él, pero ninguno lo consigue.

No tiene ganas de hablar ni de ver una película, así que lo dejo para que vea el techo. Por un instante se me ocurre poner carteles en el techo, como en el consultorio del dentista, para que tenga algo que ver. Mientras pienso en eso, me doy cuenta de que el único cartel que tengo es uno antiguo de *Buscando a Nemo*, y de veras considero la posibilidad un minuto.

"Estás muy desesperada si crees que Nemo servirá de algo", me digo.

Río levemente ante la idea de Mike en la cama observado por un banco de peces de caricatura.

"No, no servirá para nada", decido.

De uno noventa de estatura, Mike es demasiado alto para nuestra cama, así que veo salir bajo las cobijas sus calcetines verdes menta del hospital. Los calcetines son un ingrediente básico del atuendo hospitalario, y están cubiertos con estrellas de plástico que impiden que los pacientes se resbalen. Al principio nos reímos ante la idea de que Mike tuviera que ponerse los calcetines con estrellas, pero ya no. Está tan débil que temo que se caiga cada vez que intenta caminar. Los calcetines son una garantía adicional de que no se va a resbalar. Me recuerdan los de mi sobrina de un año. Apenas está aprendiendo a caminar, pero ya es más estable que Mike. Los de él están un poco sucios, pero no quiero lavarlos. La suciedad demuestra que se han usado. Demuestra que alguna vez él estuvo de pie y fuera de esa espantosa cama, y esto me da esperanzas de que volverá a pararse.

Siento que las lágrimas me pican los ojos y me alejo de él de inmediato. Uno de nosotros tiene que ser fuerte. Rezo entre dientes, pidiendo fuerzas para los dos. Pido fuerzas porque, más que su cuerpo, he visto que su espíritu se rinde, lo cual me asusta más de lo que estoy dispuesta a admitir.

—¿Cómo te sientes? —pregunto en la que parece ser la centésima vez el día de hoy.

—Bien.

—Ya es hora de bañarse. ¿Puedes caminar solo hasta el baño o quieres que te ayude?

—Lo haré yo. Sólo dame un minuto.

Voy al baño a hacer los preparativos. Aun algo tan simple como un regaderazo se ha convertido en una gran producción, con todo y varias toallas y la envoltura de plástico para prevenir infecciones en el brazo donde él se pone la aguja intravenosa. Lo oigo avanzar penosamente por el pasillo. Todo en mí quiere ayudarlo, pero sé que no debo. Tiene que hacerlo solo. Tiene que sentir que aún puede hacer cosas solo.

—¿Listo? —interrogo.

—¿Me puedes ayudar a quitarme la camisa? —pregunta en voz baja.

Mientras le saco delicadamente la camisa por la cabeza, lo veo mirarse en el espejo.

—¿Qué haces?

—Veo mi cicatriz —dice sin emoción.

De pie frente a mí, semidesnudo, me hago una idea de cómo ha cambiado su cuerpo. Se ha reducido a casi nada. Tiene el cuello cubierto de cicatrices. De su brazo cuelgan mangueras que brillan. Su estómago tiene dos rajaduras de los tubos del torso, y una incisión roja de más de quince centímetros me mira desde su pecho. Siento ganas de vomitar.

—Yo tampoco puedo dejar de verla —digo.

Detesto ver su incisión y estoy segura de que él piensa lo mismo, pero me equivoco.

—Lo sé. —Hace una pausa—. Me gusta.

Lo miro sorprendida y veo en sus ojos un inconfundible brillo de orgullo.

—¿Cómo? ¿Qué? ¿Por qué te gusta? —pregunto.

—Porque es mi premio al mérito.

Me impacta darme cuenta de que mi esposo ha decidido aceptar lo que otros seguramente tratarían de ocultar. Por primera vez en semanas, tengo esperanzas. El hombre frente a mí me recuerda al hombre del que me enamoré. Le aprieto tres veces la mano mientras nos vemos en el espejo. Me recuerdo que mañana será mejor. Él me aprieta en respuesta, un poco más fuerte que antes.

JESSIE MIYEKO SANTALA

7

CAPÍTULO

Ajustes de actitud

*El mayor descubrimiento de mi generación es que
un ser humano puede cambiar su vida cambiando de actitud.*

WILLIAM JAMES

62

Los dones de las palabras

oco después de la muerte de Kristen, mi hija, a los 21 años, mi esposo, que es militar, recibió la orden de abandonar nuestra casa en el desierto y de mudarnos a Verona, Italia. Éramos una familia en duelo. Mis hijos, Kate y Nicholas, empezaron a tener problemas en la escuela muy pronto, y yo comencé a experimentar síntomas extraños que los médicos en Estados Unidos no podían diagnosticar. Una o dos veces a la semana me subía mucho la presión, y me internaron para hacerme pruebas. Poco después me aquejó un lacerante dolor en el pecho, y espasmos musculares sacudían mi cuerpo. Atravesar el Océano Atlántico en dirección a nuestro nuevo hogar era una proeza casi imposible.

> Al expresar nuestra gratitud, no olvidemos que el mayor agradecimiento no es pronunciar palabras, sino vivir conforme a ellas.
>
> JOHN FITZGERALD KENNEDY

Tres semanas después de nuestro arribo a Italia y nuestro alojamiento en un hotel en Verona, mis problemas de salud llegaron al colmo. La vida debía ser maravillosa para nosotros en ese momento. Vivíamos en una parte exquisita del mundo, con muchas cosas nuevas por explorar. Pero yo me hundía cada vez más en mi enfermedad. Un día muy temprano, fui llevada de prisa a un hospital italiano. Tenía dolores severos y apenas si podía moverme. Todas las pruebas que me hicieron resultaron negativas. Por fin, luego de tres semanas de insoportables análisis, mi diagnóstico fue trastorno de estrés postraumático.

Como el estruendo atronador de los autobuses y coches en las calles de adoquín junto al hotel me molestaba, tomamos la decisión de mudarnos a una pequeña ciudad medieval llamada Montecchia di Crosara. El pueblo era justo como yo había leído y visto en películas. Pacífico, estaba engastado entre las onduladas colinas de los viñedos de Soave. Yo estaba segura de que me curaría ahí. Debía volver a ser la madre feliz y amorosa esposa de antes. Pero como suele suceder, hubo un problema. Mi psiquiatra y doctor, un médico militar, fue transferido de vuelta a Estados Unidos seis meses después de que yo había iniciado la terapia. ¡Me quedé sola!

Dado que mi familia se ausentaba muchas horas cada día para asistir a la escuela y al trabajo, me inscribí en un curso de correspondencia mente/cuerpo con el muy inteligente Jon Kabat-Zinn. Aprendí hatha yoga y a meditar. Pero aunque todo esto me fue muy útil, algo faltaba, y mi salud mejoraba lentamente.

Un día en que fui a hacer compras a la *groceria* (tienda de abarrotes), me encontré con un vecino que hablaba algo de inglés. Era un cortés *signore* que sonreía y saludaba infaltablemente cuando me veía en mis diarios paseos por el pueblo.

–Buon giorno, *signora* –me dijo–. ¡Espero que se sienta bien hoy!

Contesté con un cortante asentimiento de cabeza. Él sonrió y me vio directo a los ojos.

–Que esté bien –dijo–. Que esté bien.

"Ojalá fuera tan fácil", pensé.

Al día siguiente, mientras me hallaba sumida en estado meditativo, sentí que me invadía algo que no había experimentado nunca. Una niña se acercó a mí en medio de una nube magnífica y gloriosa y me dio una hoja. Estaba doblada en dos. Cuando la abrí, vi que llevaba garabateada una sola palabra. Decía "baile". La metí en mi bolsa. Cuando volví a la realidad, me sentí viva y renovada. Tenía ganas de bailar, y lo hice. Bailé mientras lavaba los trastes; bailé mientras preparaba de cenar. De hecho, bailé cuantas veces pude, con una sensación de libertad. ¿Qué sucedía?

A la semana siguiente entré en el mismo estado meditativo durante el cual la niña me había dado la hoja doblada. Ahí estaba de nuevo. Esta vez me dio otra hoja, con la palabra "beso". Como era de esperar, toda la semana siguiente besé a mi familia cada vez que pude. Al principio no fue espontáneo. Tenía que forzarme a hacerlo, pero era algo que no había hecho en mucho tiempo. Días después, me sentía naturalmente impulsada a besarlos. Fui recompensada con cálidas sonrisas y divertidas historias acerca de sus días en la escuela y el trabajo.

Al meditar la tercera vez, recibí la palabra "risa". No había podido reír, y sentí que ésa bien podía ser la palabra más difícil de cumplir. Pero no fue así. Otra vez, la risa salió de mí, y me vi disfrutando de las bufonerías de mi familia y mis vecinos.

"Esperanza" fue la palabra siguiente. ¡No tenía otra salida! Sabía que esto era algo que debía practicar, ¡y lo hice! En sólo unos días empecé a anhelar una vida interesante y divertida. Comencé a asistir a todos los eventos de mis hijos en Verona, y a recibir a amigos en nuestra villa en Montecchia.

La última vez que vi a la niña, me dio una hoja con la palabra "alegría". Aunque yo seguía deprimida y llorando la pérdida de mi hija, descubrí que podía volver a permitir la alegría en mi vida. Para entonces ya había bailado, besado y reído, y ahora tenía alegría en mi existencia. Mi viejo vecino había hecho algo ese día que se inclinó frente a mí y me dijo: "Que esté bien". Él sabía que las palabras positivas pueden cambiar la vida de una persona. Que son hermosos y eficaces dones.

Ahora, quince años después, soy una autora feliz y productiva que ha aprendido acerca del poder de las palabras positivas. Yo lo llamo "los dones de las palabras".

La mía es una familia que ha logrado sobreponerse a las tragedias que la vida pone a veces en nuestro camino. Mis hijos están casados, tienen una vida maravillosa, y sus propios hijos. Mi primera nieta, a quien se le diagnosticó leucemia a los 5 años, ahora está en remisión. En esta ordalía, los dones de las palabras fueron requeridos muchas veces. Y siempre obraron su magia. ¿Por qué? Porque sabemos lo preciosas que son las palabras para influir no sólo en nuestra vida, sino también en la de los demás.

JANET K. BRENNAN

63

Decisión

Me dolían los pulmones mientras hacía esfuerzos por respirar. Había llorado tanto que no me percaté de la mujer que llegó al claro con su perrito. Dejé de sollozar para farfullar algo sobre lo refrescante que es ir al claro a pensar. Luego me alejé, antes de que ella pudiera notar aflicción en mi rostro.

La fuente de mi pesar se hallaba a cien metros de distancia. Acurrucado entre los demás coches-casa, el mío debía ser una fuente de diversión, emoción y aventura. Este parque alojaba a lo que en Florida se conoce como "aves migratorias", personas que escapan del frío del invierno en el norte. Estábamos a mediados de diciembre. Miré la fila de trailers alineados bajo el sol de Florida. Muchos de esos perseguidores del sol habían adornado sus coches-casa con luces navideñas, figuras y árboles cubiertos de conchas y campanas.

El paraíso está en todas partes; de ti depende encontrarlo.

ANÓNIMO

Miré el árbol de navidad de treinta centímetros que yo había puesto en la ventana principal de nuestro coche-casa. Empecé a llorar de nuevo. Las cosas no debían ser así.

Lancé otro suspiro, y decidí volver a dar una vuelta al parque. Mi esposo parecía contento, y yo detestaba que me viera en este estado: llorando a mares y con el ánimo por los suelos. Así que eché a andar. Conocía cada tramo. Llevaba semanas caminando arriba y abajo entre las filas de coches-casa. Sabía en cuál de ellos estaba la jaula de las dos escandalosas cacatúas que graznaban casi todo el día. Pasé por la fila tres, donde un gato gustaba de echarse al sol en medio del caminillo que atravesaba el parque. Recorrer todo el sendero hasta el frente me llevó a la oficina donde, invariablemente, varias personas reían, fumaban y conversaban. Su rutina estaba firmemente establecida; tenían un ritmo deliberadamente lento.

Ellas habían elegido esta vida. Con previsión y planeación, empacaron sus pertenencias y se dirigieron a este pequeño parque. Yo no podía identificarme con ellas. Prefería asociarme con aquellos a los que llamaba "los de una noche"... personas que llegaban en un coche cargado de cosas, ponían una tienda de campaña, usaban las regaderas, lavaban su ropa y se marchaban al día siguiente. Solía sentarme a tejer historias en mi mente: adónde iban, qué las había traído a este lugar. Estaba convencida de que eran gitanos, o personas sin hogar, y honestamente, por más que me compadeciera de ellas, me sentía mejor.

Mi esposo y yo no habíamos planeado ser "aves migratorias", y ni siquiera estar en Florida. Apenas un par de meses antes vivíamos en una casa enorme en los suburbios de Charlotte, Carolina del Norte. La vida era buena entonces. Yo viajaba por mi trabajo, corriendo a menudo en aeropuertos y mandando mensajes de texto mientras esperaba tomar un vuelo para mi siguiente asignación. Mi esposo trabajaba de tiempo completo en un ramo al que había pertenecido años enteros. Dedicábamos los fines de semana a recorrer la zona oriente del estado, en busca de una propiedad que comprar. Soñábamos con tener una casa grande donde establecernos, sembrar huertos y quizá criar un pony que mi nieta pudiera montar en los veranos.

Al pasar junto a la oficina del parque esa mañana, vi en el tablero los avisos de la cena anual de navidad. Un hombre que parecía Santa me preguntó si iría a la cena. Masculló algo acerca de no saber cuáles serían nuestros planes. Pensaba que la navidad no sería feliz. El cheque de desempleo de mi esposo no había llegado aún. Nuestros cupones de alimentos casi se habían acabado, y el dinero que habíamos pedido prestado a mi hija era ya sólo un pálido recuerdo.

Pasé a la oficina y pregunté por el correo. Cada día había un momento de esperanza: tal vez había llegado algo de dinero.

Me pregunté si alguien podía sentir mi aflicción y desilusión mientras salía de la oficina. Al dar la vuelta y ver mi coche-casa al final de la fila, supe que debía dar otra vuelta. Preguntas se agitaban en mi mente: ¿por qué nos habíamos metido en este embrollo? ¿Cómo había sido posible que nos despidieran a los dos en la misma semana? ¿Y por qué todos los demás eran felices, viviendo en esas cajitas de metal que llamaban vehículos recreativos? Sentí que el lugar donde posaba mi cabeza cada noche era una celda. Era un coche-casa, pero no teníamos dónde ir. Lo que antes había sido un viaje de campamento de fin de semana se había convertido en un triste recordatorio cotidiano de nuestras pérdidas.

En el último mes yo había rezado más que de costumbre. Sin nada más que hacer, mi esposo y yo pasábamos los días leyendo la Biblia, orando y hablando de las promesas divinas. Él parecía tener asegurada su fe, mientras que mis oraciones diarias se convertían a menudo en sollozo y temor; yo les llamaba mis crisis de fe.

Un pie tras otro, me abrí paso hacia mi casa sobre ruedas. Al abrir la puerta, oí música, freír de huevos. Las lucecitas del árbol parpadearon. Los gatos se estiraron en la cama, indiferentes al mundo. Mi esposo volteó, me miró y lanzó una sonrisa:

—Hola, ¿cómo estuvo tu paseo?

Me quedé pensando un momento. Me encontraba en un lugar donde la mayoría gasta mucho tiempo y dinero para llegar a él, en un coche-casa que muchos querrían tener. Mi saludable esposo estaba contento de verme. Así que las lágrimas cesaron. Comprendí que cada día es una decisión. Con frecuencia no podemos decidir lo que nos pasa, sólo cómo reaccionamos a ello. Mi crisis de fe no era ninguna crisis en absoluto; era algo que yo decidía hacer. En ese momento supe que Dios había oído mis oraciones, y recordé que él suele estar en las pequeñas cosas. Extendí la mano y le sonreí a mi marido:

—Estuvo bien, hace un día precioso. Van a hacer una celebración navideña en la casa club del parque. ¿Quieres ir?

CINDY GORE

64

Cuando enfermes, tus uñas pinta

U na y otra vez oía decir a la gente que yo era demasiado joven para tener diverticulosis. Estaba a la mitad de mi treintena, pero era un hecho que estaba enferma, y de gravedad, así que tendrían que operarme.

Raramente me había enfermado antes, así que la idea de estar en un hospital y pasar horas en la mesa de operaciones, y luego días en recuperación, me alarmó. Me gustaba saber qué iba a pasar; me gustaba tener el control. No había nada que pudiera hacer por controlar esta enfermedad, ni el tratamiento al que tendría que someterme para sanar. Sólo debía confiar en que todo marcharía bien. La alternativa era inconcebible.

Días antes de la cirugía, estaba en el baño sacando las cosas que debía llevar al hospital. Sabía que no podría bañarme por un tiempo, así que empaqué prendedores para cola de caballo y pasadores para quitarme el pelo de la cara. Buscando en el cajón pasadores extra, vi un frasco de barniz de uñas color de rosa.

Ese color me recordó las enredaderas de rosas que mi madre solía tener en su jardín. Yo sabía que después de la operación estaría abatida

> Tu actitud es como una caja de crayones que colorean tu mundo. Dibújalo constantemente de gris y siempre será monótono. Añade colores agregando buen humor, y tu cuadro empezará a iluminarse.
>
> ALLEN KLEIN

unos días, mientras mis incisiones sanaban, y que pasaría mucho tiempo antes de que pudiera agacharme otra vez para pintarme las uñas de los pies.

Dejando a un lado mi paquete, me puse a hacerme un pedicure de primera. Si iba a verme los dedos durante días sin fin, quería verlos bien. Aunque estuviera mal por dentro, al menos podía tener bonitos pies. Me esmeré en hacer un buen trabajo, y al terminar tuve que reconocer que mis dedos se veían maravillosos.

La mañana de la cirugía en el pasillo junto a la sala de operaciones, mi papá estaba a mi lado y parecía tenso y nervioso. Con todo cuidado, para no desprender la nueva aguja intravenosa en mi mano, retiré la sábana que me cubría los pies y le dije:

—Mira, papá, me pinté las uñas.

Él se mostró sorprendido y repuso:

—Nunca me había fijado que tenías unos pies tan bonitos.

Y empezó a enseñarle mis dedos a cada persona que venía a revisarme. Enfermeras, cirujanos, anestesiólogos y hasta el hombre que barría el pasillo: todos vieron mis uñas rosas mientras mi papá trataba de librarse del miedo que ambos sentíamos concentrándose en mis dedos y no en la operación.

Funcionó. Nos reíamos y no pensábamos en lo que iba a pasar. Cuando finalmente llegaron para llevarme a la sala de operaciones, mi papá ya no parecía nervioso ni asustado; estaba sonriente. Lo último que recuerdo antes de que me hiciera efecto la anestesia fue que mi cirujana me dijo que estaba precioso mi pedicure y me preguntó si podía hacerle uno igual cuando me recuperara.

La operación salió bien, aunque tardó más de lo esperado, y pronto yo estaba en recuperación al pasar la anestesia. Todavía estaba un poco atolondrada, pero comprendí a la enfermera cuando me descubrió los pies y me dijo:

—No puedo tapar estas magníficas uñas rosas.

Esto me hizo sonreír. Mi dedos y yo habíamos pasado la prueba.

A lo largo de todos los días de recuperación, mis uñas rosas siguieron deleitando al personal del hospital y a la gente que me visitaba. Fue un detalle que irradió una luz positiva en una experiencia de otro modo dolorosa.

Si alguna vez tengo que volver a un hospital, ten la seguridad de que me agenciaré un frasco de barniz de uñas rosa subido… o quizá la próxima vez pruebe el rojo.

SHAWN MARIE MANN

65

Maleza

Kristina, mi hija, de 4 años de edad, y a mí se nos había hecho tarde otra vez. Yo conducía la minivan de azul deslavado lo más rápido posible por las calles de la ciudad, pero aun así nos tocaron todos los altos y no llegamos a tiempo al último crucero para adelantarnos a los autobuses escolares que salían del estacionamiento de la preparatoria. Así que pasamos sentadas mucho tiempo.

> No hay siete maravillas del mundo a ojos de un niño. Hay siete millones.
>
> WALT STREIGHTIFF

El estropeado campo junto a nosotras era un mar de dientes de león.

Yo dije:

—Ay, Kristina, pobre jardín… mira toda esa maleza.

A lo que ella replicó:

—Ay, mamá, ¡mira todos esos deseos!

KATHI LESSNER SCHAFER

66

Magia

Estoy harta de temer tragedias. Así que decidí que ya no iba a suponer siempre lo peor. Dicho esto, hace unas semanas cortaba peras para el postre cuando oí el zumbido de la motosierra de Bob, mi esposo.

"Está cortando un árbol", me dije. "No le pasa nada". Y seguí rebanando.

"Nada, nada, nada, nada". Oí caer el árbol. "No es necesario que vaya a ver qué pasa". Me rebané ligeramente el pulgar. Durante este sanguinario episodio, mi yo "normal" tuvo un minuto para colarse, acompañado de todas las sirenas de la Diosa de la Neurosis.

–Una rama le atravesó el corazón –me informaron las sirenas.

Yo contesté:

–No, no le pasa nada.

–Cortó una colmena de abejas asesinas y le sacaron los ojos.

–No.

Continué con las peras.

–¡Está MUERTO!

De acuerdo. Basta. Me asomé a la puerta, pero no vi a Bob. Sin embargo, eso se debió a que estaba tirado en el suelo… bajo el árbol caído… con una pierna rota.

> La felicidad es una actitud. Nosotros mismos nos volvemos desdichados, o felices y fuertes. Cuesta el mismo trabajo.
>
> FRANCESCA REIGLER

Corrí hasta él, tomé su cabeza en mis brazos y él intentó decir algo. Abrió sus ojos anegados en lágrimas, me miró, sumamente adolorido, y murmuró:

—Por favor, no vayas a escribir sobre esto.

Prometí no hacerlo. Cuando la gente está en choque, olvida todo, así que puedes prometer lo que sea.

Bob está enyesado ahora y no puede hacer muchas cosas. Pero está bien, porque yo no lo dejaré hacer nada que implique levantar equipo pesado, como cucharas. A juzgar por algo que dijo anoche, creo que en realidad lo saco de quicio.

Dijo:

—Me sacas de quicio.

Y se dirigió a la cocina, donde tomó el abrelatas para el café. Se lo arrebaté.

—Lo haré yo.

Me lo quitó.

—Soy casi inútil y tú lo empeoras.

Lo arrebaté nuevamente de sus manos.

—Es bueno que digas lo que sientes, Bob. —Abrí la lata—. Desahogar tus desbordadas emociones es bueno para el colon, y los dolores y aflicciones en general.

—Bueno, tengo un enorme dolor… en el cuello.

Así, no hemos podido hacer cosas juntos como dar largos paseos en el coche o ir de excursión. La semana pasada fuimos a una nevería y compartimos un helado caliente en el asiento delantero del coche.

Reímos mientras saboreábamos aquella ambrosía prohibida y deliciosa. Más tarde le envié un correo a mi amiga Deb y le conté que no habíamos hecho nada ese día, a causa de la pierna rota de Bob. Sólo habíamos ido a tomar un helado. Ella me contestó: "Espero que tu helado haya sido mágico".

Se lo conté a Bob. Estaba en el sofá, tratando de rascarse dentro del yeso, pero no podía. Me di cuenta de que no quería pedirme que le hiciera otro favor ese día. Ni siquiera podía alcanzar un kleenex o jugar a arrebatarse con la perra su erizo de peluche favorito. Y obviamente estaba harto de esto.

Me senté a su lado y le masajeé el pie.

—Pasear en el bosque habría sido mucho más mágico que el helado —dijo.

Pero entonces, como suelo hacerlo, imaginé que veía la escena desde arriba. Vi encerradas a dos personas de mal genio, sin disfrutar de un espléndido día de otoño. Pero poco a poco se impuso otra escena. Vi un momento de ternura en que yo le rascaba la pierna a Bob tranquilamente sentados en nuestra casa. Vi los colores vibrantes del bonetero, en plena floración al otro lado de la ventana. Vi a un hombre con una pierna rota que seguramente mejoraría con el tiempo. Y supe lo afortunados que éramos de estar juntos, en ese día del que están hechos los sueños, cuando compartimos felizmente un helado.

Si eso no es magia, entonces no sé qué sea.

SARALEE PEREL

67

Un paso positivo

No quiero que ella venga –murmuré en el oído de mi hermano, con aire conspiratorio.

De 14 años, él era tres mayor que yo y, desde mi perspectiva de 11, mucho más valiente. No sólo lo admiraba, sino que también confiaba en que me defendería, y que hablaría por mí cuando yo tuviera mucho miedo. Y lo hacía.

–Papá –le dijo a nuestro padre desde el extremo opuesto del minúsculo departamento–. Quisiéramos estar solos los tres.

> El primer paso
> te obliga al segundo.
>
> PROVERBIO FRANCÉS

Era el fin de semana del 4 de julio, e iríamos al centro a ver los fuegos artificiales. Yo, mi hermano, mi papá, una cobija para sentarnos, un enfriador lleno de refrescos y fuegos artificiales para iluminar el cielo estaban en mi agenda. La novia de papá no formaba parte de mi plan.

Mi padre se enojó. Y lo resintió. Llevaba varios meses saliendo con Mary y quería que la aceptáramos. Nosotros la veíamos como competencia. No queríamos compartir el poco tiempo que pasábamos con él. Además de proteger mi tiempo con mi papá, también me preocupaba mi mamá. Pensaba que si me permitía sentir simpatía por Mary, lastimaría a mi madre. Mi papá ya había decidido que ella le gustaba más que mamá. ¿Y si mi madre pensaba que nosotros habíamos decidido lo mismo?

Papá se volvió a casar años después, pero yo tardé mucho más en darle siquiera a Mary una oportunidad. Ella siempre era amable con mi hermano y conmigo. Pero creo que me aferré a una falsa lealtad a mamá.

Veinte años más tarde, hallándome yo misma en pleno divorcio, mis hijos, de 9 y 7 años, llegaron un día llorando a casa después de haber ido a visitar a su papá. Me confiaron que él los había sentado temprano ese día y les había dicho que tenía una novia. Patty, les dijo, pasaría algo de tiempo con ellos. Supe que los niños pensaban que ella era bonita. Supe que si decidían que no les caía bien, podía deberse a que se sentían obligados a eso, por lealtad a mí. Pero yo no quería que mis hijos cometieran el mismo error que yo.

Mary ha sido una segunda madre para mí. Esto no le quita nada a mi mamá, de suyo maravillosa, pero Mary ha sido una persona más en mi vida en la que puedo confiar. Técnicamente, soy su hijastra. Pero cuando me mira, no ve a ninguna "hijastra"; ve a alguien a quien ama, alguien por quien haría cualquier cosa, y lo hace. Ha estado a mi lado en las buenas y en las malas. Y ama a mis hijos tanto como sus abuelos biológicos.

Así que cuando mis hijos me miraron esa noche y me contaron de Patty, pensé en todos los años que había desperdiciado por estar enojada con Mary. Por fin vi salir algo bueno de ese difícil periodo.

—Chicos, miren —les dije a mis hijos—. Sé exactamente en qué están metidos. —Entornaron los ojos—. No, de veras. —Acomodé un pie debajo de mí y me incliné—. Después de que mi mamá y mi papá se divorciaron, mi papá tuvo una novia.

—¿El abuelo tuvo una novia? —preguntó Jack, el de 7.

Ahora ambos estaban interesados.

—Sip. Y a mí no me caía nada bien. Tenía miedo de que ella quisiera ser una nueva mamá para mi hermano y para mí. Y yo ya tenía una mamá a la que quería mucho. Me asusté. Y pensé que si ella me simpatizaba, entristecería a mi mamá. Y ella ya estaba demasiado triste.

Asintieron con la cabeza, completamente familiarizados con las emociones por las que yo había pasado cuando tenía 11.

—Bueno, pues supongo que me habría encantado que mi mamá me hubiera dicho que estaba bien que la novia de papá me simpatizara, porque resulta que ella era de verdad una linda persona, y yo no fui amable con ella mucho tiempo, porque nadie me dijo que eso estaba bien.

La habitación quedó en silencio. Mis hijos se miraron uno a otro, y luego a mí.

—¿Saben quién era esa novia, muchachos?

Sacudieron la cabeza.

—Su abue Mary.

Connor, el de 9, abrió exageradamente los ojos.

—¿Abue Mary? —exclamó Jack—. ¡Guau!

–Sip. ¿Pueden imaginar siquiera su vida sin abue Mary?

–No –respondieron al unísono.

–Bien –les dije, tomando cada una de sus manecitas–. En este momento quiero decirles que está perfectamente bien que Patty les agrade. No van a herir mis sentimientos por eso. Y no van a ponerme triste si la pasan bien con ella y con papá. Ella es una buena persona. Y lo único que me importa es que sea buena con ustedes dos y con su hermanita. ¿De acuerdo?

Recibí grandes abrazos esa noche. De niña, en medio del dolor y la tristeza del divorcio de mis padres, quizá no habría podido imaginar que un día agradecería esa experiencia. Pero después de tantos años, resultó ser un regalo maravilloso que pude hacerles a mis hijos. Todo sucede por una razón, y hoy finalmente comprendo que lo que pasé de niña me dio herramientas para poder ayudar a mis hijos cuando más lo necesitaran.

BETH M. WOOD

68

Ver lo bueno

Por más televisión, videos en internet o fotos que vea, para mí un lugar jamás posee autenticidad hasta que estoy en él. Así me pasó con Turquía. Siempre la había imaginado como un país del Tercer Mundo con camellos sueltos por todas partes.

> Si tomamos el bien que hallamos sin hacer preguntas, lo tendremos en abundancia.
>
> RALPH WALDO EMERSON

¡No habría podido estar más equivocada! Es próspera, bulliciosa y llena de espíritu emprendedor. Cuando aterrizamos en Estambul el verano de 2009, busqué un transporte que nos llevara al hotel. Una vez que localicé el módulo de autobuses, volteé a ver a Byron, quien hablaba con una especie de Antonio Banderas, sólo que turco. El joven turco llevaba puesta una camisa blanca, pantalones negros y un gafete que indicaba algo sobre turismo. Byron me hizo señas para que entrara de nuevo al aeropuerto, pero las puertas de seguridad no me permitirían hacerlo. Para volver a entrar tendría que caminar un largo trecho, así que yo le hice señas a mi vez para que me alcanzara afuera. Así lo hizo. Mi esposo y su nuevo conocido tomaron el equipaje y salieron.

–Este amigo puede llevarnos al hotel –anunció Byron, complacido.

–Pero si por allá estoy viendo el autobús –repuse, y lo señalé.

–No. No. ¡Ustedes no lo necesitan! –dijo el joven turco dirigiendo un gesto de desdén al camión, el cual estaba rodeado de manifestantes con pancartas, como me di cuenta apenas en ese momento–. Síganme –añadió, con marcado acento.

El desconocido nos condujo por una escalera y corredores oscuros hasta un estacionamiento desierto.

—¿Pasa transporte por aquí? —le pregunté. Mi voz derramaba escepticismo.

—Sí, señora. Aquí.

—¿Quiere decir un taxi? —pregunté prudentemente.

—No. No. Mi amigo.

Antes de que pudiera interrogarlo más, un subcompacto blanco llegó a toda prisa y de él bajó otro atractivo turco de camisa blanca y pantalones negros, que abrió la cajuela. Sin más ni más, metió en ella nuestras maletas.

—Suban —indicó nuestro nuevo acompañante.

Tras agacharnos, nos apretamos atrás. Nuestro escolta subió de un salto, junto al chofer. Hablaban un inglés limitado. Yo no sabía cuánto entendían, así que no podía transmitir mis preocupaciones a mi esposo. Mi mente se aceleró: "Ahora nos han tomado de rehenes, en un auto manejado por dos extranjeros en una nación donde no conocemos a nadie y de cuyo idioma no sabemos una sola palabra".

Miré a Byron, satisfecho por la suerte de haber hallado transporte. Le di un codazo y le dije, sólo moviendo los labios:

—¿Estamos seguros?

Él asintió con la cabeza y se puso a hacerles preguntas a los muchachos. Ellos señalaron a los pescadores en el puente. Byron inquirió sobre el tipo de pescado que atrapaban, mientras yo memorizaba atareadamente la ruta y hacía todo lo posible por recordar movimientos de kickboxing. Después volví a picarle el costado y moví los labios:

—¿Nos están secuestrando?

Él se inclinó y murmuró:

—Son jóvenes respetables, emprendedores.

Yo entorné los ojos.

Derrotada, me recosté en el asiento, resignada a mi destino, e intenté imaginarme con burka. Los jóvenes preguntaron si queríamos pasar por la Mezquita Azul.

—¡Claro! —bramó mi protector, que parecía disfrutar de esta escapada turística mientras yo formulaba en secreto mi plan de huida. Detuvieron el coche cerca de un callejón. Miré a mi esposo con ojos muy abiertos.

—¿Les gustaría entrar a la mezquita? —preguntó nuestro guía autodesignado.

Mi esposo se volvió hacia mí.

—¿Qué piensas?

—¡No! ¡Quiero ir al hotel!

Encendieron el coche, y el chofer preguntó entonces si no nos importaba que pasáramos primero a casa de su amigo. Éste haría el resto del trayecto. Yo busqué con rendijas por ojos los de mi esposo.

—¿Les parece bien? —preguntó el conductor.

—Claro —respondió Byron, sellando así nuestro destino como carnada en el fondo del Bósforo.

Atrapados en el tráfico, yo hice alusión a las mujeres con burkas negros, y lo acaloradas que debían estar en un día como ése.

—¡Fanáticas! —exclamó incómodo nuestro amigo en el asiento del pasajero. Esto me relajó.

Pasamos a un lado del río y ellos nos enseñaron dónde se estacionaría nuestro crucero al día siguiente. El chofer debe haber cambiado de opinión en algún momento, porque nos llevó directo al hotel, nos dio su tarjeta y dijo que con todo gusto sería nuestro conductor al día siguiente, si teníamos tiempo. Yo me mordí el labio. Mi esposo les pagó la suma convenida y dio a cada cual una buena propina. Ellos se mostraron felices y nos agradecieron profusamente.

—Jamás me habría subido a un coche con desconocidos —dije cuando se fueron.

—Eran profesionales. Vi sus gafetes. Buenos muchachos tratando de ganar dinero extra —replicó Byron.

He viajado diez veces más que mi esposo y debería sentirme más a gusto que él en presencia de lenguas exóticas, pero él identificó correctamente a esos turcos como jóvenes deseosos de ganar un poco más al final de su jornada de trabajo llevando a turistas a su hotel y dándoles de pasada una probadita de hospitalidad. Byron no era desconfiado, receloso ni cauteloso. Aceptó la ayuda de buena gana.

Durante nuestros pocos días en Estambul, Kusadasi y Bodrum, descubrí que los turcos harán hasta lo imposible por ser cordiales. Te ofrecerán café turco u ouzo (anís griego) en su casa; te llevarán de paseo a la Mezquita Azul sólo con la esperanza de que pases después por su tienda de tapetes; negociarán el precio contigo y te darán una toalla bordada extra si compraste otros artículos. Son hospitalarios. Son corteses. Los hombres no se quedan viendo boquiabiertos a las mujeres ni hacen comentarios obscenos sobre ellas. Son emprendedores y tenaces, pero no agresivos.

Como hace mucho conquistaron a la civilización griega, me da la impresión de que los turcos siempre han abrigado resentimiento contra los helenos. Desde estudiante me enamoré de la gloria de la antigua

Grecia. Pero viendo la moderna Estambul, con sus calles limpias, gente amable y fabulosas vistas y parques, ahora reconsidero mi opinión. Estoy maravillada. Ojalá hubiera estudiado más sobre Turquía de joven. Pero aprender es un proceso de toda la vida, y con tantos medios al alcance de mis modernos dedos, no hay pretexto para no llenar antiguas lagunas en mi educación. Esta noche veré *Gallipoli*.

Para poder hacer un mundo mejor, debemos confiar un poco más, evaluar individualmente a las personas y, de darse la oportunidad, viajar mucho, manteniendo siempre una mente abierta. Esos emprendedores muchachos me enseñaron algo. ¡Y mi esposo también! Piensa positivamente y dale a la gente el beneficio de la duda.

ERIKA HOFFMAN

69

Pasos de sobreviviencia

Cuatrocientos kilogramos de un caballo frenético me hundieron en el agua lodosa, subieron trabajosamente por la empinada orilla y salieron disparados por el sendero polvoriento. Las pezuñas del animal apenas si libraron mi cabeza al pasar volando. Me puse de pie, empapada, y volví a preguntarme: "¿Cómo vine a dar aquí?".

"Aquí" era la margen de un río crecido en las selvas del sur de México. No habiendo sido jamás aficionada al aire libre, una y otra vez me había preguntado cómo había ido a dar al segundo mes de un campamento de entrenamiento de sobrevivencia, con tres meses más aún por venir.

> El valor es temor que
> ha hecho sus oraciones.
>
> DOROTHY BERNARD

Antes de dejar el seguro refugio de una residencia universitaria cubierta de hiedra en Nueva York, había sopesado las habilidades que necesitaría para sobrevivir durante esos meses. Yo, que nunca hacía nada más manual que cambiar un foco, tendría que construir mi propia casa usando parras, ramas y troncos hallados en la selva. Yo, que daba vueltas en albercas cuidadosamente cloradas, cruzaría rápidos y remaría una canoa de madera de media tonelada. Yo, que en la preparatoria había estudiado el español de la literatura, aprendería una lengua indígena llena de extraños chasquidos que sonaban como canicas en un frasco de vidrio. Pero todas esas habilidades se requerirían para que yo pudiera continuar mi trayectoria profesional haciendo investigación lingüística en pueblos distantes, muy lejos de la carretera panamericana.

En medio de mi angustia, me pregunté si Dios había cometido un error al llevarme en esa dirección. Lo imaginé sonreír mientras cuestionaba su infinita sabiduría. Un salmo expresaba mis temores: "Señálame el camino… Corro a ti para ocultarme". Dados mis planes a futuro, pude haber cambiado el texto para que dijera: "Señálame la montaña".

Las primeras semanas del curso de entrenamiento no aumentaron mi confianza en mí misma. En el taller de carpintería, la mayor parte de mi equipo hizo bancos de tres patas. Yo también habría hecho uno, salvo que no paré de reducir cada vez más las patas para igualarlas. El resultado fue algo más parecido a una base para raspar botas que para apoyar los pies. Mi experiencia en metalistería no fue mejor. Soldadura excedente corría por los lados de mi tubo más rápido que la cera que cae de una vela puesta cerca de una fogata. Y en la cocina me anoté otra derrota al usar cucharadas en vez de cucharaditas para medir la sal de la avena del desayuno. Ni siquiera las mulas se la comieron.

Mientras proseguía con el curso, descubrí un método para lidiar con mi temor a lo desconocido. Una voz en mi cabeza me dijo que avanzara paso a paso. Así, en vez de estremecerme de terror y pensar en el viaje que me esperaba, de cuarenta kilómetros en un solo día, me concentraba en la tarea inmediata. En vez de preocuparme por la excursión de sobrevivencia de tres días programada para la segunda fase del entrenamiento, me centraba en aprender a poner inyecciones en la clase de primeros auxilios. Permitía que mis preocupaciones por el próximo viaje en canoa se desvanecieran mientras me lavaba el pelo con champú en una cubeta.

Al paso de las semanas, logré construir mi propia cabaña, con todo y letrina. Lidié con arañas venenosas, serpientes y un ejército de hormigas. Cuando las llamas se elevaron metro y medio y amenazaron con prender fuego al techo de paja sobre mi cabeza, tomé una toalla mojada y calmé la flama. Excursioné, nadé, sobreviví.

Al final del curso, los instructores llamaron a cada estudiante para una evaluación personal.

—Entra, Emily —me dijo el director, al tiempo que hojeaba un rimero de papeles en su regazo. Hizo corteses comentarios introductorios antes de tocar el tema—. Notamos que al parecer careces de algunas de las habilidades básicas de los pioneros.

Repliqué riendo:

—Bueno, pude habérselo dicho el primer día y ahorrarles a todos muchos problemas.

Sonrió antes de continuar. Me preguntó dónde planeaba hacer mi trabajo de campo. Mencioné un área del mundo a la que, aunque remota, ya se podía acceder por carretera y avioneta. Asintió aprobando.

Mis instructores tenían razón. Por una parte, yo nunca destacaría como carpintera o soldadora, pero, por la otra, olvidaron preguntarme qué aprendí en el entrenamiento. Durante esos cinco meses de entrenamiento en la selva descubrí que plantas nativas como la yuca pueden sustituir a las conocidas papas y manzanas, pero también aprendí algo mucho más importante sobre mí. Que cuando confío en Dios y progreso con fe, puedo cumplir mis metas. Lo único que tengo que hacer es avanzar paso a paso, aun si esos pasos incluyen subir la lodosa orilla de un río luego de ser tirada por un caballo.

EMILY PARKE CHASE

70

Avanzar

Nuestro antiguo barrio había sido como el Mayberry moderno. Los vecinos platicaban en las cercas. Los recién llegados eran recibidos con brownies de chocolate y pan cubierto de mantequilla. Había sido fácil hacer amigos ahí.

Nuestra nueva comunidad era distinta. Parecía que las raíces familiares eran muy profundas. Como el río Mississippi, que pasaba por la pequeña ciudad. Era difícil meterse.

> Podemos destruirnos con cinismo y desilusión tan eficazmente como con bombas.
>
> KENNETH CLARK

Nos habíamos mudado para reducir el tiempo de transporte de mi esposo al trabajo. Sólo cincuenta kilómetros.

Yo deseaba que él pudiera borrar cada uno de ellos.

Luego de seis meses ahí, estaba dispuesta a levar anclas y volver a casa. No tenía una sola amiga. Mis tres hijos se sentían solos. A Lonny, mi esposo, le iba bien, pero pasaba todo el tiempo en el trabajo.

—Estoy muy sola aquí —le dije una noche—. No veo mucho a mis viejas amigas, y parece que no puedo hacer nuevas.

Estábamos sentados en el portal principal de nuestra antigua casa victoriana. Los tres chicos jugaban futbol en el patio, a un lado.

Lonny es bueno para escuchar, pero también tiene mentalidad de ingeniero. Es bueno para resolver problemas.

—¿Qué has hecho para conocer gente? —preguntó.

–Voy a lecturas de cuentos a la biblioteca cada semana. Hago conversación en el parque. Hasta me acerqué a una señora en una venta de garage. Tiene dos hijos y parecía una buena persona. Pero estaba más interesada en el viejo florero que observaba que en platicar.

–Supongo que estás haciendo lo correcto –dijo–. Sigue así.

Y lo hice. Traté de ser abierta y amigable. No que la gente no fuera amable. Simplemente parecía muy establecida.

Pasaron los meses y llegó el invierno. Entonces se volvió más difícil que nunca conocer gente. Admití que habíamos puesto algunos obstáculos. Llevábamos a nuestros hijos a la escuela de antes y seguíamos asistiendo a la iglesia de nuestra antigua comunidad. Pero yo nunca había tenido problemas para hacer amigos, así que di en adoptar la actitud de "¿Quién necesita un amigo?". Estaba harta de tratar de encajar en un lugar al que no parecíamos pertenecer.

Los grises días del invierno dieron paso por fin al nuevo colorido de la primavera, pero mi actitud seguía siendo lóbrega y oscura. Comencé a amargarme. Seguía yendo al parque y a la biblioteca, pero no hablaba con nadie. No invitaba a nadie. Quería regresar a nuestro viejo barrio.

Lonny notó mi ánimo decaído.

–Shawnelle, pareces inaccesible –murmuró en mi oído una tarde.

Estábamos sentados en sillas plegadizas durante el primer juego de la temporada de Ligas Menores de uno de nuestros hijos. Samuel, el de 3 años, veía el partido desde su sillita de Scooby-Doo.

–¿A qué te refieres?

–A tu lenguaje corporal. Tienes cruzados los brazos. Pusiste nuestras sillas a quince metros de las de los demás.

–No importa. No voy a hacer amigos aquí.

–Seguramente no lo harás si ni siquiera lo intentas –dijo.

Samuel volteó en ese momento. Sin duda nos había oído murmurar.

–Es cierto, papá. Aquí no hay amigos. Volvamos a casa.

Ahí sentada, miré fijamente a mi pequeño hijo rubio.

Sus palabras habían sido un reflejo de mi actitud. Y no me gustó lo que vi. Supe entonces que debía hacer un ajuste. No quería que mis hijos aprendieran que la manera de superar un momento difícil era mantener una actitud resentida y amarga.

En los meses siguientes me esforcé mucho. Sonreía cuando no tenía ganas de hacerlo. Me sumaba a conversaciones en la cancha. Los chicos y yo cocinábamos galletas para nuestros vecinos. "Va a ser grandioso cuando encuentre una amiga", me decía. "La apreciaré más que si hubiera hecho amigos de inmediato". Dejé de decir que había que volver a casa.

Nos inscribimos en cursos de lectura en la biblioteca y frecuentábamos parques y la ciclopista junto al río. Yo seguía sintiéndome sola, pero parte de mi frustración desapareció. Al menos no estaba en casa cocinando. Y era más difícil quejarme cuando sonreía.

Avanzaba día a día. Haciendo lo que podía. Tratando de no mirar atrás.

Una tarde Samuel y yo trepamos por las escaleras hasta la sala de actividades de la biblioteca. Nos habíamos inscrito en un curso de manualidades, y yo iba a lucir mi nueva actitud. Al dar vuelta a la esquina, me cercioré de parecer accesible. Sin cruzar los brazos. Una sonrisa amplia y brillante al atravesar la puerta.

Una mujer rubia a la que nunca había visto estaba sentada en una larga mesa con un niño pelirrojo. Devolvió la sonrisa. Miré sus profundos hoyuelos y amables ojos azules. El niño era de la edad de Samuel.

Había sillas vacías a su lado. Decidí acercarme.

–Hola –me dijo–. Soy Tammy. Él es Chase. ¿Quieren un asiento? Aquí hay uno.

Me senté junto a ella. Los chicos se ocuparon de lo suyo y Tammy y yo de conversar. La sala se llenó pronto, y aún teníamos mucho que decirnos.

–¿Por qué no van más tarde a la casa? –preguntó Tammy–. Vivo en una granja. Hay mucho espacio para que los niños corran.

Fuimos.

Y desde ese día, hemos vuelto un millón de veces. Tammy y yo nos hicimos las mejores amigas, y esa granja es como un segundo hogar para mis hijos.

Cuando lo veo ahora, agradezco ese difícil periodo de soledad. Aprendí a perseverar. Aprendí a mantener bajo control mi actitud. Una nueva sensibilidad nació en mí: siempre estoy en busca de recién llegados. Y tuve razón: aprecio mi amistad con Tammy. Mi familia se ha integrado a esta comunidad, y esta pequeña ciudad es donde queremos estar.

Me da mucho gusto no haberme rendido.

Y en cuanto a mis hijos, ellos también aprendieron una lección. Una valiosa lección sobre los momentos difíciles.

"Avancen", es lo que les digo. "Su corazón los seguirá".

Y de vez en cuando él te guía a ti.

Directo a los brazos de una amiga.

SHAWNELLE ELIASEN

71

Medio lleno

i hijo de en medio, Jacob, era inteligente, ingenioso y bien parecido. Pero pese a todo lo que tenía a su favor, poseía la inquietante tendencia a ver constantemente el vaso de la vida medio vacío. Cada día cuando llegaba a casa de la escuela, ¡enlistaba todas las cosas malas que le habían ocurrido! Pese a mis mejores esfuerzos, no podía convencerlo de abandonar esa actitud negativa y optar por agradecer lo que tenía.

> Cada día puede no ser bueno, pero hay algo bueno en cada día.
>
> ANÓNIMO

Cuando cumplió 9 años, ahorramos para llevar a la familia dos días a Disneylandia. Su papá y yo no ganábamos mucho entonces, así que ése fue un sacrificio considerable, pero creímos que el cumpleaños de Jacob bien valía la pena. Después de recorrer Disneylandia hasta el cansancio, nos desplomamos en nuestro cuarto de hotel y pregunté al del cumpleaños:

–¿Te divertiste, Jake?

Todo lo que mi quisquilloso hijo pudo decir fue:

–¡Los Piratas del Caribe estaba cerrado!

–¡Jacob Marshall! –estallé, evidentemente incapaz de contener mi exasperación–. Hicimos cola hora y media para ver La Mansión Embrujada. Nos subimos tres veces a la Montaña del Espacio. Fuimos al parque dos días enteros, ¿y todo lo que puedes decir es que "Los Piratas del Caribe estaba cerrado"?

Era obvio que algo tenía que hacerse respecto a su negativa actitud, ¡y yo sería quien lo haría!

Asumí mi cometido con la determinación de un comandante de batallón. Leía todos los artículos sobre el tema, compraba todos los libros. Si la internet ya hubiera existido entonces, yo habría googleado durante semanas en busca de los pertrechos que necesitaba para vencer la negatividad de mi hijo.

Con el auxilio de fabulosos recursos, desarrollé mi estrategia. Varios libros que leí identificaban el temperamento de mi hijo como melancolía: él era sensible, artístico, profundo, analítico y capaz de ver lo peor en cada situación. Eso describía muy bien a Jake.

Mi investigación me puso al tanto de que las personas con temperamento melancólico tienen una necesidad emocional de orden y sensibilidad. Eso quería decir que yo debía escuchar pacientemente la diaria letanía pesimista de mi hijo. Mi reacción usual era tratar de disuadirlo de su negativismo, pero eso no satisfaría su necesidad de sensibilidad. Tenía que dejar que terminara de lamentarse y decirle: "¿Qué cosas buenas te pasaron hoy?". Luego debía esperar hasta que pudiera decírmelo: esperar tanto como fuera necesario. Esto le ayudaría a darse cuenta de que, en efecto, le ocurrían cosas buenas, pese a su negativa perspectiva.

Llegó el día en que estaba preparada para poner en acción mis nuevas herramientas. Jake llegó a casa después de clases, se echó en su cama como de costumbre y comenzó a fastidiar de nuevo con la lista de las cosas terribles que le habían sucedido en la escuela. Yo escuché con atención, haciendo contacto visual y asintiendo con empatía, antes de preguntar:

—¿Y qué cosas buenas te pasaron hoy, Jake?

Su respuesta fue la que yo esperaba:

—Ninguna.

—Tuvo que pasarte algo bueno. Estuviste ahí seis horas —lo alenté.

Luego esperé. Esperé quince largos minutos ese primer día, decidida a quedarme ahí toda la noche si era necesario para que él cambiara de paradigma.

Al fin admitió:

—Me tocó sacudir los borradores.

—¿A ti solo?

—No, con Brandon.

—¿Tu mejor amigo?

—Sí.

–¿Quieres decir que te tocó salir del salón y sacudir los borradores con tu amigo? ¡Eres un niño afortunado, si me lo preguntas!

–Sí, eso creo –comentó Jake, echando atrás la cabeza y enderezándose.

Esto dio inicio a un ejercicio diario para nosotros. Perdí la cuenta de las veces en que repetimos este ritual. Jacob terminó por comprender el poder de una perspectiva positiva, aunque el camino para obtenerla parecía escapársele a veces. Entonces yo lo animaba a ver las cosas de otra manera, y él volvía al sendero de optar por ver lo positivo y abandonar la actitud negativa. Fue una batalla, pero salió adelante.

El año escolar estaba por terminar y llegó el Día de las Madres. Jake fue con su papá a la tienda a comprar una tarjeta de felicitación. Junto al pastel que sus hermanas y él habían preparado estaba la tarjeta que escogió. Me la dio sonriendo de oreja a oreja. Al frente decía:

"El pesimista ve el vaso medio vacío".

"El optimista lo ve medio lleno".

Abrí la tarjeta, y adentro decía:

"¡Pero mamá lo ve como el vaso de alguien demasiado desconsiderado como para ponerlo en el lavavajillas!"

Jake y yo reímos a rabiar, y en ese momento me convencí de que mi gran esfuerzo había rendido fruto.

LINDA NEWTON

72

Gotas de inspiración

Me dirigí a uno de los centros médicos de la ciudad, donde tenía cita. El día era hermoso, y el sol de la tarde y la brisa cálida parecían burlarse intencionalmente de los meteorólogos, que habían predicho un día triste y nublado, "aún a la espera de la primavera".

Al entrar al edificio me preparé para la imponente sala de espera. ¡Cuál no sería mi sorpresa al descubrir que estaba prácticamente vacía! Casi me sentí culpable, si no es que tonto, por haber supuesto que no se me recibiría a la hora de la cita. Pero así fue, y estoy seguro de que mi sonrisa hizo preguntarse a enfermeras y empleados qué trastorno mental era la causa de que estuviera ahí. De inmediato me llevaron a pesarme y a hacerme todas las revisiones preliminares que, como bien se sabe, deben realizarse antes del ajuste normal.

> Cuando te sientes como perro apaleado en la noche, puede ser porque gruñiste todo el día.
>
> ANÓNIMO

Llegó el médico, la conversación fue interesante e informativa y mis preocupaciones se tocaron al punto. Se convinieron soluciones, y antes de darme cuenta ya estaba registrando mi salida y en el pasillo, preguntándome qué salto en el tiempo acababa de dar.

Me vi entonces en pleno vestíbulo del edificio, cubierto con ropa arrugada, chamarra en mano junto con mi chequera, documentación médica, receta y la nueva dieta recomendada por el doctor.

Tras echar un vistazo a mi alrededor, no encontré una sola mesa o silla donde pudiera poner todo para organizarme. Así que dejé tranquilamente los documentos en el suelo, junto con mis demás pertenencias.

Mientras me ponía la chamarra, sentí un inconfundible "blup" en la parte trasera de la cabeza. Me volví en el acto y vi a un chico, de 8 o 9 años, sentado con su madre en la puerta de la farmacia contigua. Se reía de mí, exhibiendo una sonrisa chimuela y labios manchados de Kool-Aid de cereza. Mamá estaba enfrascada en el número más reciente de la revista *People*, ajena a la histeria cruel a su lado.

Dirigí al niño una mirada de enojo paternal, y concluí que él era obviamente el responsable de este pequeño incidente.

Volteé para recoger mis cosas del piso cuando sentí de nuevo un "blup" en la cabeza.

Esta vez oí reír al niño aun antes de volverme.

Se burlaba de mí, y mi frustración aumentaba cada segundo. Su madre salió de su trance y lo observó. Siguiendo su mirada, advirtió mi desagrado, e intentó hacer callar al niño, aunque ignoraba la causa de que se riera de mí.

Luego de repetirme en silencio unas cuantas palabras bien escogidas, me dispuse a acercarme para informarle de las actividades de su hijo cuando "blup", una gota enorme cayó sobre los documentos que yo llevaba en la mano.

Instintivamente, alcé la mirada. Un "blup" me cayó justo entre los ojos.

El chico estalló entonces, y su escandalosa risa retumbó en el vestíbulo, llamando la atención de todos a su alrededor. La madre hizo lo posible por contener la risa, la cual convirtió en una sonrisa tímida que intentó esconder bajo una mano.

Poco a poco, también mi ceño fruncido acabó en sonrisa. Una teja movida en el techo revelaba la existencia de una pequeña gotera, de donde procedían los mencionados "blups", que persistieron con igual regularidad mientras yo mantenía levantada la vista.

Dirigí al chico un gesto de disculpa, sintiendo que me encogía bajo esas gotas de agua.

Al salir del edificio, me asombró pensar que bien habría podido permitir que una posible travesura infantil arruinara el día por lo demás perfecto que estaba teniendo.

Entonces me di cuenta de cómo ocurre esto.

Sencillamente así somos, como sociedad. Dejamos que hasta el menor detalle nos contraríe, causándonos estrés, enojo y resentimiento. Esta idea surgió de tal situación. Con base en mi sencillo ejemplo, y a causa de la creciente violencia en nuestra sociedad, todo indica que colectivamente tenemos cada vez menos tolerancia a opiniones, puntos de vista o actos distintos a los nuestros. Obviamente, esa conducta es muy destructiva, y está equivocada, pero ¿cómo se puede corregir?

Esta pregunta se ha debatido largo y tendido, y se han propuesto tantas soluciones como hay juicios. Pero un buen comienzo es dar un paso atrás, respirar hondo y reírnos de vez en cuando de nosotros mismos.

Y de ser necesario, hasta salpicarnos la cara con un poco de agua fría.

GERALD L. DLUBALA

Caldo de Pollo
para el Alma

8

CAPÍTULO

Perspectivas consoladoras

Las nubes van y vienen,
mas siempre reluce su orilla.
Porque detrás de cada una,
el sol o la luna brilla.

ANÓNIMO

73

Un claro repentino

Fue un verdadero acto de fe de mi parte. Procedentes de suburbios sobrepoblados y civilizados, sabíamos muy bien que una casa apartada en el campo había sido siempre el sueño de mi esposo, no mío. Pero cuando dos personas están juntas mucho tiempo, sus sueños se fusionan, justo como sus colecciones de CD y la porcelana de sus abuelas. Así que el día en que él me dijo que había encontrado un paraíso –una casa en venta en un terreno de cuatro hectáreas a veinticinco kilómetros de distancia–, supe que mi vida estaba a punto de cambiar.

> Así como cada día llega en forma refrescante, mi gratitud se renueva a diario. El sol en el horizonte es mi corazón agradecido que amanece sobre un mundo dichoso.
>
> TERRI GUILLEMETS

–Es perfecta –dijo Jim, con voz llena de esperanza y anhelo–. Hay mucho espacio para un huerto, y ya tiene un henar, un granero de leños y muchos árboles siempre verdes para proteger nuestra privacidad.

Cuando recorrimos juntos la propiedad, vi que tenía razón en todo, incluidos los enormes árboles siempre verdes. Mientras que algunos de ellos flanqueaban cortésmente la entrada o indicaban los distantes bordes del terreno, otros se alzaban a sólo unos metros de la puerta y las ventanas del frente, oscuros e imponentes. Formaban una impenetrable muralla verde que bloqueaba tanto el paso de la luz como la vista.

–No se puede ver el jardín del frente desde la casa –señalé–, y ni siquiera un coche al atravesar la entrada.

–No te preocupes –me aseguró él–; si eso te molesta, talaremos algunos. Pero tal vez acaben por gustarte.

Vi que Jim tenía puesto su corazón en ese lugar, y meses después me vi viviendo ocho kilómetros al norte de una ciudad con un solo semáforo. Sin embargo, no pasó mucho tiempo antes de que me acostumbrara a la soledad. Comencé a apreciar la paz y tranquilidad de la vida en el campo, arrullada por el canto de los grillos y despertando con el de los pájaros. Desde el patio trasero podía ver el heno ondeando al viento, los venados que atravesaban los campos y las grullas que anidaban en nuestros pantanos. Sentí gratitud por haber encontrado algo que no sabía que me estaba perdiendo.

¡Pero esos árboles! Sencillamente no podía habituarme a la oscura muralla de los siempre verdes que se elevaban frente a la casa. Sentía claustrofobia. Ansiaba poder asomarme a las ventanas y ver el vasto y soledado césped tenderse hacia el camino. También me preocupaba nuestra seguridad; cada vez que soplaba el viento, me preguntaba si una rama terminaría estrellándose contra la ventana.

El ofrecimiento de Jim de talarlos había sido sincero pero ingenuo. Nos habíamos enterado de que era muy caro quitar árboles de ese tamaño, pues se requería equipo especializado y mano de obra en grandes cantidades. Y los camiones eran tan pesados que la compañía operadora sólo podía programar el trabajo a fines del invierno, cuando el suelo estaba aún relativamente congelado.

Así que esperamos, guardando dinero en el "Fondo de los Árboles" cada vez que podíamos. A sabiendas de que sólo tendríamos dinero para quitar unos cuantos, recorríamos la propiedad una y otra vez, mirando la casa desde todos los ángulos. Pedimos opiniones a familiares, vecinos y amigos. De hecho, cada persona que visitaba nuestra nueva casa recibía la misma pregunta: "¿Debíamos quitar un árbol sí y otro no, o tal vez un grupo de un solo lado, o...?".

Por fin, un helado día de fines de febrero llegaron los expertos en sus enormes camiones. Terminada la tarde ya habían talado tres árboles hasta el tocón, abriendo un agujero de buen tamaño en nuestra muralla vegetal y dejando pasar un poco de la débil luz del sol de invierno. Yo di gracias de que hubiéramos podido comenzar el proyecto, aunque habría querido hacer más.

Ignoraba entonces que un vuelco del destino estaba a punto de contribuir al cumplimiento de ese deseo.

Una bochornosa tarde de domingo meses después, Jim y yo estábamos afuera cuando vimos que el viento arreciaba. El cielo empezó a oscurecerse con nubes ominosas y veloces. Tomé unos ramos de flores y corrí con ellas al cobertizo, justo antes de que cayeran las primeras gotas.

Observaba desde el portal trasero cuando me di cuenta de que ésa no era una tormenta ordinaria. La lluvia caía a torrentes, casi desplazada por un viento cortante que cargaba contra el campo, y que se dirigía de frente a la casa como un tren de carga.

–¡Rápido! –le grité a Jim, que había subido para cerrar las ventanas. Tuve que gritar para que me oyera sobre el rugido del viento–. ¡Al sótano!

Fui a buscar a nuestros gatos, segura de que estarían aterrados en su escondite, cualquiera que éste fuera. Oía la lluvia golpear contra la casa, y luego una fractura estruendosa que sólo podía significar que algunas ramas de los árboles se quebraban. Se fue la luz, así que nos quedamos sin energía en todo, desde el refrigerador hasta la bomba del pozo.

Cuando Jim tomó una lámpara de mano y se reunió conmigo en la puerta del sótano, el rugido ya había parado. Ya no llovía, sólo chispeaba. Tan pronto como empezó, la tormenta había llegado a su fin.

Con el corazón sobresaltado, salimos a revisar los daños. En el patio trasero, pequeñas ramas cubrían el pasto, y algunos muebles de jardín habían sido arrastrados como pelotas en la playa. No parecía tan grave.

Cuando llegamos al frente, nos detuvimos asombrados. Todos los perales, cerezos y maples estaban intactos. Pero los inmensos siempre verdes, que debieron haber estado ahí al menos treinta años, no habían sobrevivido. Algunos se habían roto a la mitad como palillos de dientes. Uno había sido arrancado de raíz y había caído contra otro, librando nuestra casa por centímetros.

Increíble y milagrosamente, ni árboles ni ramas había caído sobre la casa. Parpadeé para contener el llanto y di gracias al cielo de que la casa en la que fundábamos nuestros sueños se mantuviera en pie.

Poner en orden ese caos implicó varios meses de trabajo con una motosierra, más un nuevo viaje de los taladores. En total se perdieron seis árboles, y el seguro cubrió la mayor parte de los gastos.

Así que, al final, lo que habría podido ser una experiencia devastadora resultó ser una bendición. Nuestros meses de planeación y angustiosa toma de decisiones habían sido barridos por el imponente poder de la Madre Naturaleza: en sólo diez minutos, el viento había cumplido lo que a nosotros nos habría llevado años hacer.

Gracias a esas nubes tormentosas, y a su hermoso contorno plateado, nuestra casa campestre es ahora un paraíso, un lugar lleno de paz, alegría... y luz.

CAROL A. GRUND

74

Caminar herido

Ni siquiera completé el primer día. Menos de veinticuatro horas después de mi llegada a Maui, ya estaba en urgencias. Mi hija y yo habíamos surfeado una hora frente a nuestro condominio en la bella playa del sur de la isla. Veleo tranquilo y diversión. Pero en el sur las condiciones pueden cambiar tan pronto como se apaga la luz. El viento azota y el oleaje se eleva y enca brita y rompe cerca de la playa.

> Las cosas salen mejor para la gente que saca el máximo provecho de cómo salen.
>
> ART LINKLETTER

Una "ola asesina" llegó rugiendo, pero no pude librarla. Me revolcó y me estrelló en la orilla, dislocando mi hombro izquierdo por segunda vez en mi menos que ilustre carrera en los deportes de tablas. (La primera vez fue esquiando, veintidós años antes.) De inmediato supe cuál había sido la lesión.

Subí corriendo de la playa al jardín del complejo de condominios donde mi esposa se relajaba leyendo un libro. Con el brazo estirado por encima de la cabeza como si pidiera un taxi, dije tranquilamente (al menos para la situación) que necesitaría algo de atención médica.

—¿Hay un doctor aquí? —gritó mi esposa a los cuatro vientos, como en las películas—. ¿O una enfermera… alguien que pueda ayudarnos?

Bueno, resulta que sí había un doctor cerca. Dos, de hecho. Eran unos hermanos que vacacionaban con sus respectivas familias. Y uno de ellos era ortopedista. ¡Qué suerte!

No tan rápido… Hicieron un buen intento, de veras. Pero sin analgésicos, era imposible que lo lograran sin un dolor insoportable.

Está bien, plan B. Mi esposa y mi hija me sujetaron con el cinturón de seguridad en el auto compacto que habíamos rentado, el brazo extendido aún, y se encaminaron al hospital, a sólo veinticinco minutos de ahí, o tres horas en tiempo de dolor extremo. Por fortuna, todavía era temprano y la espera en urgencias fue de sólo otra media hora. (Véase atrás para conversión de incomodidad.)

—No se preocupe —dijo la enfermera de urgencias mientras me administraba mi ya muy necesaria dosis de Demerol—. El doctor Smith es genial para esto. Lo hace todo el tiempo.

—Hice tres ayer —anunció orgullosamente el tipo desmelenado con bata blanca y apariencia de surfista cuando se acercó a mi cama—. Usted es el primero hoy. ¡Pero aún es temprano!

Qué suerte, ¡soy el número uno!

Los calmantes hicieron efecto, me desvanecí y el hombro regresó a su sitio. Volví en mí, y mi esposa e hija me condujeron al coche rentado en movedizos bastones propios para fugas. Diez días más de vacaciones y mi grandioso plan de jornadas repletas de deportes acuáticos y travesuras en el paraíso se hicieron literalmente añicos en las rocas, a la manera de mi cuerpo destrozado.

Pasamos a una tienda para comprar provisiones de regreso al condominio. Yo necesitaba cerveza, mucha cerveza. Como había declinado el ofrecimiento de una receta de analgésicos, tendría que automedicarme. Sin ganas de pasear por los pasillos de la tienda, dejé que las chicas hicieran las compras mientras me instalaba en una mesa al aire libre en el bar al otro lado de la calle.

Sorbía mi cerveza cuando vi a la primera, la señora en la mesa del fondo con el tobillo entablillado, que bebía un mai tai.

Sentí su dolor. Me volví hacia la mesa de mi derecha, y ahí estaba otro bebedor de cerveza con un brazo enyesado. Terminé mi cerveza y en la salida vi dos más: uno con collarín y… ¡otro con cabestrillo!

Fui a reunirme con las muchachas, y vi todavía más yesos, cabestrillos, collarines, tablillas, muletas y bastones.

De pronto me sentí mejor. Sí, me seguía doliendo el hombro. Me esperaban varios meses de terapia física. Mis planes vacacionales se habían alterado por completo. Pero… ¡no era el único! ¡Tenía compañía! Había otros como yo que se habían sacrificado y ahorrado para venir al paraíso a pasar sus vacaciones de ensueño, sólo para terminar torcidos, doblegados, traspasados y mutilados.

Sí, probablemente yo no iba a tener tanta actividad como había querido. Tendría que adaptarme. Aún podía salir a la alberca y esnorquear en el agua bajita junto al arrecife. Tendría que caminar unos días en la playa en vez de hacer mi carrera diaria. Pero a la mañana siguiente, mientras abría una cerveza en una tumbona, bajo una palmera, una vista panorámica del océano frente a mí, caí en la cuenta.

Si vas a tener que convalecer, éste es un maravilloso lugar para hacerlo.

Lee Hammerschmidt

75

Todo es para bien

El segundo semestre de mi primer año de licenciatura fue difícil. Estudiaba economía en la University of Redlands y tenía que tomar un curso de arte para cubrir un requisito de graduación. Peor aún, el único que se acomodaba a mi horario era uno de tres horas una vez a la semana, en la misma noche en que se reunía el Intervarsity Large Group Bible Study (Gran Círculo Bíblico Interuniversitario).

El Intervarsity Large Group equivalía más o menos a la totalidad de mi vida social. Yo cursaba dos carreras y una asignatura secundaria, tenía dos empleos en el campus e iba a casa cada fin de semana a cuidar a mi abuela. No tenía mucho tiempo para los amigos que tanto necesitaba. Esta fraternidad semanal era todo lo que tenía, y la idea de perderla me hizo sentir muy insegura.

> Los ángeles traen el destino hasta nuestra puerta, y dondequiera que haga falta.
>
> JESSI LANE ADAMS

Por desgracia, no tenía otra opción. Necesitaba ese curso para graduarme, y nada garantizaba que el semestre siguiente no hubiera un conflicto de horario aún peor. No había ninguna razón legítima para no tomar el curso. Además, era indudable que mis amigos no me olvidarían. El solo hecho de que no pudiera asistir al Large Group no significaba que no formara parte de Intervarsity, y ya me pondría al corriente en el retiro anual, durante la primera semana de las vacaciones de verano.

Cada año el grupo de Intervarsity tenía un retiro en la isla Catalina, frente a Newport. Todos habían pasado siempre por esa etapa maravillosa, afianzando sus lazos de hermandad, creciendo juntos en su fe. Yo siempre había querido ir, pero nunca había podido hacerlo. Este año sería distinto. Tendría dinero para el viaje. Formaría parte de ese grupo, estableciendo verdaderas relaciones interpersonales con otros, en la fe. Pertenecería.

El semestre siguió su marcha, y era raro que yo viera a mis amigos. Con cierta frecuencia, uno de los estudiantes que dirigían el círculo bíblico me visitaba en la residencia universitaria para mantenerme al tanto de nuevos eventos. Pero pasado un tiempo, él y los demás dirigentes dejaron de presentarse. Esto no me inquietó gran cosa. Estaba muy ocupada con todo lo demás.

Unas dos semanas antes de que terminara el semestre, le llamé a una de las dirigentes del grupo para pedir detalles sobre el retiro. Un tanto asombrada, me dijo que no sabía que yo tuviera interés en asistir. Expliqué con entusiasmo lo mucho que lo deseaba.

–Oh, lo siento. Las inscripciones se cerraron la semana pasada.

Callada mortificación. Había sucedido. Se habían olvidado de mí. Luego de tres años de formar parte de la fraternidad, a nadie se le había ocurrido llamarme para avisarme del retiro. Yo era insignificante; mi inseguridad aumentó.

Lastimada y resentida, me pregunté cómo había sido posible que hubiese sido tan fácilmente desdeñada por aquellos cristianos. ¿Acaso era que esas personas, empeñadas en cumplir la palabra de Dios, no hallaban ningún valor en mí? ¿Así lo sentían aun en mi presencia? ¿Mi existencia era realmente tan poco importante?

Llegó entonces el enojo. Enojo de que la fraternidad se hubiera olvidado de mí. Enojo de que yo fuera tan vulnerable al dolor. Enojo de que Dios hubiera permitido que eso ocurriera.

Si Dios tiene el control, y todo sucede "para bien", ¿cuál podía ser el "bien" de que mis amigos me hubieran olvidado por completo? ¿Cómo entender el "bien" de que mi fraternidad me hiciera a un lado y no se me permitiese ir al retiro? ¿Por qué Dios no me deseaba ahí? ¿Era yo tan despreciable que ni siquiera Dios mismo me quería?

Concluyó el semestre. Resentida y apesadumbrada, vi a mis antiguos amigos disponer sus autos y marcharse al retiro. Aún afectada por la situación, me dirigí a casa para hacerme cargo de mi abuela. La herida siguió supurando todo el primer día de vacaciones.

El segundo día, mi abuela murió.

Alrededor de las dos de la mañana la oí levantarse. Era el ritual de costumbre. Muchas veces despertaba con dolor de estómago y se sentaba en la sala hasta que pasaba.

Dejando a rastras mi cama calientita, la seguí a la sala. Ahí permanecimos, en silencio. Sentí que los párpados me pesaban cada vez más. Tal vez me dormí un rato, pero de repente ella empezó a jadear.

Alerta a medias, abrí los ojos para ver qué pasaba. Ahí estaba ella, sentada en un mullido sillón azul, saltones los ojos, la boca abierta, arqueando el cuerpo por la dificultad para respirar.

–¿Estás bien? –le pregunté como idiota. Ella ni siquiera podía respirar para responder–. Voy a llamar al 911 –dije mientras ella jadeaba más violentamente.

Cuando la ambulancia llegó, mi abuela ya había muerto. Fue un infarto.

Aunque obviamente había sufrido, terminó pronto. Ella sabía que yo estaba ahí, sosteniendo su mano. Murió en su casa, sabiéndose acompañada y amada.

Si yo hubiera ido al retiro, mi abuela habría muerto sola. Incluso, nadie se habría enterado hasta mi regreso a casa la semana siguiente, cuando habría encontrado el cadáver. Jamás me lo habría perdonado, y de súbito di gracias por no haberme ido.

Dios se sirve de todo y de todos para su mayor gloria. Aun si parece que hemos caído de su gracia, y que pone las cosas en nuestra contra, esto forma parte de su amorosa protección.

Mi abuela y yo fuimos bendecidas gracias a que Dios se sirvió tanto de un ridículo requisito universitario como del hecho de que mis amigos se hayan olvidado de mí al momento del registro para el retiro. Y Dios siguió bendiciéndome después, cuando me quedé sola, moviendo los corazones de mis amigos para que me recordaran. El pesar que sentí de que él hubiera alejado de mí a mis amigos durante ese breve periodo fue mínimo en comparación con el dolor que mi abuela y yo habríamos sufrido si ella hubiera muerto sola.

Dios tiene el control, y las cosas ocurren "para bien". Sólo que es difícil ver qué es ese "bien" antes de que ocurra.

MEI EMERALD GAFFEY-HERNANDEZ

76

Escribir una nueva historia

—Lamento que no tengamos nada adecuado para usted —me dijo la recepcionista tras el escritorio mientras me tendía mi currículum.

Experimenté en ese momento la ahora ya conocida sensación de desesperación. Conté mentalmente: era el quinto "no" que recibía en la semana.

Habían pasado cuatro meses desde que mi esposo había sido transferido a esa pequeña ciudad, y yo no me sentía en mi elemento. La vida parecía haber llegado a un *impasse* luego de la agitación de la vibrante Mumbai. Ex-

> Mantén un árbol verde en tu corazón y quizá llegue un ave canora.
>
> PROVERBIO CHINO

trañaba mi trabajo, a mis colegas, a mis amigos. ¡Vaya!, extrañaba incluso los abarrotados lugares de Mumbai. Mi trabajo en una gran corporación financiera parecía un sueño lejano. En la década de 1990, en las pequeñas ciudades indias apenas si había actividad financiera. Para una persona acostumbrada a estar más de doce horas en el trabajo, quedarse sentada en casa era un castigo. Yo tenía que trabajar.

Me presenté en las escasas agencias de colocación de la ciudad. No contenta con eso, fui al centro de negocios y entregué mi currículum en todas las oficinas convenientes.

¡En vano! Me rechazaban por estar "demasiado calificada", o los empleos sencillamente no me interesaban. Luego de casi un mes de búsqueda intensiva, seguía sin trabajo.

Examiné mi currículum, en busca de otras aptitudes que pudiera utilizar. Era especialista en mercadotecnia y finanzas… así que si las finanzas no estaban dando resultado, tal vez era momento de un puesto de mercadotecnia. No había ciudad que no necesitara gente para comercializar algo, razoné. Yo no tenía experiencia, pero debía darme una oportunidad.

Pronto estaba de regreso en las mismas oficinas con un nuevo currículum que realzaba mis aptitudes de mercadotecnia, de vuelta con los agentes de colocaciones diciéndoles que aceptaría un empleo de marketing.

A ello le siguió otra agotadora ronda de entrevistas, y el "No, gracias" fue muy doloroso. Había veces en que se me arrojaba despiadadamente con un brusco "No hay vacantes". Otras, la gente veía mi currículum y me descartaba con un seco "Pero usted no tiene experiencia". Otras más, las razones eran extrañas. "Tiene una maestría en admnistración de empresas, pero estará bajo las órdenes de una persona con licenciatura; no funcionará". O más extrañas todavía: "Nuestro equipo es de puros hombres; usted no encajará". Me habría reído de no haberme sentido tan desdichada. Peor aún, hubo ocasiones en las que ni siquiera podía pasar de la recepcionista. Le suplicaba que me dejara ver a los directivos. Pero siempre estaban "ocupados".

Era frustrante, y yo estaba desesperada. ¿De verdad no había nada que pudiera hacer? Me sentía inútil. Mi seguridad en mí misma, siempre un poco tambaleante, sufrió una profunda zambullida. Mi esposo estaba atareado con las exigencias de su nueva asignación, y yo me sentía total y verdaderamente sola.

Un día llegó a visitarme una vecina. Mientras le llevaba agua, para pasar el rato hojeó el "diario de juego" que yo había dejado en la mesa. Era un diario informal en el que yo solía derramar mi angustia después de difíciles días de buscar empleo.

—Escribes muy bien —me comentó de pasada, mientras yo le arrebataba el diario, avergonzada de mis divagaciones privadas.

Ella se fue, pero la idea quedó en mí. Tras meses de rechazo, ese elogio me hizo sentir muy bien. Yo era buena para algo… ¿o sólo había sido un cumplido? Desestimé la idea y traté de ocuparme con el trabajo doméstico.

Esa noche en la cena le mencioné el incidente a mi esposo.

—Conozco a alguien en el periódico de aquí. ¿Por qué no le preguntas? Tal vez tenga algo apropiado para ti —dijo.

¿Periódico? ¡Para nada! Mi única relación con la industria editorial había sido la de ávida lectora. Era un territorio desconocido.

Sin embargo, hice una cita con el responsable del área. No tenía nada que me recomendara: ninguna certificación, antecedente ni experiencia. Pero hice firmemente a un lado todas mis ansiedades. Traté de concentrarme en lo que sí tenía. Mi educación en una escuela de monjas y mi amor a los libros garantizaban mi íntimo conocimiento de las complejidades del inglés escrito. Eso era lo que tenía.

A la mañana siguiente, armada con los jirones de mi seguridad en mí misma y mi currículum, fui a las oficinas del periódico. No tenía nada que perder; quizá fue esa idea lo que me dio valor. Le dije al responsable que nunca había trabajado en el ramo editorial. Sin decir nada sobre eso, me tendió un texto y me ordenó:

—Corríjalo.

Cuando terminé, se lo devolví. Respirando agitadamente, esperé la temida excusa "No va a encajar".

—No está mal —dijo—, pero ¿está consciente de que empezará desde abajo?

¿Desde abajo? ¡Me estaba ofreciendo empleo! Estuve a punto de gritar de alegría, pero logré contestar con un sereno "Sí, está bien".

—Bueno, entonces vaya al Departamento de Personal para conocer su compensación —dijo.

Salí sintiéndome repentinamente ligera y eufórica.

Sin embargo ése no es el fin de la historia. Todos los días me asaltaban dudas. Cometía errores que causaban burla. Pero aprendí. Aprendí las complejidades de la información, de la realización de entrevistas, del escaneo de imágenes, de los domis y diseños, de los anuncios que llegan a última hora y desbaratan los cuidadosos cálculos de espacio. Cada día era un reto, y yo me enamoré de todo eso. Nunca había disfrutado tanto el trabajo.

No sin ironía, un año después me buscó la corporación financiera en la que había trabajado en Mumbai. Iban a poner una oficina en nuestra ciudad y querían que yo dirigiera las operaciones. ¿Y sabes qué? Fue mi turno de decir: "No, gracias".

TULIKA SINGH

77

Papá recortado

La llamada telefónica llegó un viernes a una hora avanzada de la tarde. Escuché en el correo de voz el críptico mensaje de mi jefe diciendo que nos viéramos en el aeropuerto el lunes en la mañana. Aunque él viajaba con regularidad a mi territorio de ventas para recorrer tiendas y reunirse conmigo, nunca un viaje de ésos me había inquietado tanto como éste. Se les programaba con semanas de anticipación e implicaban largos itinerarios. Esta vez era diferente, y supe de inmediato qué me aguardaba.

Tras nueve años en la compañía, había visto irse a muchos empleados. Nunca te lo decían por teléfono. Yo manejaba un coche de la compañía y cargaba una laptop y un teléfono celular que eran propiedad de la compañía. Era mucho riesgo para ellos. La notificación de despido siempre llegaba vía una visita del gerente regional anunciada apenas un par de días antes.

> Tenemos que estar dispuestos a deshacernos de la vida que hemos planeado para tener la que nos espera.
>
> JOSEPH CAMPBELL

Llámalo "recortado", "echado", "soltado", "despedido"; en realidad no importa. Lo que importaba era que en cuarenta y ocho horas yo iba a perder un empleo al que había dedicado nueve años, por el que había sacrificado muchas cosas para poder ofrecer a mi esposa y a nuestra familia la mejor vida posible.

Orillé el coche y me quedé en un costado de la calle. Estaba atontado. Quería llorar. Quería gritar. Quería hablarle a mi jefe y suplicarle que no me dejara sin trabajo. En cambio, no hice más que preguntarme cómo iba a decirle a Amber, mi esposa, que justo tres meses después de que ella había traído del hospital a nuestro primer retoño, yo ya no tenía trabajo.

Durante el fin de semana todo fue borroso. No dormí. No podía comer. Me enfermé del estómago. Amber y yo nos quedábamos despiertos hasta bien entrada la noche tratando de planear lo que vendría. Teníamos muy pocos ahorros y vivíamos en una ciudad famosa por su endeble mercado de trabajo. Yo me preguntaba cómo podríamos salir adelante. Tenía miedo. En realidad estaba aterrado, y esto describe más apropiadamente mi estado anímico.

En una de esas conversaciones a altas horas de la noche, mi esposa me dio un consejo excelente. Esto no sólo me hizo superar los días más oscuros de mi vida, sino que también convirtió lo que yo veía como lo peor que hubiera podido pasarme en algo que ahora veo como una bendición increíble.

—Mantén la cabeza en alto, siéntete orgulloso de lo que has logrado, llega con dignidad y retírate de la misma manera —me dijo—. Esto está pasando por una razón, y algún día sabrás cuál es.

El lunes me levanté temprano y me puse una camisa recién planchada y corbata. Organicé mis carpetas, y tomé mi gafete, teléfono celular, llaves extra del coche y otros materiales y guardé todo en un sobre grande de papel manila. Llegué temprano al aeropuerto, en compañía de mi esposa y mi hija, para que me apoyaran (y me acompañaran en el viaje de regreso a casa una vez que me quitaran el coche).

Vi a mi jefe cruzar la terminal aérea en dirección a mí. Sentí mi pecho tensarse mientras me levantaba del asiento. Las piernas se me hicieron de hule y estaba seguro de que iba a desplomarme cuando lo seguí a una mesa en una esquina. No recuerdo la mayor parte de lo que se dijo, pero una vez que el hacha cayó oficialmente, entregué mis pertenencias corporativas, me puse de pie, le di la mano a aquel sujeto y le agradecí la oportunidad que me había dado.

Al dar vuelta a la esquina para retirarme, los ojos se me anegaron en lágrimas al comprender la gravedad de la situación. Estaba desempleado por primera vez desde que tenía 13 años.

Pasé la semana siguiente en blanco. Como mi esposa era maestra, tenía libre el verano. Mientras ella se quedaba en casa con Zoey, yo me refugiaba en las matinés de los cines, sin saber qué hacer mientras todos los demás trabajaban. Me perdía en lo que hubiera en la pantalla, esperando embotar el dolor que me corroía mientras trataba de asimilar lo que había sucedido.

Desde siempre se me había identificado no como el más listo, el de mejor apariencia o el más talentoso del salón, sino como el que más trabajaba. Eso era yo, y sin ese manto de seguridad estaba perdido.

Sin poder permitirnos ya la guardería que habíamos planeado para Zoey, me correspondió asumir el papel de papá que se queda en casa. Mi esposa volvió a la escuela, y en lo que pareció un abrir y cerrar de ojos yo pasé de administrar un territorio de ventas con veinte empleados, millones de dólares en ingresos anuales, un teléfono celular que sonaba todo el tiempo y una agenda llena de citas, a cambiar pañales, lavar botellas y entonar canciones de cuna. No sabía que lo que al principio había parecido completamente devastador habría de convertirse en una bendición increíble.

Al paso de las semanas la depresión se desvaneció, y yo comprendí que, me gustara o no, tenía la responsabilidad de ser el mejor papá que se queda en casa. El problema era que no sabía qué hacer con un bebé. Aquélla era mi primera hija, y nunca había pasado mucho tiempo con bebés. No tenía idea de cómo ocupar su tiempo. Así que hice lo único que sabía: improvisar.

Pronto Zoey y yo dábamos paseos diarios al centro comercial e íbamos al lago. Nos volvimos asiduos a la librería local, asistiendo a lecturas y firmas de libros. A veces ella se dormía y yo me sentaba a leer el periódico, pero casi siempre estaba a mi lado, y en poco tiempo fuimos inseparables.

Ella se convirtió en mi compañera de la hora de la comida, mi confidente y mi mejor amiga. Más todavía, yo me convertí en papá. No en padre, un diligente sostén del hogar, sino en papá. Estuve a su lado en su primera palabra y su primera mordida a un alimento sólido. La vi dar sus primeros pasos. Fue increíble. Entendía sus variados llantos, conocí su extravagante personalidad y ella y yo desarrollamos un vínculo que cuatro años después se ha vuelto inquebrantable.

Aunque el buen sueldo, las bonificaciones, el coche de la compañía y todas las demás ventajas de la vida corporativa desaparecieron hace mucho tiempo, yo no los cambiaría por algo muy especial. Aquello tan oscuro y devastador, que causó en nuestra vida tantas dificultades financieras y tantas tensiones, me volvió un hombre nuevo. No hay empleo en el mundo que valga el tiempo que he pasado con Zoey y, dotado de una nueva serie de prioridades, finalmente tuve el valor de cambiar de profesión y perseguir mis sueños.

Hoy he regresado al trabajo, en un empleo que me gusta, haciendo lo que siempre quise hacer. Nunca volveré a ganar tanto dinero como antes, pero la satisfacción, la paz en mi corazón y, sobre todo, la relación que tengo con mi hija son cosas que el dinero nunca podría comprar.

MATT CHANDLER

78

Todo tiene una razón

La primera vez que vi que mi hijo de 12 años parpadeaba en forma poco natural, pensé que se le había metido polvo o una pestaña al ojo. Cada pocos segundos le parpadeaba el ojo derecho, como si hiciera un guiño largo que él se empeñaba en contener. Pero aun después de lavarle el ojo y examinarlo detenidamente, no había evidencias de que se le hubieran metido cuerpos extraños.

—No sé qué me pasa —me dijo él con esa voz de preocupación que los niños reservan para su mamá—. De repente me dan ganas de parpadear, y aunque trato de no hacerlo, no puedo evitar que suceda.

Cuando vio que lo miraba confundida, intentó explicarse:

—Es como cuando tienes que toser y te aguantas un rato para no hacerlo, pero después acaba por salir.

> Una persona suele enfrentar su destino en el camino que tomó para evitarlo.
>
> JEAN DE LA FONTAINE

En ese entonces no sabíamos que el parpadeo de mi hijo era sólo el principio de un viaje largo y difícil que nos llevaría de un médico a otro y que traería consigo un diagnóstico de síndrome de Tourette.

"Tics" llamó el neurólgo a los impulsos incontrolables de Craig. Cuando el tic que lo hacía parpadear desapareció, tan abruptamente como había surgido, fue remplazado por un continuo sorbido nasal. Siguieron otros tics: resoplidos, resuellos, carraspeos y sacudimientos de cabeza. Algunos eran poco más que enfadosos, otros más molestos. Pero cuando en él brotaron fuertes ruidos, una combinación de ladrido y aullido, mi hijo se volvió objeto de miradas curiosas y comentarios crueles, lo que lo dejaba muerto de vergüenza. Estaba atrapado en un cuerpo que había desarrollado una mente por sí solo.

El síndrome de Tourette, se nos informó, es un trastorno neurológico que se caracteriza por involuntarios movimientos repetitivos y vocalizaciones. Se calcula que veinte mil estadunidenses padecen la modalidad más severa de esta afección, y que hasta uno de cada cien exhiben síntomas moderados menos complejos, como tics motores o vocales crónicos.

Durante la adolescencia de Craig, los tics fueron y vinieron. Mi inteligente, popular, polifacético y adolescente hijo se convirtió pronto en un ermitaño que a la menor oportunidad se refugiaba en la privacidad de su recámara, donde su cuerpo podía liberar sin vergüenza sus incontrolables aullidos, ladridos y resuellos. Su única paz llegaba cuando se dormía y sus tics cesaban al fin. Años que debieron haber estado llenos de la diversión más despreocupada lo fueron en cambio de soledad, confusión y enojo por tener un trastorno que la mayoría de la gente no comprendía.

Como su mamá, me convertí en abogada de su salud, buscando información sobre el síndrome de Tourette y los posibles tratamientos, mientras lo ayudaba a aceptar que era "diferente". Mi mayor reto fue tratar de contestar su pregunta más dolorosa: "¿Por qué yo?".

—Todo tiene una razón —le repetía yo una y otra vez, esperando convencerlo (y a mí) de tal cosa. Entre tanto, pedía en silencio que, antes de que pasara demasiado tiempo, halláramos la razón de que mi hijo se viera torturado por un cuerpo que no podía controlar.

Un día Craig hizo un descubrimiento asombroso. Mientras probábamos nuestra videocámara nueva, su hermana y él se pusieron a retozar, divirtiéndonos con la representación de escenas de algunas de sus películas favoritas. Cuando pusimos el video, no podíamos creer lo que veíamos... ni lo que oíamos. Frente a la cámara, todos los tics de Craig habían desaparecido. Ni un solo parpadeo. Ni un carraspeo. Ni un aullido ni ladrido.

Pronto dedujo que cuando estaba perfectamente atento y sumido en la concentración, sus tics se evaporaban, al menos temporalmente.

Mientras Craig seguía recitando monólogos de películas e improvisando sketches cómicos frente a la cámara y en su espejo —saboreando sus momentos sin tics–, un sueño empezó a cobrar forma: ser actor.

Pese a su timidez, se inscribió en talleres de actuación, y cada sábado tomaba el tren de Long Island a Manhattan. Su determinación lo ayudó a ignorar miradas y comentarios, y a concentrarse en su meta. Aunque yo no dejaba de preocuparme por él, la tensión en mi estómago comenzó a relajarse mientras lo veía desarrollar una nueva seguridad en sí mismo. Alentado por sus maestros de actuación, empezó a creer en él. Hizo nuevos amigos y se reinventó a sí mismo, no como víctima, sino como un individuo fuerte y perseverante. Y conforme lo hacía, sus tics fueron perdiendo importancia. Sabiendo lo que se sentía ser "diferente", se volvió más sensible y compasivo que la mayoría de los jóvenes de su edad, sin temer acercarse a quienes también tenían retos que vencer.

Craig logró ingresar a una universidad prestigiosa pese a su síndrome de Tourette. Cuando se graduó en Cornell, sabía que –con tics y todo– estaba listo para volver realidad sus sueños. Atravesar el país, a cinco mil kilómetros de su familia, no fue una decisión fácil. Dividido entre su impulso a seguir su carrera de actor y el miedo a que su cuerpo no cooperara, descubrió en él un valor que desconocía. Su trayecto en los meses siguientes implicó muchos tropiezos: reveses de salud y momentos de soledad, frustración y vergüenza. Pero también estuvo lleno de logros, triunfos, potenciación y, en última instancia, aceptación.

Nunca olvidaré la noche en que llamó a casa para decirnos que había "concertado un trabajo" como estrella invitada en CSI. Y qué ironía: ¡su personaje tenía síndrome de Tourette!

Lo oí contar emocionado y orgulloso los detalles de su exitosa audición. Después de tantos años tratando de esconder sus tics, había conseguido un papel en el programa de televisión más visto en Estados Unidos, ¡en el que tendría que temblar, resoplar y exhibir todos los tics posibles!

Antes de colgar, me dio el mejor regalo de todos:

–Gracias, mamá, por haberme repetido tantas veces esas palabras a lo largo de los años, hasta que por fin creí en ellas. Ahora sé que estabas en lo cierto: todo tiene una razón.

LINDA SASLOW

79

Recompensas inesperadas

Hace unos años volé a Nueva York en viaje de negocios, otro más en una interminable serie de juntas. Tomé un taxi del aeropuerto de LaGuardia a la asamblea de la National Coffee Association (Asociación Nacional de Productores de Café), una vez terminada la cual —que duró horas en las que apenas si dije una palabra—, tiré de mi maleta bajo el cielo de esa noche de noviembre. "Puede tomar un taxi afuera sin ningún problema", me había asegurado un empleado.

> No podemos dirigir el viento, pero sí ajustar las velas.
>
> ANÓNIMO

Y traté, vaya que traté, a mi tentativa manera del centro de Illinois. Claro que estoy segura de que para los lugareños, todos los cuales se dirigían de prisa a su casa después del trabajo, evitando infaliblemente el contacto visual, parecía que yo estuviera esperando a mi chofer.

Llegué primero al borde de la banqueta y miré la calle, frunciendo el ceño. Cuando el primer taxi se acercó, alcé un dedo, emulando la ola perfeccionada por los agricultores donde yo crecí: un dedo levantado un momento del volante, y luego un rápido repliegue. Ésa era una señal más que suficiente. Cuando fue ignorada, intenté mover la mano, y hasta aventuré un tímido "¡Taxi!", pero fue inútil. Los taxis pasaban a gran velocidad, todos ellos ocupados por gente de negocios más importante que yo. Segura y abrigada: indudablemente la llevaban a cenar.

Crucé la calle lo más rápido que pude, aunque no lo suficiente para llegar a la otra acera antes de que cambiara la luz. La rodilla se me torcía en los momentos más inoportunos, como a media calle, y yo tenía que hacer una pausa para reacomodarla.

Probé mi técnica al otro lado de la avenida. Tenía frío, y mi maleta rodante y la laptop pesaban. Se me ocurrió que si, desesperada, me sentaba en la banqueta, la gente pasaría sencillamente a mi lado. Pero la idea de perecer en las calles de Nueva York no me atraía, así que paseé la mirada a mi alrededor y vi un Sheraton con un sitio de taxis enfrente. Arrastré desesperada mi maleta hasta el hotel, donde un caballero elegante emergía justo de un taxi. Me adelanté a una pareja que se acercaba al coche de alquiler y apliqué a la situación un poco de delicadeza neoyorquina:

—Voy a Brooklyn, ¿me puede llevar?

Sin esperar la respuesta del taxista, me desplomé en el asiento trasero y le pedí que subiera la maleta a la cajuela. Lo hizo. Mientras nos dirigíamos a Brooklyn a toda prisa, llamé a mis compañeras que ya estaban en el hotel.

—Tuve problemas para tomar un taxi —les dije.

Llegué al hotel, me registré y tomé el elevador, exhausta. Habitación 440. Consulté el plano del piso y descubrí que mi cuarto estaba en el extremo contrario de la planta. De cara a un largo pasillo flanqueado por puertas cerradas, reuní las pocas fuerzas que me quedaban y jalé mi maleta hacia mi habitación, maldiciendo en silencio mis encantadores zapatos rosas de punta, que se me habían salido al menos cinco veces durante el prolongado recorrido.

Desempaqué mi escaso guardarropa formal, puse la laptop en el escritorio, ordené por teléfono un sándwich y una copa de vino y empecé a responder mis mensajes de correo electrónico.

La semana anterior había visto a mi doctora para que me realizara una resonancia magnética, luego de casi dos años de especulaciones médicas sobre lo que me ocurría. La enfermera me había llamado para darme los resultados de la resonancia —no se había detectado ningún problema—, así que yo tenía que mandar un correo a la doctora para preguntarle si debía presentarme a una nueva cita con ella.

El camarero tocó a mi puerta y dejó mi sándwich de salmón en la mesa, esperando solícitamente a que yo firmara el comprobante y le diera una generosa propina. Me recosté frente a la computadora, abrí el correo y me sorprendió ver que mi doctora había contestado casi de inmediato.

En efecto, la resonancia no indicaba lesiones, decía en su mensaje, pero añadía una advertencia: "Su historia de disfunción neurológica progresiva y fluido espinal anormal es compatible con un diagnóstico de esclerosis múltiple primaria progresiva".

Volví a recostarme en la silla, mirando por la ventana la plaza a oscuras frente al hotel. Mi vida cambió para siempre en ese momento. No de golpe, sino lenta, irrevocablemente. Y sigue cambiando a medida que esa insidiosa enfermedad destruye poco a poco la mielina que rodea a los nervios que me permiten caminar, escribir y hablar.

Ese diagnóstico me movió a actuar. Lectora voraz desde siempre, mi mayor ambición era escribir un libro. Ahora, mi movilidad decreciente me permitiría dedicar horas enteras a escribir. Así como muchas personas hacen grandes cambios al llegar a la edad madura, yo decidí que era ahora o nunca.

Por fortuna, tenía una idea. Desde 2003 mi esposo y yo habíamos sido guías voluntarios de la Dana-Thomas House de Springfield, Illinois, diseñada por Frank Lloyd Wright. Esta casa terminó de construirse en 1904, y los tristemente célebres disturbios racistas de Springfield, en los que fueron linchados dos negros, ocurrieron en 1908. Yo empecé a preguntarme si sería posible escribir una novela centrada en la experiencia de una joven sirvienta negra de la Dana-Thomas House. Esta idea atrapó mi imaginación y me puse a investigar acerca de esos disturbios. En los dos años siguientes mi discapacidad aumentó, pero aun así podía subir hasta el segundo piso de la biblioteca de Springfield para revisar ejemplares microfilmados de viejos libros y periódicos. No pasó mucho tiempo antes de que me obsesionara en contar la historia de mi protagonista. Conservaba mi empleo de tiempo completo, pero pasaba cada noche y fin de semana en la computadora, y reescribí el libro al menos tres veces. En 2007 lo había terminado ya, y lo envié con grandes esperanzas a casi cincuenta agentes y editoriales. Pero ninguno me contestó, y a fines de ese año estaba resuelta a darme por vencida.

Sin embargo, recibí aliento en el momento justo. A principios de 2008 se publicó en el periódico local un generoso artículo sobre mi libro, en ocasión de la conmemoración de los disturbios racistas. A ello le siguió un año de bendiciones que no habrían tenido lugar si yo no hubiera escrito y autopublicado mi novela, *Water and Fire* (Agua y fuego). Experimenté cosas con las que sueña todo aspirante a escritor: una sesión de firma de libros en la Dana-Thomas House, una lectura en la Abraham Lincoln Presidential Library (Biblioteca del Presidente Abraham Lincoln), presentaciones en grupos de lectores y asociaciones de retirados y una aparición en la televisión local. Incluso hallé mi libro en la estantería de la biblioteca de mi ciudad.

Dulces como fueron, sin embargo, estas satisfacciones empalidecen en comparación con las amistades nuevas o afianzadas, las amables palabras de compañeros de trabajo, las opiniones y honestas sugerencias de miembros de mi comunidad religiosa y el aliento de las mujeres de mi grupo de lectura. Algunos de mis parientes me dijeron que leyeron el libro, y que presumían de tener una escritora en la familia. Completos desconocidos me escribieron comentarios muy sinceros.

Aunque yo no le recomendaría la esclerosis múltiple a nadie, no habría escrito mi libro si aquella noche en Nueva York no hubiera recibido el devastador correo electrónico de mi doctora. Un diagnóstico terrible puede rendir recompensas inesperadas, e incluso una dicha enorme. Sigo teniendo esclerosis y hay caminos ignotos por delante, pero Dios verá por mí y mis días contendrán más alegría que dolor.

MELINDA MCDONALD

80

Señal de alarma

A l abrir la puerta de la casa, oí el sonido penetrante de una alarma en la oscuridad.

Al correr hacia ese ruido desconocido, caí en la cuenta de que era el detector de monóxido de carbono recién instalado.

—¿De qué color parpadea? —le pregunté a Mike, mi esposo.

—Rojo —contestó.

Aun antes de encontrar el instructivo del detector, supe que eso no podía ser bueno.

> Si dices que algo
> es malo haces poco,
> si dices que algo
> es bueno haces mucho.
>
> JOHANN WOLFGANG VON GOETHE

Tal vez esto explicaba por qué ninguno de los dos se había sentido bien en los últimos días, o por qué el corazón se me aceleraba de repente y tenía que hacer esfuerzos para respirar.

El folleto decía: "Si oye la alarma y la luz roja parpadea, vaya a una fuente de aire fresco".

—¡Habla al 911! —le grité a Mike mientras abría la puerta principal para que entrara aire fresco a la casa, pese a la temperatura exterior de más de diez grados bajo cero.

Los paramédicos llegaron pronto y revisaron el detector de monóxido de carbono y la caldera.

—Cuando recibimos una llamada como ésta, usualmente el detector no funciona bien —dijo uno de los paramédicos.

De pronto me sentí tonta por haberles llamado en una noche tan fría. Aunque había comprado el detector hacía meses, sólo llevábamos un día usándolo.

Poco después llegó el representante de la compañía de electricidad y encendió la caldera, probando el aire que salía por varios respiraderos. Oí el rápido bip de su detector al inclinarse sobre el respiradero de la recámara.

—Perdón, señores —dijo—. Tengo que sellar la caldera y apagarla. Los niveles de monóxido de carbono son cuatro veces superiores a los límites permisibles.

Asustados, lo vimos apagar la luz del piloto y poner en la caldera de gas una etiqueta roja de "aviso de condición inadecuada", pese a que nuestro aparato no había dado hasta entonces ninguna señal de mal funcionamiento.

Cuando todos se fueron, comprendimos la gravedad de la situación. Cabía la posibilidad, a causa del frío intenso, de que la caldera hubiera trabajado más de lo aconsejable. Pero también de que nosotros no hubiéramos amanecido al día siguiente. Si un nivel de monóxido de carbono cuatro veces superior a los límites permisibles había invadido la recámara en cuestión de segundos, ¿cuánto más habría podido acumularse durante la noche?

Temblé al imaginar lo que habría podido ocurrir. Faltaban cuatro días para la navidad, y era inquietante pensar que habríamos podido no estar vivos para celebrarla con mi familia. Me preguntaba qué me había impulsado a decidir la instalación de baterías un día anterior.

Sin duda alguien velaba por nosotros.

De súbito tuve una nueva apreciación de la vida. Juré no volver a dar nada por sentado. Aun pasar un par de noches en una casa helada hasta que se instalara una nueva caldera era una molestia soportable.

Tras una semana de muy esperadas vacaciones en casa de mi familia durante las fiestas, volví a mi puesto el 4 de enero, sin miedo a la montaña de trabajo que me aguardaba.

Acababa de quitarme el abrigo cuando el director editorial del periódico me abordó.

—¿Tienes un minuto para acompañarme? —preguntó.

De camino a la oficina de la directora general, le dije:

—Esto no pinta bien.

—No —confirmó—. Despidos.

Entramos en silencio mientras desordenadas ideas se arremolinaban en mi mente. Había trabajado veintiséis años en ese periódico, como asistente editorial, bibliotecaria y editora. Incluso había conocido ahí a mi esposo. Pero no puedo decir que no creyera que ese día llegaría. Sólo que no lo esperaba tan pronto. Sabía que la industria periodística pasaba por un mal momento, y que en toda la nación se despedía a periodistas. También que este periódico estaba teniendo problemas para reinventarse con objeto de seguir siendo útil a la comunidad. Pero mi papel en esa reinvención ya no era necesario.

En tanto que tomaba asiento en la oficina de la directora, ella me tendió una carta y una caja de pañuelos desechables. Me explicó que la empresa había eliminado mi puesto a causa de dificultades financieras. Intenté procesar lo que sucedía al mismo tiempo que trataba de concentrarme en algunas partes de la conversación: "Joe (el director editorial) hizo todo lo posible por salvar tu puesto"… "siempre has sido una buena trabajadora"… "tienes mucho talento"…

Al regresar a mi escritorio le hablé a mi esposo, recogí parte de mis pertenencias y me puse mi abrigo. Algunos compañeros se acercaron a abrazarme mientras yo me abría torpe paso a la puerta por última vez. Afuera, esperé bajo la nieve y el viento a que mi esposo pasara a recogerme. Una vez en el coche, rompí a llorar de nueva cuenta.

Mis recuerdos del resto de ese día son muy vagos, aunque lo dediqué sobre todo a recibir llamadas telefónicas de antiguos compañeros, en medio de arrebatos de llanto. "Eres una mujer inteligente, encontrarás otra cosa"… "No te preocupes, vas a estar bien"… "Hallarás algo mejor", oí decir una y otra vez. Pero la aseveración de mi antiguo jefe de que "todo es para bien" resonaba en mí. Por alguna razón inexplicable, en mi conciencia empezó a madurar la idea de que en realidad esto podía ser una bendición.

Al día siguiente, una vez pasado el impacto inicial, sentí que se me hubiera quitado de encima un peso enorme. Era una sensación extraña e inesperada de liberación, de –¿me atreveré a decirlo?– alegría. De repente me di cuenta de que, en efecto, mi despido había sido para bien. ¿Qué podía conseguir, además, quejándome de mi destino? Era más importante concentrarse en el futuro.

Esto, sentí, era una señal de alarma: "Está bien, sigues viva. ¿Qué vas a hacer ahora? La vida es demasiado breve para sentirte fracasada en tu carrera". Aunque había trabajado en el periódico más de dos décadas, ése no era ya un empleo que disfrutara en particular. Actuaba por inercia, para que me pagaran. Ésta era mi oportunidad de trabajar en algo que realmente me entusiasmara.

Años de vida frugal me habían permitido acumular un colchón financiero para momentos difíciles. Esta red de protección reforzó mi determinación de dedicar el tiempo necesario a embarcarme en la senda profesional correcta. Hace años me percaté de que podía ser feliz viviendo con mucho menos que la mayoría. El materialismo y el afán incesante de "no quedarse atrás de los demás", creía yo firmemente, no eran una manera de vivir. Sumergirse en una cuantiosa deuda y en la interminable persecución de "cosas" sin sentido no era vivir en absoluto. Mientras tuviera techo, comida y otros ingredientes básicos, estaba satisfecha.

Dado que siempre había disfrutado de la serenidad y creciente productividad de laborar en casa cuando años atrás había trabajado por mi cuenta, era evidente que ésa era una opción natural. La comodidad de trabajar en casa fue algo que perdí con frecuencia durante mis años en una caótica, ruidosa y apresurada sala de redacción.

Además, gracias a internet, las posibilidades de trabajar por mi cuenta eran infinitas. Podía tener clientes a cientos, o miles, de kilómetros de distancia en vez de estar atada a un jefe que solía asignarme tareas tontas y aburridas, que no implicaban nada de creatividad. Estaría en libertad de perseguir lo que me interesara.

En lugar de batallar con una pila de trabajo en un horario estricto de nueve a cinco, estaría en libertad de trabajar bajo mis propias condiciones, y en algo más pleno y satisfactorio. Mientras tuviera ingresos suficientes para pagar mis cuentas, ni siquiera tendría que volver a trabajar de tiempo completo. Podría destinar parte de mi tiempo a hacer labor voluntaria, relajarme o simplemente "estar". La decisión era mía.

¿Cuántas veces había oído: "Haz lo que te gusta y el dinero llegará por añadidura"? Así fuera escribir, realizar corrección de estilo, elaborar índices de libros o vender antigüedades, haría algo –para variar– que quisiera seguir haciendo en los años que me quedaban antes de retirarme. Establecerse implicaría sin duda mucho esfuerzo y motivación, pero estaba dispuesta a hacer lo que fuera.

¿Alguna vez habría tenido el valor de dejar mi puesto para cumplir mi anhelo de autoemplearme? En absoluto. Ser despedida fue el aguijón que necesitaba para por fin hacerle caso a mi corazón.

El susto del monóxido del carbono y un despido una semana después habrían podido sumirme fácilmente en la desesperación. Pero los tomé como lo que en verdad eran. Alguien estaba tratando de transmitirme un mensaje. Lo único que tuve que hacer fue escuchar.

DEBBIE DUFRESNE

81

Clases de italiano

"Cartera robada; contenía pasaporte y tarjetas de crédito". En la pequeña estación de policía oculta en una esquina de la Stazione Termini, la principal estación de trenes de Roma, llené los formatos necesarios mientras trataba de contener lágrimas de enojo, frustración y humillación. Sí, claro, nos lo habían advertido. Primero Rita, nuestra maestra de italiano en Indianapolis, y luego una y otra vez desde que llegamos a Italia diez días atrás. "¡Cuidado con los carteristas! Protege tu bolsa". Y yo había sido prudente. Pero, por experimentada que fuese como viajera, dieron conmigo, cuando esperábamos un tren que nos llevara al aeropuerto.

> Lo único seguro de la suerte es que cambiará.
>
> WILSON MIZNER

¡Me sentí tan tonta! ¿Cómo había podido ser tan incauta? En el hotel nos readmitieron de buena gana, pero tardamos varias horas en cancelar las tarjetas de crédito, notificar a la cuidadora de nuestro gato y cubrir en el trabajo nuestro retraso de dos días. Jimmy, mi esposo, trató de consolarme recordándome que, como viajábamos de standby con Delta Airlines Buddy Passes, podíamos tomar cualquier vuelo con asientos vacíos, ¡pero yo sencillamente me sentía tonta, tonta, tonta! Más tarde, ni siquiera una de esas largas y deliciosas cenas italianas alivió mi sensación de humillación e ineptitud.

A la mañana siguiente nos vestimos de viajeros y fuimos a la embajada estadounidense a obtener mi pasaporte temporal, con la idea de salir corriendo al aeropuerto si terminábamos a tiempo.

–Dígame algo único de Indiana –me dijo la joven del mostrador luego de ver mi solicitud–. Debo preguntárselo porque no trae acta de nacimiento.

¿Único? ¿De mi estado natal?

–¿Las 500 millas de Indianapolis? –tartamudeé.

Ella frunció el ceño.

–¿Un parque estatal o algo así? ¿Una montaña o playa famosa?

–Creo que el ave estatal es el cardenal. Aunque no estoy muy segura –respondí, la mente en blanco.

Ella ha de haber decidido que una usurpadora de identidad habría estado mejor preparada, porque diez minutos después salimos con mi pasaporte nuevo.

–Quedémonos –me dijo Jimmy mientras esperábamos cruzar la transitada calle–. Nadie nos espera en casa hoy.

–¿De veras? ¿Podemos hacerlo?

De repente me sentí una niña yéndose de pinta. Mi depresión empezó a ceder.

Fue un día encantador. Deambulamos por toda la ciudad, visitando lugares de interés que creímos que tendríamos que perdernos. De vez en cuando, sin embargo, me acometían destellos de la vergüenza que iba a sentir cuando tuviera que explicar mi descuido a nuestros amigos en casa.

Los pies por fin empezaron a dolernos cuando cruzábamos un puente cerca de las ruinas del edificio donde supuestamente Julio César fue ultimado por Bruto. Nos encaminamos entonces a una banca próxima. Durante nuestra estancia habíamos pasado varias veces de carrera por esas ruinas, y hasta comentado acerca del gran número de gatos que se asoleaban entre las columnas rotas, a cinco metros bajo el nivel de la banqueta. Sin embargo, no nos habíamos fijado en el inmenso cartel elaborado a mano en el que una flecha roja señalaba hacia una escalera cerca del extremo del puente. "Santuario de gatos, visitantes bienvenidos". No pudimos resistirnos.

Al pie de la escalera se tendía un pequeño jardín frente a una entrada arqueada que parecía adosada al contrafuerte del puente. Media docena de gatos se asoleaban en el jardín. Olía a comida de gato. Bueno, también a orines, pero no demasiado. Obedecimos la invitación en la puerta y entramos a una sala enorme llena de jaulas, todas con las puertas abiertas. Gracias a las tarjetas informativas dispuestas en una mesa grande, nos enteramos de que ese santuario aloja a más de seiscientos gatos, algunos silvestres, otros abandonados. Una vez que los gatos son castrados, inyectados y provistos en las orejas de etiquetas de identificación, se les deja en libertad, aunque vuelven a las jaulas en busca de techo y comida. A la cuidadora de nuestro gato le compramos un vistoso libro de fotografías sobre un gato tuerto que vivió ahí. La empleada que nos cobró nos dijo que Deborah podía firmárnoslo, y llamó a la autora, una mujer esbelta de cabello largo y desgreñado y una energía imposible de ocultar.

Deborah es estadunidense, apasionada, irreverente y absolutamente encantadora. Llegó a Roma de visita hace dieciséis años y se quedó. Fue una de las fundadoras del santuario. Su principal afición es cuidar gatos. El año anterior habían recibido mil de ellos, y dieron trescientos en adopción.

El refugio vive de donativos. El gobierno de la ciudad amenaza ocasionalmente con clausurarlo, porque no tiene ningún derecho legal de estar ahí. Deborah y su séquito se han impuesto hasta ahora en cada escaramuza con las autoridades, gracias a que mandan correos electrónicos a sus donadores en todo el mundo, lo cual produce una amplia campaña de cartas al alcalde, y una amenaza de publicidad negativa para la ciudad.

Deborah vio de pronto la cámara de Jimmy.

—Estamos por iniciar una campaña —explicó— para dar a conocer que no sólo cuidamos gatos. Muchos ancianos en Roma gastan gran parte de su pensión alimentando a gatos sin hogar. Algunos se quedan sin comer con tal de hacerlo. El santuario ayuda a más de cincuenta, dándoles comida o aceptando sus gatos.

Hizo un gesto en dirección a la cámara.

—Necesitamos fotos para los carteles.

Una anciana, enferma de osteoporosis, acababa de entrar a la sala.

—Aquí está nuestra modelo —dijo Deborah—. Carla tiene dieciséis gatos, ocupa un departamento sin calefacción y vive de su pensión. Viene aquí por comida para gato y se queda con nosotros casi todos los días fríos, ayudándonos con los animales y calentándose.

Deborah tomó dos tazones de comida para gatos y nos llevó a las ruinas. Dejó los tazones en el suelo y colocó a Carla cerca, mientras los gatos se precipitaban a comer. La anciana se estiró para aminorar su joroba y sonrió a la cámara. Era muy bella. Jimmy y Deborah dedicaron más de media hora a tomar fotos y verlas después hasta que quedaron satisfechos. Mientras yo las veía, se me ocurrió que éste era el motivo por el que nos quedamos en Roma.

—¡Por supuesto! —exclamó Deborah cuando se lo dije—. A mí me han robado el pasaporte tres veces, y siempre ha habido una razón. ¿Podrían mandarme las fotos por correo electrónico cuando lleguen a casa?

Nos despedimos con abrazos.

Yo sonreí durante todo el camino de regreso a nuestro hotel, durante toda la cena, y seguía sonriendo al día siguiente cuando abordamos el avión. Varios años después, sigo sonriendo cuando pienso en Deborah y su santuario de gatos. Ella nos escribió diciéndonos que su campaña fue un éxito, y que rindió lo suficiente para asegurar al santuario un año más de compasiva atención.

Claro que sé que esa campaña pudo haberse hecho sin nosotros, pero estuvimos ahí en el momento justo, y para dos estadunidenses amantes de los gatos fue una bendición participar en algo tan noble y maravilloso, tan universal. Ahora, cuando me preguntan qué fue lo mejor que me pasó en Italia, siempre respondo: "Todo empezó cuando me robaron la bolsa".

Sheila Sowder

82

Después de la curva

L a nieve llegó antes de lo previsto mientras yo llenaba con las bolsas de mis compras la cajuela del Chevy y la cerraba. Muchos centímetros de nieve cubrían ya nuestra comunidad, y esta nueva tormenta era otra ráfaga cruel.

"Podría ser la tormenta del siglo", refunfuñé, encendiendo el motor y pensando en los últimos años de dificultades. Había superado enfermedades, pérdidas financieras y la muerte de amigos, pero lo que me inquietaba era otra cosa: la desesperanza que resulta de metas incumplidas y sueños rotos. Y ahora germinaban las semillas del arrepentimiento, algo que no había sentido jamás.

> En lo más álgido del invierno, supe por fin que en mí había un verano invencible.
>
> ALBERT CAMUS

—Otra tormenta —dije en voz alta, pues noches invernales como ésta solían encantarme. Pero esta vez me sentía muy deprimida camino a nuestra rústica casa.

Habitualmente persona positiva y de fe, yo siempre había visto la vida como una serie de obstáculos por vencer. En los últimos años, sin embargo, los obstáculos parecían no tener fin y ser más difíciles de librar. Aunque creía haber sorteado bien las adversidades, no me di cuenta de que mi verdadero yo, cuya pasión por la vida había inspirado a otros, se había apagado.

El año anterior había tenido que enfrentar decisiones inesperadas. Y a causa de mi desilusión, había elegido mal, y cometido errores cruciales.

Ahora tenía miedo de confiar en mi juicio, miedo a tomar decisiones y miedo al futuro.

Los faros iluminaron la cerca blanca de la casa. El coche derrapó al tomar una curva pronunciada y subió después por la pendiente helada hasta nuestro acceso, donde me estacioné y apagué el motor. Al bajar y cargar varias mercancías, se me cayeron unas manzanas. La bolsa se rompió, y una manzana rodó por la nieve. Mientras la recogía y la metía a la bolsa de mi abrigo, Jeff, mi esposo, salió a ayudarme.

—¡Qué bueno que ya llegaste! —me dijo—. La tormenta se soltó antes de lo esperado, y la curva se congela rápido. Rogué que te acordaras tomarla con cuidado.

—Y me acordé —repuse, pensando en lo bien que conocía las curvas de los caminos de nuestro distrito. ¡Cómo me hubiera gustado saber lo que nos esperaba en el futuro, después de la curva…!

Jeff me examinó con su ojos color avellana.

—¿Lloraste?

—No, son copos de nieve derritiéndose —bromeé, tratando de sonreír.

—No todo el tiempo tienes que ser fuerte —comentó luego, ya en la casa.

"Aun así lo hago", razoné. "Demasiadas personas dependen de mí, y no puedo seguir cometiendo errores. ¡Pero estoy tan cansada que necesito algo que me reviva!"

Luego de guardar las compras, me senté con mis hijos junto a la chimenea a jugar juegos de mesa. Cuando llegó la hora de acostarse, recé con cada uno en su cama y volví abajo. Jeff se había quedado dormido en el sofá, y lo tapé con una cobija antes de acercarme a la ventana y asomarme. La blanca nieve brillaba contra el negro telón de fondo de la noche.

Decidí dar un paseo en el escarchado mundo exterior, y me puse abrigo, botas y guantes. Afuera, mis pies parecían desaparecer en el blanco sinfín mientras avanzaba trabajosamente por la superficie nevada hacia el bosque, a unos quinientos metros.

La honda quietud —una paz que sólo una nevada reciente puede darme animó a liberarme de mi carga. En nevadas tan intensas como ésta, les había dicho a mis hijos al correr de los años, el tiempo se detiene.

En algún momento de mi trayecto, me di cuenta de que estaba llorando. Al hacer una pausa para recobrar el aliento, sentí pánico un instante. Me había desviado, sin fijarme, del camino usual a casa.

—¡No puede ser! —murmuré, sin saber bien a bien dónde estaba—. ¡Ayúdame, Dios mío!

Tratando de ver entre la nieve arrastrada por el viento, busqué puntos de referencia conocidos, pero no hallé ninguno. Cometer errores como salir a dar un paseo en una nevada y desviarse del camino era un hecho que simbolizaba mi vida. Había vuelto a meterme en terreno desconocido, y pagaba las consecuencias.

Cansada y abatida, me dejé caer, apoyando la cabeza entre la rodillas flexionadas. Pasaron minutos, y entonces sentí un ligero golpe en el brazo. Levanté lentamente la cabeza y contuve el aliento.

Una cierva se alzaba a unos centímetros de mí. Fijó su mirada en la mía y resopló, despidiendo espirales de vapor. La observé. Parecía más esbelta que la mayoría de las que había visto, y estaba sola, una rareza puesto que siempre he visto a venados en grupos.

Mi padre, experto cazador, me contaba que en inviernos inclementes venados hambrientos se aventuran cerca de las áreas residenciales en busca de alimento. Tal vez ésta era una de esas ocasiones.

Hipnotizada por su belleza, esperé. Ella se mostraba tan nerviosa que parecía que huiría en cualquier momento, ¿así que por qué se me había acercado? La nevada amainó, y el silencio absoluto parecía alentar la confianza mutua entre esa misteriosa criatura y yo.

Se acercó más, mi corazón latió fuerte y entonces ella bajó la cabeza y hurgó en el lado derecho de mi abrigo. Toqué mi bolsa y vi que aún traía la manzana que había recogido en la nieve. Se la ofrecí.

Pasaron unos momentos en los que ella nos observó a la manzana y a mí. Yo no podía creer lo que estaba pasando. Había salido del camino trillado, me había perdido, y ahora vivía un momento excepcional.

—Me diste justo lo que estaba esperando —dije a mi nueva amiga—. Los errores pueden tener resultados positivos, después de todo.

Como si hubiera aguardado a que yo dijera eso, tomó la manzana en su hocico y salió disparada hacia la noche.

—¡Gracias, Dios mío! —murmuré, valiente de súbito mientras me paraba.

Bien abrigada, sin riesgo inminente, tomé el camino más lógico a casa. Si volvía a seguir una dirección incorrecta, quizá al doblar la esquina me esperaría otra maravilla.

Igual que en la vida, me dije. Errores, excusas y malas decisiones tienen consecuencias, producen miedo y dolor, pero la sensatez y disposición a aprender del pasado y seguir adelante es lo que puede llevarnos a un futuro sorprendente y gozoso.

Emocionada por mi nuevo discernimiento, atravesé con dificultad montones de nieve como polvo, cada vez más cansada pero sin dejar de avanzar, resuelta a ser igualmente persistente en la vida… aun si ésta contenía curvas desconocidas e imprevistas… Porque puede ser que momentos extraordinarios nos esperen justo al doblar la esquina.

KAREN MAJORIS-GARRISON

83

Si tuviera tiempo

A veces, lo que al principio parece un acontecimiento negativo se convierte en una oportunidad para intentar algo que siempre has querido hacer. Yo tenía el empleo perfecto. Bueno, el empleo perfecto para mí: de medio tiempo y flexible. Mi jefe me dejaba adecuar mi trabajo al horario escolar de mis hijos. ¡Fantástico! Salía de casa, interactuaba con adultos y, además, podía ayudar con las cuentas y darle a mi familia un poco de dinero para divertirse.

Todo era magnífico, pero entonces llegó la crisis económica. Como las demás, la compañía en la que yo trabajaba empezó a sentir el rigor. Su especialidad eran las grandes reuniones corporativas; una vez que la economía se desplomó, lo primero que hicieron los clientes fue eliminar sus grandes reuniones corporativas.

> Tengo sueños en lugares escondidos, y sonrisas de reserva para cuando estoy triste.
>
> ANÓNIMO

Al principio, la compañía insistió en que capearíamos el temporal. Meses después dejó ir a un par de empleados, pero a los restantes nos aseguró que no tenía la intención de permitirlo otra vez.

Nadie lo creyó. Yo estaba particularmente preocupada, y sólo fue cuestión de tiempo para que la dirección decidiera que ya no necesitaba un "ejecutivo" de medio tiempo en su oficina satélite. Todos los días iba a trabajar lista para oír las palabras "Estás despedida".

Después de un mes de incertidumbre, ese día llegó. Al presentarme en la oficina vi que mi jefe y el jefe distrital estaban reunidos. En cuanto me invitaron a la sala de juntas, supe para qué era.

Aunque ambos fueron muy amables y aquello no me sorprendió del todo, mi sensación de pérdida me asustó. Había trabajado desde los 16 años. Volví al trabajo después de cada hijo. Esto formaba parte de mi identidad. ¿Qué iba a hacer ahora?

Lloré camino a casa, y me la pasé sollozando unos días. Una semana después comencé a ver lo positivo de la situación. Claro, me gustaba trabajar, y Dios sabe lo útil que nos era el dinero extra, pero ésta era una oportunidad para relajarme un poco.

Como la mayoría de las mujeres, había pasado buena parte de mi vida corriendo del trabajo a la casa. Ahora podría divertirme un poco, al fin. ¿Quién no tiene una lista de cosas por hacer "si tuviera tiempo"? Yo sí.

Podría pasar más tiempo con mi mamá, que acababa de jubilarse; podríamos hacer paseos maravillosos, o disfrutar sencillamente de una larga comida llena de risas, algo que no habíamos hecho en mucho tiempo.

En cuanto a los niños, ésta era una gran oportunidad para ofrecerme a hacer con ellos más excursiones y actividades escolares. Mis hijos estaban chicos y querían que me involucrara en sus estudios, ¿así que por qué no aprovechar mi agenda repentinamente libre para ello? No tendría que alternar entre el trabajo y las excursiones. Podría decir "sí" en cualquier momento, algo que nunca antes había podido hacer.

Además había otra cosa, una preguntita interesante: ¿y si dedicaba todo mi tiempo a escribir?

En los últimos meses escribía a ratos, como un extra apretujado entre todo lo demás. Me preguntaba si, dada la oportunidad, podía dedicarme a escribir de tiempo completo.

Admito que sentía nervios. ¿Quién era yo para pensar que podía ser una escritora de tiempo completo? Claro, había publicado unos artículos en el periódico local, ¿pero ése era un trabajo de verdad?

Seguí jugueteando con la idea, llena de dudas sobre mí, pero luego recordé un consejo que leí en las memorias de un foro de escritores.

"Tienes que fingir hasta lograrlo".

A primera vista, se trata de un consejo muy extraño. Parece poca cosa, quizá incluso algo indigno de confianza, hasta que lo piensas: tienes que creer en ti y hacerte pasar por una persona segura, capaz y triunfadora hasta que de verdad eres todas esas cosas.

Yo no iba a convertirme en una escritora freelance de tiempo completo sentada ahí pensando en eso. Tenía que ir y hacerlo.

Para tener éxito, tenía que intentar y tenía que fallar. Intentar es pan comido; el fracaso es la parte difícil. Tenía que ver cada rechazo como una oportunidad de mejorar. No te voy a mentir: mantener una actitud así es más fácil de decir que de hacer.

Ser rechazado es duro. Escribir es una labor muy personal; ofreces al lector una parte de ti. Para un escritor, oír las palabras "Tu texto no nos sirve" es como oír: "No te aprobamos".

Intento mantener la actitud de que el rechazo significa que lo intenté. Sólo cosechas lo que siembras. Oficialmente, soy una escritora de tiempo completo; mi trabajo se publica, no tan seguido como quisiera, pero he formado una base de clientes y gano dinero con lo que escribo.

Algunos días quisiera rendirme, pero no lo hago. Sigo intentando. Ahora soy mucho más feliz, y sigo buscando tiempo por dedicar a los puntos de mi lista de "si tuviera tiempo".

JENNIFER FLATEN

Caldo de Pollo
para el Alma

9

CAPÍTULO

Persistencia

La única valentía que importa
es la que te lleva de un momento al siguiente.

MIGNON McLAUGHLIN

84

Hoy me siento fatal

"¿Actitud positiva? ¡Sí, cómo no! Debes estar bromeando", pensé mientras mi hermano contaba de ese tipo fabuloso –que aquí llamaremos Oliver Optimista– que tenía esclerosis múltiple (EM) pero que abrigaba una visión del mundo muy alentadora.

—Jamás se habría imaginado que está enfermo –continuó mi hermano–. Tiene una actitud envidiable, hace ejercicio, trabaja mucho y le va muy bien. La esclerosis puede ser manejable.

Me quedé boquiabierta, aunque no literalmente, sino en mi imaginación. Mi hermano debe haber sido el que estaba mal del cerebro para sugerir tal locura: que ese Oliver Optimista podía ser una fuente de inspiración para mí.

Acababan de diagnosticarme EM, me había deteriorado marcadamente por hacer ejercicio todos los días a primera hora, car-

> Que seas desdichado no quiere decir que no puedas gozar de la vida.
>
> ANNETTE GOODHEART

gaba a todas partes con dos bebés, tenía un trabajo de medio tiempo en la University of Pittsburgh y apenas dos semanas después de mi diagnóstico me había tirado a propósito en las escaleras con mis hijos en el regazo para no caer, pues mi cuerpo estaba tan entumido que no sentía el teclado al escribir y tenía que ver para saber si tenía la mano apoyada en la pierna o en el brazo del sillón. Así que los cuentos de mi hermano sobre el enfermo feliz no precisamente me estremecían de emoción.

Estaba enojada por lo que me había ocurrido. Mi lindura de hermano sólo quería ayudarme a ver el lado positivo. Y él no era el único. Al paso del tiempo conocí a otros pacientes con EM; todos conocían a alguien que padecía EM y todos tenían bellas historias según las cuales esas personas lidiaban con la enfermedad con la dignidad de un santo, un ángel o un hada.

Y cuando yo llegaba cojeando a casa después de haber oído uno de esos relatos de conformidad con la destrucción de la cubierta de mielina, no podía menos que preguntarme por qué yo no podía ver luz, alegría ni ninguna de esas otras agradables satisfacciones en mi vida.

Francamente, era repugnante.

Luego estaban las situaciones en las que yo conocía a personas en peor estado que el mío, y pasaba tiempo con ellas. Habría sido de esperar, con base en mi repulsión a la mera mención de Polly Positiva u Oliver Optimismo, que hallara una abundante fuente de felicidad en personas con puntos de vista negativos o severamente discapacitadas.

Pero esas situaciones me dejaban muda y petrificada, así como avergonzada por no sentir compasión por esa gente, que sólo me provocaba ideas como la de "Si termino como ella, simplemente no voy a poder vivir".

Quería vivir como lo había hecho durante tres décadas, a mi manera. Pero no podía dormir, por sentir malestar en las extremidades, que alternaban entre adormecimiento con cosquilleo y un dolor tan intenso que el solo hecho de ponerse calcetines era como caminar sobre agujas. Tenía ansiedad, pero también dos hijos pequeños que jamás dormían toda la noche y nunca despertaban al mismo tiempo durante la noche. Calculo que, en seis años, acumulé apenas cuarenta y ocho horas de sueño con movimientos oculares rápidos.

—El mejor favor que puede hacerse es dormir bien —me dijo mi neurólogo.

Creo que me reí con sorna, y que le parecí inestable, de seguro.

—¿Eso es todo? ¿Ése es mi tratamiento? ¿Medicinas que me dan síntomas de influenza y dormir bien? Por favor, mi buen doctor, déjeme explicarle exactamente cómo es mi vida.

Procedí a demostrarle entonces, con exasperante detalle, que dormir bien no era algo que se avizorara en el horizonte de mi hogar.

Luego esperé. Esperé a que sacara un voluminoso expediente repleto de historias de otros enfermos (Oliver Optimismo y Polly Positiva eran pacientes suyos) que vivían maravillosamente con EM. Esperé a que aludiera a mi buena suerte de tener el grado de síntomas que tenía, y a que debía reconocer que mi situación podía ser mucho peor.

Sacó en cambio una caja, de la que tomó un Kleenex y luego otro y me los tendió. Luego se agachó hacia mí, como un amigo que me invitara a tomar un café. Y con la más sincera de las miradas, dijo:

—La verdad es que esto es horrible, ¿no? Es lo peor que cabe imaginar. Sé lo difícil que esto ha sido para usted, los grandes trastornos que ha causado en su vida. No puedo pretender que sé lo horrible que es, pero puedo decirle que, pese a todo, pueden hacerse muchas cosas. Haremos todo lo posible para que usted viva como lo desea. Pero sí, por lo pronto esto es espantoso.

Fue la primera vez que alguien se abstenía de decirme lo egoísta que era no darme cuenta de que las cosas podían ser mucho peores. Él fue la primera persona que no me contaba gloriosas historias de gente con EM que iba por la vida como si no la tuviera.

Sé lo feo que suena todo esto, y la horrenda persona que yo era entonces, pero esas palabras de mi médico me libraron de la discusión conmigo misma y con los demás sobre cómo vivir con esa enfermedad.

Me di cuenta de que, aunque entornaba los ojos frente a historias a la Oliver Optimista, en realidad yo era una persona optimista. Puede ser que me moviera más despacio que otros, que mi estado físico empeorara y que algunos días no pudiera más que darles de comer a mis hijos y tenderme en el suelo a leer con ellos. No me presentaba a todas las actividades para mamás en mi comunidad, porque a veces lo único que podía hacer era cuidar a mis hijos. Pero todos los días me despertaba y pensaba: "Hoy voy a sentirme como antes; haré todo lo que quiera", y si esto no se cumplía, reformulaba mi idea para que dijera: "Todo lo que debo".

Dejé de ocultar el hecho de que me sentía pésimo. Si alguien me preguntaba cómo me sentía, yo contestaba: "Fatal". Y entonces esa persona desviaba la mirada, revelando en esa fracción de segundo que reprobaba mi pesimismo. Pero luego yo añadía: "Aun así, estoy bien. Ya me acostumbré a sentirme así. Fuimos a la tienda y jugamos en casa. Eso es todo. Y ha sido un buen día".

Y aunque sabía que ésos no eran grandes logros, lo decía en serio. Empezaba a entender a Oliver Optimista y Polly Positiva. Una persona es positiva no por las palabras que salen de su boca, sino por la forma en que lleva su vida. Si admite que las cosas no están bien, después puede controlar su reacción. Ser optimista o confiado, o feliz de cara a algo malo, requiere una profunda inmersión en lo feo, llamar al horror por su nombre, exponer su atrocidad, para poder realmente elevarse sobre ella.

KATHLEEN SHOOP

85

El lema de nuestra familia

U na lluviosa mañana de sábado decidí dedicarme a descargar la bandeja de entrada de mi correo electrónico. Setenta y cinco correos después me topé con la línea de asunto ÉSTE SERÁ EL LEMA DE NUESTRA FAMILIA. El cuerpo del mensaje contenía una conocida cita anónima: "No pienses demasiado la vida. Consagra tu atención a esos momentos que vuelven valioso cada día".

–¡Ay, Amanda! –murmuré, y continué con una muda plegaria.

> Algunos días no habrá una canción en tu corazón. Canta de todas maneras.
>
> EMORY AUSTIN

Dejé la computadora, corrí al cuarto de mi hija, tomé su cuaderno al pie de la cama y me puse a hojearlo. Ahí, en la página cinco, estaba ese mismo lema, intrincadamente inscrito en el emblema de la familia que ella había diseñado.

Hija única, Amanda pasó dos décadas luchando con el lupus. Hubo muchos días malos, pero a veces no tan malos, por fortuna. Cuando estaba postrada en cama escribía correos, y recuerdo el día en que decidió que debíamos tener un lema.

Nuestra familia, pequeña y no tradicional –madre, hija, perro–, significaba todo para ella.

El heroísmo y la enfermedad requieren sacrificios, y ella los hizo todos al paso de los años. Enfrentaba cada reto a su salud con dignidad y optimismo.

–¿Alguna vez has querido tener un nieto? –me preguntó un día de buenas a primeras. Ése fue el único indicio que tuve de una cuarteadura en su optimismo.

Para mí era difícil imaginar una vida distinta a la que siempre planeé para mi hija. Pero por increíble que parezca, ella encontró la manera de facilitarme las transiciones requeridas por su declinante salud. Por ningún motivo habría permitido que su enfermedad afectara nuestra vida en común.

Su padecimiento era sistémico, así que no podíamos obtener seguro de salud a ningún precio. Sin poder trabajar, ella descubrió que si seguía estudiando y cursaba una carrera universitaria, tendría acceso al seguro estudiantil. Se hicieron ajustes a mi horario de trabajo, y ella seleccionó sus clases considerando cuándo podía yo llevarla e ir por ella.

Esta molestia se convirtió en aventura, ya que en el auto hacíamos escala en la caseta de servicio de un restaurante de comida rápida antes de estacionarnos fuera de la escuela para celebrar un picnic improvisado. Comíamos mientras ella revisaba sus tareas. Una tarde, de repente se puso a cantar. Usó la letra de *Muerte de un viajante* con el *Viaje de las Valquirias* de Wagner. "Muerte de un viajante", cantó una y otra vez. A cada verso cantaba más fuerte. Antes de darme cuenta, yo cantaba con ella. Su entusiasmo era contagioso.

–¡Muerte de un viajante! –estallamos en armonía.

Cantábamos. El coche se meció. Cantamos más fuerte.

De pronto me percaté de que su profesor miraba hacia nuestra ventanilla, riendo de buena gana. "¡Ya va!", le dije, moviendo visiblemente los labios y haciendo un ademán en su dirección. Ella volteó y lo saludó sin perder el ritmo. Sin dejar de reír, él se encaminó al edificio. Amanda terminó su canción, por supuesto, y sólo entonces se marchó.

En un momento en que la mayoría de los padres de mi edad veían partir a sus hijos a la universidad, yo tuve la oportunidad de conocer a la talentosa damita en que mi hija se había convertido. Durante una corta remisión, trabajó como corresponsal de una revista regional, cubriendo los espectáculos de la zona central de Florida. Fotografió y entrevistó a personalidades de la música y la televisión. Cuando se le encomendó entrevistar a Jerry Seinfeld, insistió en que yo la acompañara. Al llegar al lugar, sólo había un pase de fotografía en la taquilla.

Ella telefoneó al representante de Seinfeld.

–¿Qué pasó? ¿Dónde están los boletos?

–Se agotaron, pero tu invitada puede quedarse tras bastidores y acompañarte a saludar a Jerry después de la función –la tranquilizó él.

Tras bastidores, me vi en compañía de la madre de una conductora de noticieros y de una docena de valet parkings. Disfrutamos la función por el sistema de altavoces, y al final nos escoltaron a los camerinos para reunirnos con nuestras hijas, mientras que los valets se fueron corriendo a trabajar.

Seinfeld se portó muy atento. Mi hija se inclinó para que él le autografiara el pase de fotografía apoyándose en su hombro izquierdo, pero, para mi consternación, Seinfeld extendió su firma a la blusa de Amanda.

—¡Mire lo que ha hecho! —exclamé—. ¡Arruinó su blusa!

—Los hombres tenemos oído selectivo —bromeó él, sonriéndome como un niño de 5 años que se sabe travieso pero que lo goza.

No había momento de aburrición con Amanda.

Nuestra relación evolucionó conforme la enfermedad invadía sus riñones. Socias en el cuidado de su salud, aprendimos a disponer y administrar diálisis en casa. En la noche, ella pasaba diez horas conectada a la máquina.

—¿En qué trabajas con tanto ahínco? —le pregunté una noche en que escondió un periódico bajo las cobijas cuando entré a su cuarto.

—Es una sorpresa —dijo por toda respuesta.

El día de mi cumpleaños me regaló un ejemplar de la edición preliminar de una novela que ella había escrito, cuya publicación estaba programada para ese mismo mes.

—Tomé las historias que me contabas cuando regresabas de pasear al perro, y las convertí en una novela satírico-policiaca. Se ubica en un barrio de propiedad restringida, ligeramente basado en el nuestro —me explicó con cansada sonrisa.

The Tampa Tribune publicó un artículo sobre la autora local que escribía durante su diálisis. Se concertó una sesión de fotos, y esa misma publicación le pidió leer el primer capítulo de su novela para Tampa Bay Online.

Dos semanas después de la sesión de firma de ejemplares en Barnes & Noble, Amanda fue hospitalizada. Tras saludarme con una sonrisa de confusión luego de la operación, echó a reír:

—¿Ya tengo un balón?

Su cuerpo le fallaba, pero su espíritu seguía firme.

Pretexté que debía salir de su habitación. Al desplomarme afuera, la agonía de ver sufrir a mi hija me hizo sudar frío de pies a cabeza. No quería que ella viera que mi esperanza era remplazada por el miedo.

Cada mañana compartíamos un rápido desayuno. Después del trabajo, yo regresaba con Happy Meals y revistas antes de conectarla para su diálisis nocturna. Camino a casa, mis gritos ocupaban cada centímetro del coche.

Sacaba rápidamente a pasear al perro antes de llamarle. Platicábamos hasta que yo me quedaba dormida, el teléfono aún en mi oído.

—Mamá, despierta —decía ella en el auricular—. Tienes que colgar y descansar un poco.

Nunca estuvimos más unidas que durante esos días en que ella estuvo en el hospital.

La enfermedad altera la vida, pero Amanda se las arregló para florecer ante la adversidad. Nunca sabré si habría escrito su libro de haber estado sana. Una cita de Stephan Hoeller resume su extraordinaria hazaña: "Una perla es una belleza producida por una vida lastimada. Es la lágrima (que resulta) de lesionar la ostra".

Para mí, la proeza de Amanda sigue siendo una bendición en forma de novela. Ella me saluda con una sonrisa, su foto adornando la cubierta de su libro cuando camino entre las estanterías de la biblioteca. Ella recibe mis visitas a Barnes & Noble, donde reside en compañía de mis autores predilectos. Ella me da energía cuando recuerdo su esfuerzo incansable cada vez que sostengo el premio literario que se le otorgó póstumamente. Y cuando escucho la grabación del primer capítulo de su novela, oigo sus mudas palabras que me alientan a cumplir el lema de nuestra familia y a no pensar demasiado la vida, sino consagrar mi atención a esos momentos que vuelven valioso cada día.

TONI L. MARTIN

86

Saborear lo dulce de la vida

Mi hermano, de 10 años, me dio un codazo:
—¡Alcánzame!
Yo detestaba eso. Él corría más rápido, y siendo más veloz que yo, siempre ganaba. El ganador se quedaba con la mejor cubeta para el agua, la que tenía la agarradera más grande y menos abolladuras.

En 1964, en La Paz, Bolivia, todos los días a mediodía se iban la luz y el agua. Dábamos por hecho y aceptábamos el racionamiento como parte de la vida. Justo a las doce, las luces y el radio se apagaban. Y la abuela suspiraba después de escuchar un episodio más del "Conde de Estambul", su radionovela favorita. El único foco que colgaba del techo se apagaba, lo que hacía aún más oscura nuestra diminuta cocina.

> Sé un "posibilista". Por oscuras que las cosas parezcan o sean, alza la mirada y ve las posibilidades: velas siempre, porque siempre están ahí.
>
> NORMAN VINCENT PEALE

Nosotros seguíamos nuestra rutina. Al llegar a casa después de clases, mi hermano y yo emprendíamos las tareas de la casa, simples y ordinarias. Con cubetas de metal colgando de nuestras manos, cruzábamos volando la puerta oxidada de la casa y bajábamos brincando la estrecha y sucia colina. Las cubetas resonaban mientras poníamos cada pie en las rocas que usábamos como escalones. El cerro era empinado, y estaba salpicado de verde maleza, desniveles, piedras y desechos. Una vez en el campo polvoriento, esquivábamos perros callejeros, escuálidos y con el pelaje enmarañado, que buscaban comida. Luego saltábamos sobre charcos de lodo y corríamos a la toma pública de agua. Riendo con los amigos que encontrábamos ahí, poníamos nuestras cubetas en fila detrás de los recipientes de otros vecinos.

El regreso era más difícil. Las cubetas llenas, ya pesadas, volvían más largo nuestro viaje, porque seguido nos parábamos a descansar. Mientras el viento helado de los Andes nos tajaba la cara, yo me sentaba en una piedra a ver cómo mi hermano arrojaba varas secas a la barranca.

A veces, sedientos después de haber jugado afuera, entrábamos corriendo a la cocina y tomábamos la gran jarra de vidrio donde la familia ponía agua hervida para beber. Para nuestra consternación, estaba vacía. La poníamos bajo la llave, pero apenas salían unas cuantas gotas. Olvidando que ya era más de mediodía, rezongábamos y nos quejábamos. Pero la abuela alzaba la vista de la Biblia y nos sonreía desde su sillón. Llevaba puesta una falda negra de lana, medias gruesas que hacían juego y el suéter café que ella misma había tejido. Se asomaba por la ventana a la montaña detrás de nuestra casa, y nos llamaba y señalaba las pequeñas chozas de adobe entre la escasa vegetación en las laderas.

—Tenemos suerte —decía—. ¿Ven la gente que vive ahí? Nunca tiene electricidad, y ni siquiera una llave de agua. —Me tomaba de la mano—. Ven a ayudarme.

Yo me sentaba a su lado en la mesa de la pequeña cocina. Ella me tendía un cuchillo y tres papas.

—Tienes que aprender a hacer esto.

Me enseñaba a pelar y picar las papas para la sopa que preparaba. Una vez que vaciaba el contenido en la olla, añadía agua de nuestra reserva de cocina. Con manos frágiles y arrugadas, ponía la olla en un quemador, sobre una flama alimentada con petróleo.

Una hora después, revolvía la sopa con una enorme cuchara de madera, la probaba y hacía una pausa.

—Está buena. —Volteaba hacia mí—: Vámonos.

Yo la seguía a la vieja puerta de la casa. Para entonces ya habían llegado algunos campesinos, procedentes de sus chozas en la montaña, y hacían fila. Se sentaban en el suelo sucio y, con manos manchadas, levantaban sus gastadas latas.

La abuela tomaba cucharadas de sopa y llenaba sus recipientes. "¿Cómo están?". Sabía los nombres de algunos, y cuando no, saludaba de todas formas con mucho cariño. Con ojos lúgubres en medio de una piel oscura, arrugada y agrietada, ellos le daban las gracias sin hablar.

Me invadía entonces la compasión, y sentía una renovada gratitud por las comodidades que teníamos. Años después, luego de mucho trabajo, sacrificio y perseverancia, mi mami y mi papi cubrieron los requisitos impuestos por Estados Unidos para cruzar sus fronteras.

Nuestra nueva casa tenía electricidad todo el día. Agua, caliente y fría, disponible el día entero, ¡qué sueño hecho realidad! Adaptarse a los lujos de Estados Unidos redujo el impacto de otros cambios que experimentamos. Como no sabían inglés, mis padres tenían que descifrar los anuncios de oferta de empleo en los periódicos. Como confundíamos la imagen en la lata, comíamos comida para gato, creyendo que era atún. Mami me compró bloomers para la clase de gimnasia pensando que eran shorts para hacer deporte. Creíamos que "One Way" era el nombre de una calle. Papi daba efusivas gracias a los policías mientras les tendía su licencia. Después supimos que ellos le imponían una infracción por exceso de velocidad.

Dejando de lado los efectos de los momentos difíciles, estábamos conscientes de cada beneficio en nuestra nueva casa estadunidense. Nos comprometimos a trabajar mucho. Y resuelta a triunfar, mi familia floreció y prosperó.

Al paso de los años, la adversidad tocó nuestra vida. Papi perdió la vista a causa de una enfermedad hereditaria de la retina y, a los 31 años de edad, el gen que heredé de él también provocó que yo perdiera la vista por completo.

Justo como había ocurrido todos los días a mediodía en Bolivia, las luces se apagaron a mitad de mi vida, dejándome en la oscuridad física y emocional.

Pero Dios me señaló las montañas, donde viven personas más desafortunadas. Que nunca tuvieron vista. Que nunca vieron la belleza de un amanecer, los radiantes colores de una flor o la sonrisa en la cara de un niño.

Como lo hacía a los 12 años, tomé mi cubeta de gratitud y la llené de aliento, determinación, impulso y pasión. El legado de mi abuela sobrevive. Hoy, con mi propia receta y por medio de mi trabajo, comparto con otros cucharadas de inspiración. Añado grandes porciones de actitud positiva, que me prepara para buscar alegría cada mañana. Vierto mucha perseverancia para saciar la incertidumbre y la inseguridad. A menudo revuelvo un más profundo sentido de agradecimiento por cosas que había dado por sentadas. Y animada de pasión, espolvoreo la filosofía que me mantiene en marcha: más que probar el sabor amargo de una vida de ceguera, saboreo cada momento, deleitándome en lo dulce de la vida que mis ojos sí ven.

JANET PEREZ ECKLES

Mi religión

Hace unos años, durante un periodo particularmente estresante, me senté a escribir mi propia religión. Hojeando un pequeño diccionario de bolsillo, encontré esta definición: "Religión: sistema específico de creencias basado en una filosofía de la vida". De acuerdo con esto, mis creencias y filosofía personales eran, en verdad, mi religión. La llamé en broma "la religión del betsysmo".

Mi "religión" terminó teniendo diez páginas de largo, y cubría mis opiniones acerca de todas las cosas, desde el pecado, el paraíso, el infierno y el amor hasta la Regla de Oro, el propósito en la vida, Dios e incluso la muerte. No es muy reverente ni solemne, pero mi filosofía personal de la vida contiene mucho humor y diversión. Hasta la fecha, sin embargo, si empiezo a sentirme extraviada o descentrada, puedo sacar mi religión y releerla, y todo vuelve a su lugar para mí.

> La religión no es algo aparte de la vida ordinaria. Es vida: vida de todo tipo entendida desde la perspectiva del significado y el propósito; vida vivida con plena conciencia de su calidad humana y significación espiritual.
>
> A. POWELL DAVIES

Para mí, la religión es una cosa muy personal, y no algo reservado para las ceremonias dominicales. Son las reglas y pautas con las que decidimos vivir. Estas filosofías se van recolectando a lo largo de la vida en fuentes como nuestros padres, nuestras iglesias, los libros que leemos, los amigos. Creo incluso que existen algunas grandes filosofías en la publicidad o en canciones modernas que pueden incorporarse a una religión personal. Algunas de las letras de canciones o lemas publicitarios que parecen dirigirse a tu corazón probablemente formen parte de tu filosofía personal… son líneas que, si recordaras apegarte a ellas, te ayudarían realmente a "ser todo lo que puedes ser".

Pienso que todos tenemos una filosofía personal de la vida. Algunos han optado por creer que la vida es horrible, o injusta, o que el mundo es despiadado. Me dan pena esas personas, porque si eso es lo que creen, así es como la vida las va a tratar. Mi filosofía personal va más de acuerdo con "si eres bueno con la vida, la vida será buena contigo". Simplemente creo que si llevas una vida buena, amable y desinteresada, la vida será a cambio buena, amable y desinteresada contigo. Hasta hoy, esta filosofía me ha funcionado muy bien. Cuando soy fiel a mi "relación", la vida es buenísima. Cuando la vida no marcha tan bien, me resulta fácil sentarme y ver dónde me he desviado de mis creencias personales.

Ciertamente no pretendo tener todas las respuestas para todos. Pero luego de años de evaluación personal, conozco muchas cosas que me funcionan. Y parte de mi religión personal consiste en pulir siempre mis filosofías mientras avanzo en la vida y aprendo más qué cosas funcionan y cuáles no y qué caminos llevan a buenos momentos y cuáles a malos.

Así que cada vez que mi vida se topa con otro bloqueo u obstáculo que intenta derribarme, puedo tropezar, pero raramente caigo. No tengo que perseguir el más reciente libro de autoayuda ni correr en pos de mi terapeuta y empezar desde cero a buscar orientación. De inmediato sé dónde acudir. A mi religión. Ésta es un recordatorio maravilloso de todos los progresos que ya he hecho en la vida, y de todas las cosas magníficas que he aprendido.

BETSY S. FRANZ

El poder de Mark

No: no me refiero a un fenómeno sobrenatural. No puedo hacer que una silla flote en un cuarto ni nada por el estilo. Me refiero a un don especial que recibí de mi hijo años después de que murió.

Quizá sea mejor explicar antes algunas cosas sobre mi familia. Mark fue el menor de mis dos hijos. Ellos significaban todo para Cookie y para mí, y la familia siempre estaba primero. Brian y Mark se llevaban menos de dos años entre sí, y de chicos siempre estaban juntos. Cerca de cumplir 10 años, cada uno desarrolló diferentes intereses y una identidad propia.

Mark se volvió algo retraído y callado.

Durante su adolescencia lidiamos con algunos "problemas de la edad", pero todos los superamos... o al menos eso creímos. Él pasó de niño flaco a joven maravilla. De uno setenta y cinco de estatura y ochenta kilos de peso, Mark podía encestar todos los balones de basquetbol y cargar en aparatos ciento ochenta kilos.

A punto de terminar la preparatoria, la vida parecía buena para Mark. Todos los problemas que había tenido en el pasado eran un recuerdo distante. A una semana de la graduación, eso ocurrió. El viernes 28 de mayo de 2004 Mark no despertó. Murió por tomar una combinación

> Valor no es ausencia de miedo, sino el juicio de que algo es más importante que el miedo.
>
> AMBROSE REDMOON

de medicamentos que no debía. ¡La vida, tal como la conocíamos hasta entonces, terminó para nosotros ese día!

Pesar, vacío, tristeza, amargura y todas las demás emociones derivadas de la pérdida de un hijo consumieron varios años de mi vida. Ya no reía ni sonreía. Todos los amigos de antes se fueron pronto, y el trabajo tampoco parecía importar ya. Salvo por Cookie, mi esposa, y Brian, nuestro hijo mayor, nada importaba mucho para mí.

Desafortunadamente, la realidad prevaleció. Sin trabajo, ingresos ni seguro de salud, tuve que buscar empleo. El problema era que mi trabajo de antes –auditar hospitales y organismos gubernamentales– ya no me importaba. Sentía que lo único valioso era informar a las personas de los peligros de las medicinas, o ayudar a personas con problemas de abuso de sustancias químicas. La cuestión es que yo no tenía capacitación formal ni antecedentes en ese campo.

Entonces sucedió… Un día me di cuenta de que tenía "el poder de Mark". "¿Qué es eso?", te preguntarás probablemente. Es algo que me ha librado de temores y fobias. Me ha permitido ser honesto con otros… y conmigo mismo. De hecho, me ha dado el valor de hacer cosas que jamás había hecho.

Permíteme mencionar algunos de mis anteriores rasgos y características: no hagas olas… acepta "no" como respuesta… conoce tu lugar… comprende tus limitaciones… teme al fracaso… acepta la "jerarquía" organizacional… respeta a las personas por su puesto… etcétera. Uno de mis mayores miedos era hablar en público. Temía espantosamente cometer un error o parecer tonto. Si sabía que tendría que hablar ante más de ocho personas, no podía dormir la noche anterior.

Unos tres años después de la muerte de Mark, un día se me ocurrió preguntarme: "¿Cómo podría alguien lastimarme más?". Mi "bebé" había muerto, y no podía haber nada peor. "¿Por qué habría de importarme lo que pensara la gente?". Esto me dio una sensación de alivio… una sensación de poder que antes no tenía.

Por esas mismas fechas, personas y organizaciones empezaron a pedirme que hablara frente a grupos y en conferencias para compartir la historia de Mark y ayudar a la gente a comprender los peligros de abusar de las medicinas. En los últimos años me he presentado como orador en numerosos foros nacionales y estatales (frente hasta doscientas cincuenta personas), trabajado en la televisión y la radio y escrito varios artículos para la prensa.

Por si te lo preguntas, en la actualidad también trabajo para una organización no lucrativa de Pennsylvania, ayudando a elaborar un programa para asistir en el acceso a tratamientos contra adicciones. Irónicamente, la previa entrevista de trabajo es la única en la que no he falseado los hechos, no intenté ocultar mis fallas, no mentí ni traté de parecer algo que no soy. ¿Por qué me contrataron? No por mis estudios, historia laboral ni experiencia; fue por mi pasión y compromiso con esta causa.

Fue, de hecho, porque tengo "el poder de Mark"... un verdadero don recibido de mi hijo.

PHIL BAUER

89

El nuevo departamento

El agente inmobiliario abrió la puerta del departamento. La ventana de suelo a techo frente a mí dejaba ver el Queensboro Bridge de Nueva York. Atraída por la vista, miré la espléndida estructura de acero, y luego los diecisiete pisos hasta las enmarañadas rampas al pie del puente. El silencio imperaba en el departamento, pese a que yo sabía que abajo había algarabía. Taxis amarillos, autobuses públicos, coches, camiones de reparto y camionetas se disputaban la delantera. El atareado mecanismo se movía abajo, como de costumbre, pero el ambiente en el departamento era tranquilo. Al voltear desde la ventana, hallé los ojos de mi madre en los míos. Sonreí, y ella hizo lo mismo en respuesta.

> Quien teme a algo,
> le da poder sobre él.
>
> PROVERBIO ÁRABE

Era febrero y mi mamá y yo buscábamos juntas departamentos en renta. En julio del año anterior, yo vivía en un departamento en Manhattan cuya puerta sin llave atravesó un hombre un día y me violó. La agresión, que duró cuarenta y cinco minutos, me dejó magullada y adolorida por fuera, y eviscerada por dentro. Tras ese ataque huí de la ciudad, a casa de mi madre en el Connecticut suburbano, y a los 23 años de edad volví a la recámara de mi infancia. La violación que sufrí llegó a los noticieros locales, y la compañía en la que trabajaba me ofreció generosamente todo el tiempo que necesitara. En esas primeras semanas, mis familiares y amigos, entre ellos mis padres divorciados y mis padrastros, me apoyaron e hicieron todo lo que fue preciso en mi favor. Lo más importante era iniciar mi recuperación. Juntas, mi madre y yo nos entrevistamos con psicólogos, sabiendo que yo necesitaría apoyo psicológico a largo plazo. En otra ocasión hablamos con expertos abogados para saber cómo lidiar con ese delito. Pese a que tras la agresión yo había sido bien atendida en urgencias, mis padres me hicieron una cita con un especialista en sida por temor a que hubiera contraído esa enfermedad. Y tanto como fue posible, mi mamá y yo pasamos tiempo juntas en lugares donde me sintiera segura.

También pasamos horas con la policía. Tres oficiales y dos detectives me entrevistaron por separado en el curso de dos días. Yo recordaba algunas cosas de la agresión, pero otras habían quedado profundamente sepultadas por el susto. Hojeé colecciones de retratos y vi cientos de rostros de convictos. Pese al vacío en mi alma y el impacto que me dejó sin emociones, quería que el violador fuera atrapado, procesado y preso. De un modo u otro, había fuerza en mí, propia o prestada.

En mi segundo día con la policía supe que el delito de violación tiene que ver con el poder. El sexo es secundario. El arma de un violador es una parte del cuerpo, no una pistola o cuchillo. Cuando mi agresor me atacó por la espalda, me cubrió nariz y boca y me impidió respirar y moverme, tomó el control. Yo era impotente. No podía defenderme. Estaba paralizada por el temor. Es imposible saber cómo habría sido el asalto si yo me hubiera defendido. Más tarde me enteré de que mi agresor había salido de la cárcel apenas doce días antes de atacarme. Si yo me hubiera defendido, ¿seguiría viva? No lo sé.

Sirviéndose de huellas digitales halladas en la escena del crimen, dos días después de la agresión la policía irrumpió en el más reciente domicilio conocido del violador, la casa de su madre. Ésta abrió la puerta, y la policía lo encontró a él en la cama con una mujer. "¿Y ahora qué hice?", le preguntó al oficial que lo detuvo. Tras su captura, yo lo identifiqué en una fila de sospechosos y declaré ante un gran jurado. Él fue condenado y encarcelado.

Uno de los libros que leí en las semanas posteriores a la agresión decía que un paso crucial en la recuperación de una víctima es tanto la sensación de seguridad como recobrar la noción de control y poder. Mientras el susto se desvanecía y mis emociones regresaban, me di cuenta de lo mucho que ese hombre me había arrebatado. Me había convertido en un costal inerte de piel y huesos. Muy a menudo mi cabeza accedía a un destello de la persona que yo había sido no mucho tiempo atrás. Había sido una joven muy trabajadora en su primer empleo después de sus estudios universitarios. Una joven que sin la menor dificultad se iba a su trabajo en un tren subterráneo lleno de desconocidos, comía falafel en el puesto de la esquina con sus compañeros e iba al Strand a comprar libros de segunda mano. Una mujer a la que le gustaba viajar sola y practicar deportes competitivos, salir con amigos y reír. Esos recuerdos me hacían añorar el "antes", pese a verme anclada en un "después" de por vida. Muchas veces creí que no me recuperaría, o que no podría hacerlo. Quienquiera que hubiera sido esa mujer, ya no estaba.

Pasado un un mes decidí regresar a trabajar unas horas al día, no sólo para conservar mi puesto, sino también para recuperar parte de la cadencia del mundo real. Semanas después, ya permanecía en mi trabajo más de unas cuantas horas. Fue un alivio tratar con clientes que no me veían como "la mujer que violaron". Las cosas cambiaron poco a poco. Un día alguien contó un chiste y me reí, en vez de ser incapaz de buen humor. Otro, una amiga me llamó para saber cómo seguía, y yo contesté no por obligación, sino por el deseo de relacionarme. Luego de semanas sin ganas de comer, oí a mi estómago protestar. Estas pequeñas victorias eran raras en medio de la furiosa tormenta interior, pero estaban ahí. Esos pequeños momentos empezaron a acumularse un día tras otro hasta que, sin darme cuenta, una nueva vida comenzó a emerger para mí.

Poco a poco comprendí que sólo yo podía forjar mi recuperación. Mi sistema de apoyo estaba ahí, pero sólo yo podía hacerme cargo de la reconstrucción. Y fue espantoso. A ratos me sentía invadida de temor, depresión, desesperación y desdicha. Pero en forma igualmente repentina, luego veía una flor y pensaba que si yo estuviera muerta, jamás habría vuelto a ver una flor como ésa. Mi mente se volvió un campo de batalla emocional. Un flashback vívido y estrujante me dejaba en posición fetal en el suelo, luchando con sensaciones de impotencia y fatalidad. Pero después me recordaba a mí misma lo que decían los libros: que los flashbacks forman parte del trastorno de estrés postraumático. Pasarían con el tiempo. Una vez que mi pulso se regularizaba y podía respirar normalmente, me paraba y volvía a verme firme y en pie.

Transcurrieron los meses, y gracias a sesiones de terapia tres veces a la semana, el amor de mis familiares y amigos y el paso del tiempo, sané. Pasé de víctima a sobreviviente a expensas de los demás y de una fortaleza interior que no sabía que tenía. Así, llegó un momento en que estaba lista para volver a irme de casa. Para mí, seguir adelante significaba regresar a la vida que había elegido antes de la agresión. Otras opciones, como mudarme de ciudad o buscar una compañera de cuarto para no vivir sola, eran actos de temor. El miedo era el legado de mi agresor, y decidí que no viviría así el resto de mi vida. Haría todo lo posible por retomar las cosas en el punto en que las había dejado.

Este departamento parecía diferente. El último era pequeño y oscuro, y tenía el sabor de edificio de la preguerra. Éste era moderno. Tenía pisos de madera clara, paredes blancas, lámparas corredizas y grandes ventanas. Supe que podría –y querría– pasar horas enteras mirando el hermoso puente y la vida que zumbaba a su alrededor. Todavía en la ventana, vi otra hilera de coches esperar en el semáforo. La luz cambió a verde de pronto, y en segundos los autos avanzaron. Supe que yo lo haría también.

JENNIFER QUASHA

90

El milagro

Yo tenía 29 años en 1974 cuando llevé corriendo a mi hijo de 7 con el médico familiar. Doug, que era impulsivo, había saltado desde un columpio en el parque, dado una voltereta y caído de cabeza. La cortada entre el cabello no era seria, aunque sangraba profusamente. "No pasa nada", dijo sereno el doctor, aguja en mano. En efecto, tres puntos y una Band-Aid después, el niño estaba bien. Salió del consultorio chupando una paleta y presumiéndole su "operación" a su hermano Brad, de 11.

> Es tan difícil cuando debo, y tan fácil cuando quiero.
>
> ANNIE GOTTLIER

Yo no la pasé nada bien –me sentía destrozada– sentada angustiosamente en un banco del consultorio, con su olor a antiséptico, su mesa de reconocimiento cubierta de papel y sus anaqueles llenos de cotonetes y vendas y un recipiente de agujas. Tenía cerrados los puños, mi respiración era rápida (o, más bien, agitada) y sentía el estómago como si hubiera tragado piedras. Estaba a punto de llorar cuando me volví para salir del consultorio. El médico lo notó y puso una mano pecosa en mi hombro.

–La veo preocupada, Dorothy –me dijo amablemente–. ¿Qué ocurre?

Bastó con ese poco de interés. Rompí a llorar, volví a sentarme y aburrí al buen doctor con la triste historia de mi reciente separación; cómo mi esposo se había marchado y yo ya no tenía marido, trabajo ni pensión para los niños.

Habiendo hecho acopio de paciencia, el doctor sonrió y garabateó una receta.

—Aquí tiene —dijo, tendiéndome la hoja que estaba a punto de cambiar mi vida—. Esto la tranquilizará.

—¿No corro el riesgo de volverme adicta? —pregunté, mirando la receta con desconfianza.

—Siga las instrucciones del frasco —me dijo el doctor para aquietarme—. Y relájese.

Era una receta de Valium; diez miligramos para la ansiedad, cada cuatro horas, o conforme fuera necesario. El frasco contenía noventa pastillitas azules, cada una de las cuales proporcionaba horas de feliz calma químicamente inducida que me permitiría presentarme ante el mundo como una persona funcional. Yo tenía un empleo de medio tiempo como maestra suplente, cuidaba a mis hijos e incluso empezaba a salir con pretendientes. Suspiré aliviada; podría volver a dormir.

Tardé cuatro años en librarme de ese medicamento.

Me divorcié en 1975. Mi exesposo y su novia se mudaron a Nevada. Yo cargué con mis hijos y las pertenencias que pude meter en Big Bertha, nuestra abollada camioneta, y crucé el país hasta el distrito de Haight-Ashbury de San Francisco, para empezar de nuevo.

Me iba bien. Hacía artesanías y las vendía. Mantenía a mis hijos. Salía con galanes. Y también consumía de cuarenta a cincuenta miligramos de Valium al día, aunque estaba tan complacida con mi nuevo y pacífico yo que no cuestionaba mi hábito.

De veras no supe que era adicta hasta que un fin de semana de días festivos se me acabaron las pastillas y tuve que esperar tres días para conseguir más. En cuestión de horas, mi angustia volvió con toda su fuerza, haciendo erupción en mi interior como lava en un volcán. Todos los músculos me dolían. Mi plexo solar estaba tan duro y tenso como un catre; la cabeza me estallaba sin cesar, lo mismo que las sienes y el espacio entre mis ojos. Apenas si podía hacer mis deberes diarios, como ir al supermercado o llevar el coche a servicio. Mi ánimo variaba sin control. No podía dormir.

Comprendí entonces que tenía un problema. Mi solución fue no volver a quedarme sin pastillas. En el San Francisco de los años setenta, el Valium se recetaba con gran libertad; era tan fácil de conseguir como el alcohol o los cigarros. Compañeros de la comunidad artesanal recibían el mote de "la banda del Valium para comer". Siempre estaban ahí para surtir de unas cuantas pastillas a una amiga necesitada. Una vez conseguí cincuenta, sin preguntas, diciéndole al doctor que mi frasco se me había caído al excusado. Otra vez le compré cincuenta a un inválido que vendía sus medicamentos a adictos como yo.

Pero yo no era la única rata en la trampa del Valium. En 1977 vi en el Balboa Theater la película *I'm Dancing as Fast as I Can*, estelarizada por Jill Clayburgh, sobre una antigua adicta al Valium que finalmente lo deja de golpe. Muerta de ansiedad, no puede dormir, siente bichos bajo la piel, tiene convulsiones y termina con una camisa de fuerza en un hospital psiquiátrico. Como gran final, sufre un colapso nervioso.

"No quieras dejarlo sin ayuda", advierte seriamente el doctor en la película. "Esto podría pasarte a ti".

Ahora yo no sólo sabía que era adicta; también temía al insomnio, bichos bajo la piel, convulsiones y la locura si trataba de dejar de serlo. No sabía qué hacer. Me sentía atrapada. Dejar la medicina requeriría un milagro.

El milagro ocurrió en febrero de 1978. Stuart, mi mejor amigo y pareja, de 39 años, murió en su motocicleta, atropellado por un coche que se pasó el alto. Devastada, traté de ser fuerte, por mis hijos. Stuart era su amigo y su figura paterna. Vi pena y dolor en sus ojos.

Casi a medianoche, el día que lo enterramos, mis hijos dormían en sus camas. Me senté a la mesa de la cocina, completamente despierta, con un vaso de agua en una mano y tres Valiums en la otra. Quería calmar mi dolor.

Pensar en Stuart me detuvo. Él había tenido su ración de pesar: pobreza, padres crueles, drogas y un enconado divorcio hacía años, en el que perdió la custodia de su único hijo. Pero jamás lo vi enojado, amargado ni resentido; siempre veía el vaso medio lleno. "A veces la vida te tumba", decía; "pero si te levantas de nuevo –sonriendo–, no podrá volver a derribarte".

Vi las pastillas en mi mano. "Valentía artificial", pensé. "Disfrazan el miedo, pero no lo quitan". Decidí que no las quería más, y sentí mi boca curvarse en una sonrisa extraña. Tiré las pastillas al excusado, jalé y me fui a dormir.

Ignoro por qué no hubo síndrome de abstinencia a la mañana siguiente, ni a la segunda ni después. Ignoro cómo fue que ocurrió un milagro en la mesa de mi cocina esa noche, pero gracias al cielo ocurrió. Mi adicción al Valium terminó esa noche, y no ha vuelto treinta años después.

Me pregunto si lo que se necesita para dejar una adicción es darse cuenta de que la vida lo ha tumbado a uno, y tener agallas para levantarse sonriendo.

LYNN SUNDAY

91

Suerte de estar vivo

Curso la universidad en una pequeña ciudad del Medio Oeste de Estados Unidos, donde vivo todo el año, ya que, además de tomar mis clases, tengo varios empleos de medio tiempo. La vida en el verano es ahí muy diferente a la del año escolar regular. En ese periodo, los universitarios se integran más con los jóvenes adultos locales que durante el año lectivo. Por lo general, todos se llevan muy bien. Sin embargo, el 19 de junio de 2009 fui brutalmente asaltado y casi asesinado por un joven de la localidad.

Ese día marchó como cualquier otro del verano. Me levanté, trabajé en el centro recreativo de la universidad, volví a casa a bañarme, hice mis quehaceres y me fui a trabajar. Mientras hacía el turno nocturno en un restaurante, me invitaron a una fiesta del trabajo.

> Aceptemos el dolor y usémoslo como combustible para nuestro viaje.
>
> KENJI MIYAZAWA

Yo quería conocer más gente, pues era relativamente nuevo ahí, así que acepté. Cuando la fiesta terminó, una compañera de trabajo nos ofreció a mi amigo y a mí llevarnos a casa, dado que pasaría cerca. Me senté adelante y Tyler, mi amigo, saltó al asiento trasero. Cuando llegamos al callejón detrás de mi casa, la puerta del coche se abrió. Creí que era Tyler que había abierto la puerta mientras yo me despedía de mi compañera. Pero entonces vi que Tyler seguía en el asiento trasero, y un segundo después sentí un dolor agudo traspasar mi nariz, cuya sangre manchó tanto a la conductora como al coche. Inmediatamente después perdí el conocimiento.

Según me contaron Tyler y mi amiga y vecina Kyle en el hospital, un tal Joshua me sacó a rastras del vehículo y empezó a golpearme y a patearme la cabeza. El episodio duró menos de dos minutos, pues los vecinos oyeron gritos, llamaron al 911 y contuvieron al agresor. Joshua huyó, y yo me quedé tirado, sangrando y lastimado, hasta que llegó la policía. Resultó ser que Joshua era exnovio de la chica que nos había llevado a casa. Él admitió ante la policía, cuando ésta llegó a su casa, que nos había seguido del trabajo a la fiesta y luego a mi casa, y que me había atacado en un arranque de celos.

Cuando llegué al hospital estaba en choque y le preguntaba repetidamente a Kyle dónde estaba mi mamá. Al personal le horrorizó la brutalidad de la agresión, y reportó conmoción cerebral severa, orbital (cuenca del ojo) roto, mandíbula fracturada, pómulo roto y nariz destrozada. La policía me interrogó y me aseguró que había detenido al agresor. En los meses siguientes, el caso llegaría a juicio, donde se señaló que aquélla no era la primera agresión de ese sujeto y que ésta había ocurrido hallándose él en libertad condicional.

El último año estuvo lleno de un dolor físico y emocional inimaginable. Padecí tres cirugías para reconstruir mi cara. Casi no he faltado a clases, aunque tengo que manejar tres horas hasta el hospital de mi ciudad natal.

A lo largo de todo este sufrimiento, me sentí excluido del mundo y más reservado que de costumbre, lleno de miedo y preguntándome cómo pudo pasarme algo así cuando no hice nada para merecerlo. Me hundía en un abismo de depresión cada vez que recordaba la agresión, ya fuera en el tribunal, durante mis operaciones o a causa de informes noticiosos sobre el incidente. Por fuera actuaba como si no pasara nada, pero en el fondo me sentía perdido, deprimido y destrozado. No podía lidiar con el hecho de que un ser humano fuera capaz de dirigir tanto enojo y odio contra otro, alguien a quien no había visto nunca en la vida.

Pronto supe que yo no era el único afectado por ese trauma. A mi familia le dolía verme tan deprimido, y mi madre se quebró más de una vez al ver mi cara. "Ese hombre se llevó la alegría de mi hijo", era todo lo que podía decir.

Las palabras "Suerte de estar vivo" fueron las primeras que pronunció el cirujano cuando vio mis rayos X y escaneos. Mi nariz parecía Corn Flakes dentro, y él me comentó que tres golpes más habrían podido matarme. Esas cuatro palabras permanecieron en mi memoria todo el año siguiente. Una mañana desperté dándome cuenta de que era cierto: tenía la suerte de estar vivo, y Dios tenía en verdad un plan para mí. Sé que no soy el mismo que antes del incidente. Me he servido de mi dolor para superar esta tragedia. Ahora me encuentro en el proceso de reconstruir mi vida y recuperar el ánimo que tan abruptamente me fue robado. El amor de Dios y el apoyo de mi familia y mis amigos, que nunca se apartaron de mi lado, hicieron que este trauma pasara de tragedia devastadora a experiencia de aprendizaje, la cual me acercaría a quienes amo. Nunca dudo en decirles que los amo y lo mucho que me importan.

Estoy aprendiendo a despojarme del enojo que sentía contra Josh. Ya no odio al tipo que me golpeó. Hasta la fecha no he vuelto a ver su cara a la luz del día. Pero gracias a la fe y la oración, avanzo hacia mi futuro.

En definitiva, la agresión que sufrí en ese callejón oscuro alteró profundamente mi manera de verme a mí mismo y al mundo. Aunque sigo teniendo miedo de vez en cuando, sé que Dios me protege de todos los desconocidos que acechan en las sombras.

THOMAS SCHONHARDT

92

Grandeza en la derrota

Estoy sentada frente al escritorio de mi oficina tratando desesperadamente de contener las lágrimas. Mi cuerpo está entumido y me siento muy pesada en la silla. Hay algo en el aire hoy que no puedo entender, pero sé que hoy es diferente a cualquier otro día en el trabajo.

Mi jefe se acerca y me pide acompañarlo a Recursos Humanos. Llevo cuatro años en esta compañía y nunca se me había llamado a una reunión con RH y mi jefe. No he pedido aumento ni ascenso. La única razón lógica de que me escolten es que me van a despedir.

> Debes dejar la ciudad de tu bienestar e ir al desierto de tu intuición. Descubrirás algo maravilloso: a ti mismo.
>
> ALAN ALDA

Tomo plena conciencia de mis circunstancias. Siento que me voy a desmayar, así que me recuerdo que debo respirar y seguir adelante. Me piden que me siente. Mientras respiro con lentitud, mi jefe empieza a decirme que está muy satisfecho con mi positiva actitud y que siempre ha sido un placer trabajar conmigo, pero que los roles en la agencia han cambiado y yo ya no cumplo las exigencias de mi puesto.

Mientras él habla, me siento como drogada viendo sus labios moverse, pero en mi mente sólo oigo estática. Pienso para mí: "Si vas a darme el hachazo, hazlo ya: apresura la caza. La expectación me está matando". Luego me recuerdo que éste bien podría ser el momento más importante de mi vida. Es hora de aquietar el caos interno y prestar atención. Me obligo a escuchar. Justo entonces, mi jefe se vuelve hacia la mujer que firmó mis documentos de contratación y ella me dice:

–Siempre es difícil hacer esto, pero tenemos que dejar que te marches.

La lágrimas que he contenido todo el día salen a la superficie. Mientras ellos me miran con compasiva tristeza, el llanto se derrama en torrente. Lo que no saben es que estas lágrimas no son de miedo ni dolor. Son lágrimas de alivio, ¡de emoción ilimitada! ¡En ese instante caigo en la cuenta de que todos mis pensamientos positivos y mis rezos han sido escuchados! ¡Creo en ese momento que los milagros realmente ocurren!

Retrocedamos dos años en el tiempo. Un día iba camino a casa, a pie, luego de haber trabajado quince horas diarias durante cuatro días seguidos. Ese paseo era lo único que había hecho por mí en las dos últimas semanas. Me recordé que había elegido ese glamuroso trabajo de publicidad en la gran ciudad. Mientras recorría las calles de Chicago, los rostros a mi alrededor se enturbiaban. Aceleré el paso con la esperanza de llegar más pronto a casa, pero no pude contener más las lágrimas.

Al llegar a mi hogar, rompí a llorar en la puerta. Cuando caí al suelo, temblaba y me sentí aterrada. Un llanto de fatiga y pesar cubrió mi rostro. Miré a mi alrededor y me percaté de que no vivía como se suponía que debía hacerlo. Me sentí una extraña en mi propio departamento. Todo debía haber sido distinto. Vivía como lo había soñado, ¡pero no sentía que fuera mi vida! Era como si rentara la existencia de otro.

Por fuera parecía que lo tenía todo. Tenía un hombre que quería casarse conmigo, y acababa de recibir mi segundo ascenso en dos años. Viajaba de negocios por el mundo, trabajaba en una renombrada agencia de publicidad y vivía en un departamento precioso. Había supuesto que cumplir estas metas me haría feliz y segura. Debía haberme sentido viva y libre. ¿No se supone que eso pasa cuando la gente logra lo que quiere? ¡Pero yo me sentía atrapada, sola y aterrada de que las cosas fueran a ser así para siempre!

Supliqué en voz alta:

–¡Ayúdame, por favor ayúdame! Te necesito ahora.

Instantáneamente, el aire a mi alrededor cambió, y una presencia tranquila llenó el espacio. Sentí que ángeles me envolvían en sus suaves brazos. Mis lágrimas se secaron, y todo quedó en calma. Oí una voz. Era mi voz, pero era como si llegara de arriba, como si los mismos ángeles que me abrazaban me guiaran de vuelta a la luz. La instrucción era simple: "Sigue tu corazón".

Al despertar al día siguiente, hice un repaso de mi vida. Haciendo caso a esa voz, supe que debía hacer un cambio radical en mi existencia.

Pasé revista a mis relaciones con los demás y conmigo, mi trabajo, dónde vivía: todo. Me pregunté cómo podría hacer aquellos cambios de gran escala. La gravedad de la empresa comenzó a parecerme abrumadora, pero recordé que en la vida siempre tenemos una opción. Aun si por lo pronto no veía una salida, podía controlar mis pensamientos, y tenía que elegir pensamientos positivos. Ellos me llevarían de regreso a la seguridad, y así empezaría el viaje a mi verdadero ser.

Como piezas de un rompecabezas, separé cada aspecto de mi vida, decidida a reconstruirla con energía y reforzamiento positivo. Primero hice una lista de las cosas que quería hacer, y comencé a marcarlas. Centrándome primero en mi salud, me inscribí en un triatlón. Bajé siete kilos en la persecución de ese sueño, y mantuve afirmaciones positivas. Me ofrecí a trabajar en refugios de animales. Empecé a viajar, leer y escribir más. Rezaba, y me ponía a meditar todos los días. Me deshacía poco a poco de las Band-Aids que había usado para cubrir mi atribulada alma. Me enlazaba por fin con mi verdadero yo.

Todo a mi alrededor empezó a cambiar. Mis relaciones se hicieron más profundas, mi confianza en mí misma más firme, e incluso me arriesgué a adoptar a un perro maravilloso, que se convirtió en mi compañía favorita para salir a correr y saltar. Mientras esos positivos cambios comenzaban a surtir efecto, mi trabajo seguía empeorando. Como un ladrón en la noche, el temor por la magnitud del problema invadió mi espíritu. Empecé a pensar que en verdad me pasaba algo malo, que tenía un trastorno mental o alguna cosa que me hacía infeliz. Busqué terapia, incluso visité a médicos; estaba decidida a remediar mi situación.

Pese a mis esfuerzos, sabía que ya no podía ignorar el reclamo de mi corazón. Un día dejé de llorar en el piso del baño y dije en voz alta:

—¿Qué hago aquí? —me paré, me eché agua en la cara, me miré al espejo y dije—: Ésta no eres tú ni ésa es tu vida, y esto no es lo que quieres o quien quieres ser. Así que manos a la obra.

Tomé mi lápiz labial rojo, y en el espejo del baño escribí mis metas para las cuatro semanas siguientes:

1. $10, 000 (de aumento, o un nuevo trabajo con incremento salarial).
2. Quiero vivir cerca de mi familia y seres queridos en Oregon.

No sabía cómo cumpliría esas metas, pero en mi corazón sabía que si mantenía una perspectiva positiva, las cosas tendrían que ser mejor que como eran. Cada día de las dos semanas posteriores vi la afirmación en el espejo de mi baño. Cuando iba a correr al lago, visualizaba el monte

Hood y los puentes de Portland en vez del tráfico con esmog de Chicago. En el trabajo puse fotos de Oregon (mi futuro hogar) y de miembros de mi familia, así como imágenes de las oficinas de compañías en las que me gustaría trabajar. Concebí esto como el minitablero de mis sueños.

Ahora, en el lugar que más pesar me causaba, disponía de un escape visual. Apenas dos semanas después de haber escrito mi afirmación de medianoche en el espejo del baño, fui llamada a la oficina de Recursos Humanos para que se me permitiera marcharme. Como parte de mi liquidación me pagaron más de diez mil dólares de indemnización, y menos de seis semanas después ya estaba en Oregon, viviendo con mi familia.

Ahora siento más amor del que imaginé posible. Decidí cambiar mi sufrimiento por una actitud positiva centrándome en el futuro. Expresé la vida que realmente deseaba manteniendo pensamientos positivos y visualizando la existencia que necesitaba. Puede haber grandeza en la derrota, pero es nuestro deber estar abiertos al cambio y confiar en que los milagros suceden. Cuando seguimos nuestro corazón, él nunca nos defrauda, y tener una perspectiva positiva en la vida puede volver realidad nuestro sueños.

SHANNON KAISER

Caldo de Pollo
para el Alma

10

CAPÍTULO

Gratitud

La gratitud es la mejor actitud.

ANÓNIMO

93

El diario de gratitud

Gacha la cabeza, avancé con dificultad por el sendero del parque. No quería estar ahí. Lo único que quería era regresar a mi cama y sufrir. La depresión puede dejarte sin ganas de vivir. El médico me había recetado antidepresivos y me había hecho varias sugerencias para salir del hoyo. Hacer ejercicio era una de ellas. Ted, mi esposo, la había tomado en serio y prácticamente me sacó de la casa para que fuera al parque.

> Si quieres cambiar tu vida, haz la prueba con el agradecimiento. Tu existencia cambiará poderosamente.
>
> GERALD GOOD

Me recibió con una enorme sonrisa cuando me arrastré hasta la entrada.

–¿Cómo te fue?

Forcé una sonrisa.

–Bien. Voy a acostarme para descansar.

–Al menos podrías agradecer que diste un largo paseo con buen clima –dijo detrás de mí.

"Sí, claro", pensé. "¿Qué tengo yo que agradecer? ¿Un buen clima?". Ni siquiera me había dado cuenta. Me hundí en la cama, cerré los ojos y rogué que pudiera dormir, bendito alivio. Pero no fue así. Frustrada, fijé la mirada en el espacio, tratando de no pensar, cuando de repente mis ojos cayeron en mi diario, que hacía mucho que no utilizaba. Llevada por un impulso, lo tomé y escribí hasta arriba en una página: "¿Qué tengo que agradecer?". No se me ocurría nada.

"¡Oh, por Dios!", murmuré. Escribiendo tan enérgicamente que casi rompía el papel, garabateé: "¡Agradezco tener un techo sobre mi cabeza, algo que comer y ropa que ponerme!".

"¡Ahí está!". Cerré el diario de golpe.

Día tras día, Ted me animaba a salir a caminar. Yo lo hacía sobre todo para complacerlo, o a veces sólo para quitármelo de encima. En ocasiones tomaba un atajo en el bosque. Pero caminaba. Y, asombrosamente, también escribía. Se me hizo hábito tomar mi diario cuando regresaba a casa después de caminar. Al principio consignaba las cosas más generales que se me ocurrían, como en mi primer y desganado intento. Estaba agradecida por mi esposo, mi familia, mis amigos. Pero al paso del tiempo me volví más específica. Daba gracias de que Ted me frotara la espalda, y de la llamada que había recibido de Linda para saber cómo estaba.

Me sorprendió empezar a buscar de repente cosas que agradecer, cosas que registrar en mi diario. Veía una delicada florecita amarilla tratando de sobrevivir bajo el sol, y a mi diario iba a dar la florecita amarilla, junto con una breve nota a Dios sobre lo bueno que era para sostener esa pequeña belleza. Un mirto daba capullos de dos colores, una combinación adorable, y esos capullos lilas y rosas pasaban a formar parte de mi diario. Entre más caminaba, más escribía. Entre más escribía, más cosas encontraba que agradecer. Y mientras más agradecida me sentía, más desaparecían mi depresión y ensimismamiento.

Me fijé en que, pasado un tiempo, descubrir cosas que agradecer era algo que se extendía más allá de mis paseos. Como el señor con el carrito lleno en la tienda, que me dejó pasar antes que él en la fila. O la señora que vio caer de mi bolsa mi chequera y me alcanzó para dármela. Héroes y heroínas del súper también eran registrados. Esto me volvió más consciente de las cosas que podían ser útiles para los demás. Tal vez yo podía ser una pieza en un diario de gratitud.

Empecé a murmurar pequeños "Gracias" durante el día. "Gracias, Señor, por permitirme encontrar ese frasco de pepinillos que necesitaba para mi nueva receta". Los pepinillos fueron a dar a mi diario. "Gracias, Señor, por haberme hecho ver a ese chico en su bicicleta". ¡Qué tragedia si lo hubiera atropellado! Claro que esto también fue a dar a mi diario.

La palabra "gracias" llegaba fácilmente. Me vi agradeciéndole a la gente cosas que antes había dado por sentadas. Ahí estaba la enfermera que se había tomado el cuidado de tender mi cama cuando me hospitalizaron, y el paseante con su perro que siempre esperaba a que yo atravesara el puente. Una vez traté de anotar todas las cosas por las que había dicho "gracias" durante el día. Me sorprendió que fueran tantas, y estoy segura de que no las recordé todas.

Una mañana, al tomar el atajo por el bosque tuve que hacer un brusco alto. Ahí frente a mí, en medio de un círculo de luz filtrada en polvo, estaba un cervatillo, no mayor que mi Golden Retriever. Manchitas blancas salpicaban su pelaje, y ante mi aparición paró bien las orejas, que lucían demasiado grandes para él. Nos miramos un momento, y luego salió disparado, buscando a mamá, estoy segura. Fue maravilloso, místico incluso. Anegados en lágrimas los ojos, me senté ahí mismo y di gracias a Dios por ese don que me había concedido. Sobra decir que al llegar a casa documenté este fabuloso suceso en mi diario.

Fue así como inicié mis diarios de gratitud. Ahora tengo una caja llena de ellos. Cada día agradezco literalmente lo que tengo escribiéndolo. Lo persigo. Siempre estoy atenta a las sorpresas que Dios me tiene reservadas. Si alguna vez dudo de que tenga algo que agradecer, me basta con abrir un diario para ver las incontables bendiciones que Dios me ha concedido. Mi actitud se ha vuelto optimista y expectante, muy diferente a la de la persona desanimada a la que antes no se le ocurría nada que agradecer. Ahora, una de las fórmulas iniciales más frecuentes en mi diario es "Gracias, Señor, por el don de la gratitud".

NANCY BAKER

94

Don inesperado

Síndrome de Asperger. Ya había oído hablar de él, bajo el nombre de "autismo moderado". Había jugueteado con la idea de que yo lo tenía, usándolo como pretexto para explicar mis ineptitudes sociales. Pero nunca en serio. Así que cuando algunos de mis amigos empezaron a hablar de eso y uno de ellos nos enseñó una página en internet en la que se podía hacer una prueba al respecto, yo la hice, más que nada por curiosidad, para saber más sobre el tema.

> Aprendí que cada carga de pesar contiene una bendición enviada por Dios.
>
> SHERRIE A. HUNDLEY

Me reí ante algunas de las preguntas que sabía que me colocarían en un alto nivel en la escala de ASD (*autism spectrum disorder*, trastorno en el espectro del autismo). Pero eran pocas.

De manera que cuando terminé la prueba y vi mis resultados, me asusté. Cierto, una prueba en internet no es un diagnóstico oficial, y en esta página en particular había incontables avisos de no responsabilidad… pero mi muy alta puntuación fue apenas el principio de las revelaciones. "Es muy probable que usted sea aspie" me causó cierta sorpresa, pero mi asombro iba en aumento. Mi resultado neurotípico fue de menos de diecisiete por ciento. Pero después vi el "desglose general", en el que se enlistaban varias áreas divididas en "aspies" y neurotípicos. Yo estaba arriba del promedio en cada categoría de "aspies" salvo una, y abajo del promedio en todas las categorías de neurotípicos. ¿De veras podía tener

Asperger? ¿De veras podía haber pasado casi treinta años de mi vida con el síndrome de Asperger sin saberlo?

Me puse a leer entonces el desglose detallado. Era fascinante, aunque perturbador. Cosas que antes había creído "normales" eran en realidad muy probables signos de Asperger. ¡No era de sorprender que tuviera tantos problemas para relacionarme con la gente! ¡Operábamos sobre supuestos distintos! Así que empecé a investigar más y más sobre el Asperger. Era casi como leer la historia de mi vida.

Al principio todo lo que sentía era susto y sorpresa. Cuando el susto comenzó a ceder, me sentí algo aliviada, para comprender finalmente la fuente de mis dificultades sociales. Pero ese alivio se vio acompañado por un poco de desesperación. Otro trastorno se añadió a mi lista. Síndrome de Asperger. Yo. Tengo síndrome de Asperger.

La alarma no se desvanece por completo aún. Parte de mi desesperación se debe a no haberlo sabido hasta ahora. Esto suele detectarse en la infancia. Quizá si mi caso se hubiera detectado entonces, yo habría podido aprender a lidiar mejor con la enfermedad, las diferencias entre mi forma de pensar y la de quienes me rodean, cómo poner al tanto a los demás para que ambas partes hubiéramos podido entendernos mejor. Quizá no habría perdido tantos amigos si lo hubiera sabido antes. Tal vez habría habido menos dolor.

Una parte de mí desea maldecir al síndrome, pues pienso en toda la pena que me ha causado, y a quienes amo. El daño es en gran medida irreparable. Sólo me queda confiar en el futuro. Hacer cambios a los 30 años de edad es mucho más difícil... pero conocimiento es poder, y ahora estoy armada de una mejor comprensión de mí misma y de los demás. Quizá esto ayude.

Pero... pese a todo el sufrimiento que esto me ha causado... apenas días después de esa asombrosa revelación me puse a llorar de gratitud por el "don" del Asperger. ¿Cómo puede ser un don este terrible síndrome?

Me basta con pensar en unos cuantos amigos muy especiales, muy íntimos. Los pocos a los que siempre he comprendido mucho mejor de lo que puedo comprender a los demás. Los pocos que me comprenden más que los demás. Los pocos y preciosos amigos por los que haría cualquier cosa con tal de protegerlos.

Son mis amigos con autismo. Y ahora, cuando pienso en ellos, lloro con gratitud por mi Asperger. Sea cierto o no que éste es un "autismo moderado", dos cosas me parecen claras. El Asperger está tan relacionado con el autismo que unos a otros nos comprendemos. Pero también es tan distinto que he podido comunicarme con "neurotípicos" mucho más fácilmente que mis amigos autistas. Así que, en mi caso al menos, veo el Asperger como una especie de puente. Hace años supe que podía ayudar como pocos a alguien con alto autismo funcional. Y que podía hablar de la manera en que piensan y actúan los "demás" y de lo que esperan de nosotros porque había tenido que estudiarlo muy cuidadosamente toda mi vida. Sí, todavía cometo muchos errores y me duele, pero había aprendido a abordar las comunicaciones simples de todos los días. Y podía transmitir ese aprendizaje enseñando a mis amigos autistas, explicándoselo en formas lógicas para ellos porque eran lógicas para mí. Y luego podía voltear y explicar en cierto grado a otros lo que mis amigos autistas sienten y piensan. Podía hacerlo porque yo he sentido y pensado igual, pero también porque tengo el don de la palabra y la comunicación.

El Asperger podría ser sencillamente un don para ayudar a cerrar una amplia brecha que afecta a los autistas. Y cuando lo veo de esta manera, lloro de gratitud por este don que se me ha dado.

Susie Bee

95

Atrapando hormigas

El norte de Uganda sufrió recientemente una larga y brutal guerra civil. En los últimos años el área ha estado en paz, pero la vida de miles de personas aún está lejos de ser fácil. Apiñados en "pueblos protegidos", o "campamentos de personas internamente desplazadas", los residentes de esta región desgarrada por la guerra tratan de volver a ponerse en pie. La agricultura, largamente desatendida a causa del peligro de estar en los campos, se reanuda poco a poco. Se reconstruyen escuelas, y los niños que no han conocido otra cosa que el conflicto reciben educación por fin. Pero todavía hay un largo camino por recorrer.

> Vuelve la cara al sol y las sombras caerán tras de ti.
>
> PROVERBIO MAORÍ

Yo estuve en fecha reciente en uno de esos pueblos protegidos. Hogar de varios miles de personas, la tienda, centro de salud o iglesia más cercana está a varios kilómetros de distancia. Familias de ocho personas viven en una pequeña choza de adobe, haciendo una sola comida al día, si tienen suerte. Un cuartel del ejército se alza junto al campamento, por si resurge la violencia. Un equipo de la organización en la que trabajo se instaló en ese campamento para contribuir a la construcción de una escuela e impartir enseñanza de salud en la comunidad. Para relacionarnos más con los lugareños, dormíamos en chozas de adobe, tomábamos agua del manantial y cocinábamos en un anafre con carbón.

Los refugiados del campamento fueron muy cordiales, y aunque yo no hablaba su idioma ni ellos el mío, pronto me hice amiga de algunas mujeres. Fue así como me enteré de algunos de los horrores que vivieron durante la guerra, y me asombró la alegría y jovialidad que encontré en esas víctimas. Seguramente sufrían hambre, pero nunca se quejaban ni nos pedían comida. Su valor y resistencia fueron una verdadera lección de humildad para mí.

Una mañana en el campamento, unos gritos me despertaron temprano. Mi corazón se detuvo un momento, y luego volvió a latir con fuerza en mi pecho. Guardé silencio, convencida de que los soldados rebeldes habían regresado. Al oír pies que corrían fuera de mi choza, me paralicé y sentí enfriarse mi sangre, pero volvieron a pasar. Aun así, preferí seguir sin moverme, tratando desesperadamente de deducir qué hacer. ¿Era más seguro quedarme donde estaba? ¿O debía correr a otra choza? No lo sabía, y estaba demasiado asustada para pensar con claridad.

Luego me di cuenta, con un sobresalto, que la gente reía afuera. Intenté despejar mi mente mientras oía otra vez: niños que reían encantados. Mi miedo empezó a evaporarse. Los gritos, me percaté entonces, eran de personas divirtiéndose. Me levanté de un brinco y abrí la desvencijada puerta de hojalata de mi choza, con el deseo de ver lo que pasaba.

Lo que mis ojos vieron me hizo reír a carcajadas. Miles de hormigas voladoras, un deleite en Uganda, habían invadido el campo al amanecer. Todos los niños del pueblo, así como la mayoría de los adultos, las cazaban por doquier, tratando de derribarlas con ramas, camisetas, escobas o cualquier cosa a la mano. Algunos corrían cargando recipientes, para recoger las caídas. Estas hormigas poseen largas alas blancas, de las que se desprenden tan pronto como caen al suelo, de modo que el lugar, usualmente opaco y polvoriento, reluce cuando las alas delicadas atrapan los primeros rayos del sol.

Me quedé contemplando ese alboroto, riendo y celebrando los grandes saltos de los niños, y aplaudiendo cuando caían las hormigas. Dondequiera que mirara, la gente reía, se carcajeaba, aullaba de placer y se divertía de lo lindo. Hombres habitualmente huraños se unían al festejo, cargando a sus hijos para que pudieran derribar mejor a los insectos. Mujeres fatigadas olvidaban sus penas en su afán de juntar tantos de esos manjares como fuera posible. Soldados del cuartel vecino llegaron al campamento portando sus armas, atraídos por la escandalera, y pronto dejaron sus rifles en el suelo para participar del bullicio.

Mientras reía por el espectáculo, se me hizo un nudo en la garganta. Me maravilló que personas que habían sufrido tantas penas y pérdidas, y para quienes la vida era una lucha diaria por la sobrevivencia, hallaran tanto deleite en atrapar bichos. Comprendí que nada podía sofocar la chispeante vida de la gente de esta región, y que yo había tenido el privilegio de verla exhibida un momento.

Ese día, el olor de las hormigas al freírse se extendió por el pueblo, y en todas partes la gente me llamaba para que fuera y comiera. Venciendo mi natural repugnancia por los insectos, acompañé a mis nuevos amigos, y compartí alegremente con ellos su festín.

RACHEL SPENCER

96

Manchas mágicas

Las innumerables manchas de mi alfombra me mortificaban. ¡Es tan vergonzoso cuando llega de visita una nueva amiga! Me muerdo entonces la lengua para no gritar: "¡No soy tan sucia! ¡Nada más no veas! ¡Ignora la asquerosa alfombra!". Incluso he llegado al grado de no invitar a ciertas personas a casa, sabiendo que nunca dejarían tanto tiempo Cheerios mojados en su alfombra como para pegarse ahí con supergoma. Ahora tengo amigas que son más como yo, demasiado ocupadas para limpiar cada gota. Una mañana llegó a verme una de esas amigas maravillosas.

> Si has vivido, acepta agradecido el pasado.
>
> JOHN DRYDEN

Ambas renegamos un rato del deplorable estado de nuestras respectivas casas. Y estuvimos de acuerdo en que, sin duda, el Departamento de Salud nos metería a la cárcel si llegara a inspeccionar de improviso.

—Tal vez deberíamos darles las gracias a nuestros pisos —dijo ella de pronto, sin que pareciera venir al caso.

¿Cómo? ¿De dónde había salido eso? Entonces me contó que un grupo había hecho un curioso experimento. Después de usar un objeto, como un rastrillo de jardín, le agradecían su amable servicio y lo guardaban con todo cuidado. Más tarde esta comunidad descubrió que era muy exitosa y productiva. Lo atribuyó a que daba las gracias en voz alta a sus utensilios de uso diario.

—Tal vez la gratitud esconda algún secreto —dijo mi amiga al irse, porque tenía que limpiar el piso de su cocina.

Hmmm… ¿debía yo hacer la prueba? Me sentiría rara hablando en voz alta con un montón de objetos inanimados, pero era un hecho que podía dar gracias a Dios por tenerlos.

Así que recorrí mi casita y agradecí a Dios nuestros muebles y que tuviéramos un techo bajo el cual dormir y cómodas almohadas y toallas limpias (al menos algunas semanas al año).

Luego llegué a la sala y la horrenda alfombra. Reprimí la palabra altisonante que resonaba en mi cabeza, y preparé mi lengua para susurrar algo bonito sobre la cubierta beige del piso. Pero entonces vi una enorme mancha naranja bajo la mesa del comedor, junto a la silla de mi hijo de 3 años. Y me acordé que se debía a que, en calidad de proyecto artístico, nos habíamos puesto a pintar platos de papel con colorantes de cocina. A cinco centímetros de ella había una mancha verdosa, y vi que era plastilina dura, pues en la mañana habíamos pasado horas haciendo monstruos y serpientes.

Me eché a gatas al suelo y recorrí la sala y el comedor intentando recordar el origen de cada mancha. Ésta era de un picnic en la alfombra una "noche familiar con pizza". La de color café oscuro junto al sofá era de cuando se me cayó café el día en que mis hijos me taclearon y tuvimos una gran sesión de lucha libre. Y la azulosa que teñía la alfombra junto a la mecedora apareció luego de una divertida noche en la que nos pintamos el cuerpo y jugamos a que éramos animales salvajes.

Al mirar mi casa alrededor, entendí que todas las manchas representaban algo mucho más adorable que lo que una alfombra limpia me podría revelar. Indicaban que vivíamos en medio de risas, lágrimas, tareas desastrosas y cenas riquísimas. ¡Estábamos vivos! En nuestra casa no se prohíben la risa ni los embrollos que suelen surgir de la vida diaria. Nuestra casa no es estéril ni opresiva. Es mágica.

Mientras me ponía de pie con la primera sonrisa en ese día, murmuré: "Gracias, Señor, por mi alfombra manchada". Y en ese momento sentí verdadera gratitud por algo que durante mucho tiempo había desdeñado.

NIKKI DECKON

97

El color del agradecimiento

Los hospitales son lugares trascendentales, para bien o para mal. Hace diez años en un hospital de Nueva York, una persona extraordinaria me dio un regalo inesperado que cambiaría para siempre mi vida y perspectiva.

Cuando tenía 25 años, me vi en uno de esos puntos muertos que a veces se experimentan en la vida. La emoción inicial de vivir en Manhattan se había evaporado ya, y mi existencia era deprimente. Trabajaba en el sector público, y aunque había empezado con un fresco idealismo, lo había perdido por el chasco de tratar de hacer una diferencia y ver en ello poco impacto inmediato. Habiendo dejado el sector privado, tuve que abandonar un bello departamento, para ir a dar a un pequeño, sofocante y húmedo estudio con apenas un tablero corredizo de triplay para cubrir el baño. Acababa de resentirme del apéndice, y después de la operación no había vuelto a hacer nada de ejercicio. Mi entonces novio (hoy esposo) cursaba estudios en una escuela de posgrado en otro estado, así que yo pasaba las noches de entre semana compadeciéndome en mi departamentito, abriendo una zanja en la cama de tanto ver televisión. En mi peor momento reparé en que ya había visto demasiadas veces el último episodio de *The Golden Girls*.

> A menudo damos por descontadas las cosas mismas que más merecen nuestra gratitud.
>
> CYNTHIA OZICK

En ese tiempo, una amiga me invitó a participar en una asociación de servicios. Esta oportunidad no me atrajo mucho al principio; de hecho, no me pareció una "oportunidad" en absoluto. Había sacrificado setenta y cinco por ciento de mi sueldo para trabajar en el sector no lucrativo, ¿y ahora se suponía que también tenía que usar mi tiempo libre en beneficio ajeno? Sin embargo, luego pensé que quizá todo ese "tiempo libre" no hacía otra cosa que empeorar mi situación. Usarlo para ayudar a alguien podía hacerme algo de bien.

Aquella asociación de servicios ofrecía a los voluntarios varias opciones para escoger. Tal como, al parecer, lo hacían todos, yo indiqué que mi primera prioridad era ayudar a niños. Cuando recibí la información de asignación, se me fue el alma a los pies. Mi tarea parecía imposible: pasar varias horas a la semana visitando a adultos paralizados en su cama de hospital. Sentí que me jalaban de los pelos. ¿De qué diablos iba yo a hablar con esas personas? ¿Para qué querrían pasar tiempo conmigo, para empezar?

Llegó el día de la primera visita. Tomé el metro al hospital, cuestionando mi decisión durante todo el trayecto. En la sesión de orientación, el instructor me había dicho que aquellos enfermos estaban bajo el cuidado del gobierno estatal, lo cual quería decir que no había ninguna esperanza de que abandonaran el hospital, porque no tenían familiares ni posibilidades de vivir fuera de la clínica. Los voluntarios no tenían permitido indagar cómo esas personas se habían quedado paralíticas. El instructor añadió que la mayoría de ellas había sido víctima de enfermedades o accidentes de tránsito. Los voluntarios no podían hacer preguntas personales por ningún motivo, sino sólo aportar (idealmente) un momento positivo en la semana de los pacientes. El instructor me informó, por último, que el paciente que se me había asignado, Charles, estaba paralizado del cuello para abajo, y que sólo podía hablar y mover las facciones.

Con no poca inquietud, me dirigí a la habitación de mi paciente asignado. Recuerdo que pensé cómo no se me había ocurrido llevar una lista de temas de conversación para romper el hielo, como si se tratara de una reunión formal. El cuarto 115 ya estaba frente a mí: no había tiempo para pensar en estrategias. Entré y me presenté con Charles. Él estaba acostado boca arriba en su cama, la cabeza elevada sobre una almohada. Tenía una desaliñada mata de pelo y la barba algo crecida, y parecía quizá unos años mayor que yo.

Lancé un rápido vistazo a su entorno permanente, el cual provocaba sin duda más claustrofobia que mi estudio, por decir lo menos. Charles disponía de una diminuta televisión en blanco y negro (aunque dependía de las atareadas enfermeras para que cambiaran de canal o la apagaran). El cuarto tenía una ventana, cubierta de ilustraciones: varias acuarelas de estilo abstracto, todas ellas empalmadas entre sí y pegadas al cristal con cinta adhesiva. Me pregunté quién las habría pintado, pero no se lo pregunté a Charles, porque no podía ponerme "demasiado personal". Había un tablero de corcho detrás de su cama que exhibía objetos personales, entre ellos una tarjeta de cumpleaños. Después de las formalidades de rigor, me pregunté qué podría hacer en seguida.

—¿Estás lista para pintar? —inquirió Charles.

Me ofusqué un momento; ¿qué diablos significaba eso? Tal vez tendría que ejecutar algunas pinturas, para colgarlas luego junto a su cama, como aparentemente alguien había hecho ya antes que yo. Debo haber lucido tan absorta como me sentí. Por suerte, Charles me salvó.

—En el armario... hay pincel y pinturas —dijo—. También tendrás que llenar un vaso con agua del lavabo, para cambiar de color.

Aún sin comprender sus intenciones, abrí el armario estilo casillero, el único otro mueble en el cuarto, y saqué una cubeta grande con acuarelas gastadas y un pincel. Cuando vi este último, todo se aclaró: llevaba adherido con ligas en el mango una especie de adaptador en forma de silbato. Charles pintaba con la boca, comprendí al instante. Me ocupé en preparar el agua y las pinturas, preguntándome cómo procedería todo esto. Y resultó que de la manera más sencilla y agradable.

Charles me explicó cómo disponer las pinturas en una charola y colocar un lienzo de papel a unos treinta centímetros de su cara. Me encomendó luego embadurnar de pintura el pincel, ponérselo en la boca y mojarlo después para cambiar de color. Él hizo el resto, y yo miré, fascinada. Como él no podía hablar mientras pintaba, yo me puse a parlotear sobre su técnica y todo lo que se me ocurrió que no requiriera respuesta. Cada vez que él quería cambiar de color, sostenía el pincel entre los dientes y decía:

—Nuevo color, por favor.

Pasamos juntos todos los miércoles en la noche de ese otoño e invierno, trabajando en una pieza nueva cada semana. Su pasión por la pintura me abrumó. Me maravilló que no se dejara vencer por su aislamiento social ni por su confinamiento físico en su cama, en un sombrío cuarto de hospital. Había encontrado algo que lo hacía feliz: pintar. Tenía algo que esperaba con ansia, y con eso le bastaba. En vez de asomarse por la ventana a un mundo del que nunca volvería a formar parte, pedía que le pegaran sus pinturas ahí, porque eso lo hacía feliz y le recordaba algo que adoraba.

Ese año empecé a apreciar mi vida con nuevos ojos. Las pequeñas cosas se volvieron grandes: la posibilidad de tomar a mi novio de la mano y sentir su piel; la posibilidad de correr y llenar mis pulmones del aire fresco del invierno; incluso la posibilidad de tener trabajo. Charles me había hecho un espléndido regalo: mostrarme la dicha de la gratitud, aun por cosas aparentemente ordinarias.

Muchos años y kilómetros nos separan hoy a Charles y a mí. Pero cada vez que la vida me defrauda o decepciona, pienso en él y me digo: "Nuevo color, por favor". Tengo familia. Tengo salud. Tengo libertad. Hay mucho que agradecer.

BARBARA MCKINNEY

98

Alegría simple

A veces he tomado asiento en mi pequeña y acogedora casa y deseado tener una sala más grande, una cocina enlosada con estufa de acero inoxidable y tapa de cristal y un nuevo sofá complementado por un sillón y un diván. Pero educar a una hija y celebrar reuniones familiares y con amigos me ha hecho comprender que lo que importa no es el mobiliario de mi casa, sino si el amor se cuela por cada esquina.

> Date por satisfecho con lo que tienes, regocíjate en las cosas tal como son. Cuando ves que no te falta nada, el mundo entero se vuelve de tu propiedad.
>
> LAO TSÉ

A lo largo de los años, el perro lanudo ha dormido en mi ausencia en el sofá, el gatito más reciente ha arañado una y otra vez las esquinas del sillón, y pis y flemas de gato se han limpiado mil veces en tapetes, pisos y chupones tirados. Después de haber criado a nuestra hija, Aspen, y de haber montado una guardería en casa, mi hogar tiene esa apariencia acogedora. Admito que pasé por un periodo en el que despotricaba contra el universo cada vez que tenía que reparar un nuevo desorden: "¿Por qué no puedo tener nada bonito? ¡Lo único que quiero es una sencilla elegancia!". No sabía entonces que las lecciones que debía aprender estaban justo a la vuelta de la esquina.

Cuando llegó la recesión, nos sentimos afortunados de que hubiéramos terminado de pagar la casa. Nos hemos sentido muy agradecidos por tener trabajo y por haber podido ahorrar para la universidad de Aspen, aunque una colegiatura fuera de nuestro estado estaba resultando criminal para nosotros. Pero en fecha reciente Aspen decidió regresar a Oregon para poder vivir con su pareja, que estudia en Portland. De súbito, nuestro diligente ahorro nos hizo sentir ricos.

Tras una fiebre de compra de ropa y zapatos, me dediqué a leer, meditar, caminar y escribir. Una vez ausente mi hija, nuestro pequeño nido vacío me parecía demasiado amplio, y me rodeaba de recuerdos de madre. Tenía que reinventarme. Mis deseos y necesidades me agobiaban. Sí, contratemos a alguien que enlose el piso de la cocina. Redecoremos el baño. Levantemos el jardín lateral y pongamos nuevo césped. Los proyectos domésticos se volvieron interminables, y mi vanidosa satisfacción se reducía con cada nuevo decorado que imaginaba.

Fuimos a Portland a conocer el nuevo alojamiento de Aspen. Nos estacionamos al otro lado de la calle frente al edificio de ladrillo de cinco pisos. Había un timbre antiguo y descompuesto junto a la puerta, cerrada con llave, así que sacamos un teléfono celular para avisarle que ya estábamos ahí. Ella bajó y nos condujo a su estudio en el segundo piso.

Entramos a su combinado de sala/recámara, en el que había una cama y una repisa para la destartalada televisión, así como una modesta colección de DVDs.

—¿Te acuerdas de esas grandes almohadas de tu cuarto que te hizo tu abuela? Se verían formidables frente a tu televisión.

La cara de Aspen se iluminó.

—¡Sí!

En el costado izquierdo de este espacio abierto había una estrecha cocina en la que sólo cabía una persona. Tenían una pequeña mesa cuadrada de juego, aunque sin sillas. El lado derecho estaba ocupado por un clóset inmenso (en comparación con las dimensiones del estudio) con dos vestidores altos y un palo largo para colgar la ropa. Había que atravesar el clóset para llegar al minúsculo baño, con el usual lavabo adosado a la pared, inodoro y tina de patas con una regadera móvil. Aspen no dejaba de elogiar este baño, porque había vivido en una residencia estudiantil donde para llegar al único baño en su piso parecía que había que recorrer varios kilómetros.

Jenny había dispuesto para nosotros una sencilla comida de queso, galletas y frutas frescas, más vasos de agua mineral. Nuestra idea original era llevarlas a comer, pero esta consideración nos conmovió. "¡No tenemos sillas!", exclamaron riendo mientras nos sentábamos en la cama y el suelo a comer. Las paredes estaban decoradas con dibujos que ellas mismas habían hecho; yo reconocí el batik de Aspen, que cubría una persiana. El florero que iba a regalarle ahora añadiría color a una repisa junto a la estufa.

Recordé entonces que mi esposo y yo habíamos empezado en un pequeño estudio, aún más pequeño que en el que ahora comíamos. Chocamos nuestras copas y brindamos. Yo absorbí cada una de las amorosas miradas de ambas; me embebí de su alegría, su burbujeo de gratitud por el simple hecho de estar juntas.

Como su departamento estaba casualmente ubicado en un distrito encantador, parecía lógico dar un paseo. El bullicioso y moderno Hawthorne Boulevard se tendía a nuestra derecha cuando salimos. Seguimos la dirección opuesta, por casas victorianas hasta una rosaleda circular. Me cautivó la exuberancia de ese jardín, uno de cuatro, cada cual en una esquina de ese crucero triple. Las casas circundantes eran una mezcla de viejas mansiones de dos pisos y modestas residencias de una sola planta.

Cruzando el jardín estaba un Craftsman color malva. Afuera había una venta de garage en la que se exhibía destacadamente un par de sillas. Mi hija y yo aceleramos el paso al mismo tiempo, y prácticamente corrimos para sentarnos en ellas. De madera tallada, cada una tenía una figura musical en el respaldo, y cojines de tweed de color rosa subido. Eran perfectas; mi hija y su pareja se dedican a la música. "Queremos comprarlas para su departamento", dijimos emocionados mi esposo y yo. ¡El precio era de treinta y cinco dólares por las dos! Qué ganga, pensamos mientras extendíamos un cheque al dueño.

Cargamos orgullosamente las sillas por el rosedal, las calles del barrio, pasillos y escaleras hasta llegar al estudio. Las pusimos junto a la mesa, y Aspen y Jenny se sentaron en ellas de inmediato. "Ahora ya podemos cenar como se debe", bromearon. Rara vez yo me había sentido más feliz que en ese momento, al ver brillar la cara de mi hija. "Todo es realmente tan simple", pensé para mí.

Cuando conocí a quien sería mi esposo, de entonces 30 años de edad, metimos todas nuestras pertenencia en su camioneta y en la mía y nos encaminamos al norte, a Eugene, Oregon. Cuando rentamos nuestra acogedora casa dúplex de una recámara, sólo teníamos mi mecedora de la infancia y el buró con cajones de su niñez. Dormíamos en una colchoneta. Yo compré hilo y bordé un tapete. Conseguimos una mesa usada de cocina, sillas y un loveseat. Mi esposo me hizo mi escritorio tomando como modelo uno que me gustó en una mueblería. No creo haberme sentido nunca más realizada que en esos primeros años. Llenamos de amigos nuestra vida. La llenamos de familia. La llenamos de amor. Sentada en el estudio de mi hija en Portland, contemplando su desbordante felicidad, recordé agradecida no dejar de atesorar nunca la sencillez de mi existencia.

VICTORIA KOCH

99

Actitud de primera clase

Hace unos años, con la idea de poner una librería inspiracional, una amiga y yo asistimos a un curso para libreros en Nueva York. Luego de agitados días llenos de aprendizaje y paseos, estábamos listas para volver a casa con nuestra respectiva familia. Salimos del centro de convenciones a tomar un taxi con aparentemente mucha anticipación.

Poco después de haber salido del edificio empezó a llover. "Una lluviecita no le hace daño a nadie", pensamos. Además, estábamos a punto de embarcarnos en un negocio que consistiría en inspirar a la gente, así que no podíamos permitir que un poco de mal tiempo nos quitara nuestra alegría. Luego de un corto lapso sin suerte para dar con un taxi vacío, de pronto caímos en la cuenta: "¡Son las cinco de la tarde en Nueva York! Es la hora pico. Quizá nunca consigamos un taxi". Mi amiga recordó entonces que había guardado la tarjeta de la compañía de transporte particular que nos había traído del aeropuerto días antes. Cuando la lluvia amainó, corrimos hasta un toldo cercano y llamamos. Más de una hora después llegó por fin la camioneta que nos condujo al aeropuerto.

> No nos perturban las cosas, sino la visión que adoptamos de ellas.
>
> EPICTETO

Llegamos al mostrador de la línea aérea justo a tiempo, sólo para enterarnos de que la empleada no localizaba mi reservación. Nos miramos incrédulas, pero conseguimos no dejar de sonreír mientras conferenciábamos con la empleada en busca de una solución. Quince minutos antes de nuestra partida, por fin pudimos resolver el problema. Dudando de que alcanzáramos a abordar el avión, pero negándonos a perder toda esperanza, pasamos por el arco de seguridad y corrimos como locas a la sala que nos correspondía.

Suspiramos aliviadas cuando, al llegar a la sala, nos enteramos de que nuestro vuelo se demoraría media hora. Nos sólo no lo habíamos perdido, sino que ahora disponíamos de quince minutos para recuperarnos y consumir un rápido bocadillo antes de abordar. Veinte minutos después volvimos presurosas a la sala. Para nuestra consternación, se nos informó que la demora se había ampliado una hora más, debido al mal tiempo en otro estado. Aunque estábamos cansadas y ansiábamos volver a casa, nos negamos a terminar nuestro viaje con una nota amarga. Decidimos sacar el máximo provecho a nuestra espera y nos sentamos en el suelo para relajarnos y hablar de nuestro viaje.

Terminamos sentándonos cerca de un caballero que en cierto momento se unió a nuestra conversación. Tras un poco de cháchara, el caballero compartió con nosotras algunas dificultades por las que pasaba en ese momento. Mi amiga y yo, mujeres de firme fe, compartimos a nuestra vez con él algunas experiencias, esperanzas y fuentes de fortaleza que creemos que ejercieron una influencia positiva.

Mi amiga y yo comentamos después que los retrasos en la vida pueden ser frustrantes, pero que nunca sabes por qué ocurren. Puede haber un propósito oculto en ellos que no percibes en el momento. Tal vez es el de alterar el curso de tu vida para bien, o brindarte una oportunidad que de otra manera no tendrías, o compartir esperanzas con alguien necesitado, o impedir que cometas un grave error, o protegerte, o proteger, a alguien contra algún daño.

Continuamos charlando mientras, con un anuncio tras otro, se nos informaba cada vez que la demora se había ampliado. Como estábamos cerca del mostrador de la aerolínea, oímos a varios pasajeros dirigirse a empleados para expresar su insatisfacción y frustración. Nos impresionó la empatía y delicadeza con que los empleados trataron las inquietudes de los clientes. En este momento admito que tuvimos que hacer un esfuerzo para evitar que la frustración se apoderara de nosotras, pero mantuvimos nuestra sonrisa. Esto alentó nuestra conversación sobre lo bien que se siente sacar el máximo provecho de una situación.

Ya bien entrada la noche, los empleados de la aerolínea nos sirvieron refrigerios. Mi amiga se paró de un salto y ofreció ayuda. Yo me paré tras ella, aprobando su idea. Nos pusimos a servir entonces vasos de jugo y agua y a ofrecerlos a los fastidiados pasajeros. Con algunos de ellos nos sentamos a compartir historias, mientras que a otros sólo les ofrecimos sonrisas y aliento.

Una vez atendidos todos los pasajeros, continuamos nuestra conversación. Hablamos de lo grandioso que era ver convertirse ceños fruncidos en sonrisas, y de lo alentador que para nosotras era escuchar a otras personas. Realmente nos dimos cuenta de qué significa ver el vaso medio lleno, y de lo que puede pasar cuando se opta por sacar el mayor provecho posible de cada oportunidad. A veces la vida te da limones. ¿Harás una mala cara, o agregarás un poco de endulzante y tomarás limonada? En ocasiones ansiamos que nuestra realidad cambie. Pero lo que no comprendemos es que, para que eso suceda, a veces nuestra percepción debe cambiar. No podemos controlar las cosas a nuestro alrededor, pero sí nuestra actitud, y en ocasiones eso hace toda la diferencia.

Mientras mi amiga y yo seguíamos platicando, un empleado de la línea aérea se nos acercó para agradecer nuestra ayuda, y nos dijo lo mucho que sus compañeros habían apreciado nuestra positiva actitud. Luego nos pidió nuestros pases de abordar, ¡diciéndonos que la compañía quería llevarnos en primera clase! Poco después de canjear nuestros boletos, nuestro avión por fin estuvo listo para despegar. Lo abordamos con una nueva y más clara perspectiva del enorme impacto que puede tener nuestra actitud.

MANDIE MAASS

100

Adoptar una perspectiva positiva

ntenté no ver la prueba de embarazo. Éste era el sexto mes al hilo en que estaba segura de estar embarazada. La prueba era negativa. Me eché al suelo, consternada. "¡Nunca va a pasar, Dios mío!", dije sollozando, y agradecí que mi esposo no estuviera en casa para verme compadecerme de mí misma. "Mi sueño jamás se hará realidad. ¡No sé por qué sigo confiando en ti! No me oyes, Señor".

En medio de mi enojo, sentí una extraña semejanza con Ana, en 1 Samuel. Recordé haber leído que ella le reclamó a Dios no poder tener un hijo. "Pero Señor, ¿cómo fue que ella tuvo fuerza para dejar en ti el asunto? ¿Cómo pudo dejarlo en el altar y decidir ser feliz después?". Nada de esto tenía sentido para mí, pero sentí un extraño impulso de deshacerme al fin de esa carga terrible que había llevado encima tanto tiempo.

> Cuando tu fe se afiance, verás que ya no necesitas una sensación de control; que las cosas fluyen solas, y tú con ellas, para tu deleite y beneficio.
>
> EMMANUEL TENEY

"No creo poder vivir sin hijos… Éste ha sido el deseo de mi corazón desde niña. Señor, quiero ofrecerte esto a ti. Quiero tener paz. Estoy cansada de desilusionarme una y otra vez".

Mientras oraba, sentí que Dios me decía una simple frase que tuvo un poderoso efecto en mi vida: "¿Me seguirás amando si no te doy hijos nunca?". Pensé en ese desafío, y me pregunté si tendría fuerzas para vivir sin ser madre.

"Si tú me das la fuerza, Señor, lo haré. Te amaré aun si no me das hijos nunca. Pero, Señor, estoy por cumplir 30 años. Sé que será un momento difícil para mí, en especial si no soy madre aún. Por favor, ayúdame a superar esto". Sorprendida de mis propias palabras, tuve de inmediato una sensación de alivio, de que se me quitaba un peso de encima.

En los meses siguientes dejé de contar los días en el calendario y de hacerme pruebas de embarazo. Dejé todo en manos de Dios. Pero una parte de mí se preguntaba lo que él haría, y si alguna vez me bendeciría con hijos.

Meses más tarde platicaba con Kirk, mi esposo, cuando de repente empezamos a hablar de la posibilidad de ser padres de crianza.

—¿De veras estarías dispuesto a eso?

Me sorprendió que albergara la idea siquiera.

—¡Claro! —respondió él compasivamente—. Tenemos dos recámaras extra, y nadie que las ocupe. Dios no nos ha dado hijos todavía, así que podemos utilizar nuestro tiempo ayudando a niños necesitados.

Su generosidad me derritió, y una nueva emoción llenó mi alma. Aunque en lo más profundo de mi ser seguía deseando tener hijos, esta puerta abierta era una oportunidad que no quería dejar pasar.

Cuando por fin llegó el día de nuestro curso de crianza, entramos nerviosos al edificio, sin saber qué esperar. Se nos destinó a un grupo con otras seis familias, sin relación entre sí. Cuando empezó la clase, la directora llegó a saludarnos.

—Sé que este curso es de crianza —comenzó—, pero tengo algo que decirles. Si alguien aquí está interesado en adoptar niños, tenemos un grupo de tres hermanos en nuestra zona que estarán listos para ser adoptados en unos meses.

Kirk y yo nos miramos al instante. Yo estaba muy emocionada, pero no esperaba que Kirk estuviera abierto a la idea de tres niños de una vez. "Podríamos hacerlo", me murmuró al oído, sorprendiendo cada gramo de mi ser. "Tenemos espacio. Deberíamos investigar eso".

En los meses siguientes, terminamos nuestros cursos de crianza y adopción y empezamos a preparar la casa. Hicimos saber a la agencia que nos interesaban esos niños, pero ignorábamos qué sucedería. Un día nos llamaron para decirnos que los tres niños necesitaban un lugar para pasar el fin de semana. Los recibimos en casa, y tuvimos el gran momento de nuestra vida, pero lamentamos que se marcharan. ¡No me di cuenta hasta después de que en dos días cumpliría 30 años! Dios me había permitido ser madre, ¡aun si era sólo por un fin de semana!

Un par de meses más tarde, ellos ya estaban en nuestro hogar como lugar permanente de crianza, pero aún no sabíamos si podríamos adoptarlos. Fuimos convocados a la entrevista de adopción, pero sabíamos que también se entrevistaría a otras dos parejas. Al llegar, inciertos de nuestras posibilidades, nos sorprendió descubrir que ambas parejas habían cancelado la entrevista. ¡Fuimos oficialmente elegidos como los padres adoptivos, y adoptamos a nuestros preciosos hijos al año siguiente!

Al mirar atrás, me pregunto qué habría pasado si Dios hubiera atendido mis oraciones y nos hubiera dado un bebé hace años. ¿Aun así habríamos sido padres adoptivos? ¿Habríamos tenido nuestros tres hijos maravillosos? Estoy segura de que no habríamos solicitado ser padres de crianza si hubiéramos tenido un bebé propio.

Dios sabía de nuestros esfuerzos, ¡pero conocía sobre todo el plan especial que tenía para nosotros! Hizo a nuestros hijos y los reservó para nosotros, esperando el momento perfecto. ¡Me pasma pensar que nuestro hijo mayor nació antes siquiera de que yo conociera a mi esposo!

Aunque éste no era precisamente el plan que yo tenía para mi vida, Dios lo sabía. Aun así respondió a mis oraciones… ¡sólo que a su muy especial manera!

SANDI BROWN

101

Esperando con una sonrisa

No tenía idea de lo que me esperaba. Fui al dentista para mi limpieza de rutina. El personal se mostró amable y alegre como de costumbre. Terminada mi limpieza, pasé al baño, como de costumbre, antes de proseguir con otras diligencias.

> El mundo siempre parece mejor detrás de una sonrisa.
>
> ANÓNIMO

Al abrir la puerta del baño al vestíbulo, lo primero que noté fue que todo estaba demasiado silencioso y oscuro. Al principio pensé que se había ido la luz. Di unos pasos y murmuré un tímido "Hola", y después otro, pero nadie respondió. Me di cuenta entonces de que estaba sola, y de que muy probablemente el personal se había ido a comer. "No importa", me dije. "Conozco el camino, gracias".

La puerta no abrió. Lo intenté varias veces, pero estaba cerrada con llave. Sentí un poco de miedo, pero razoné que todo se reducía a entretenerme hasta que volvieran. Después de todo, no estaba en una emergencia. Tenía lo que necesitaba: un enfriador lleno de agua, y un baño cerca. ¿Qué más podía necesitar, salvo quizá una botella de champaña mientras aguardaba?

Encontré un apagador, me acomodé en el sillón de la sala de espera y tomé todos esos álbumes de fotografías que nunca tenía tiempo de ver. Constaban de fotos de antes y después de personas que habían transformado sus dientes torcidos, disparejos y descoloridos en derechos, blancos y resplandecientes. Mientras volvía las páginas observando los cambios en todas las personas, jóvenes y viejas, hombres y mujeres, empecé a preguntarme sobre la naturaleza de una sonrisa. Sé lo que la gente dice acerca de los ojos, que son las ventanas del alma. ¿Y una sonrisa?

Todas las personas que habían pasado por esa transformación decían que esto había hecho aumentar drásticamente su confianza en sí mismas. Me pregunté cómo había ocurrido eso. Cuando le sonríes a alguien, no puedes verte sonreír… a menos que veas reflejada tu sonrisa en su rostro. Así, razoné, una sonrisa alegra el corazón del receptor, si está abierto a ella. Al menos así es como yo siento cuando me sonríen. Al devolverla al emisor, una sonrisa es un mensaje de cordialidad que la mayoría damos por sentado.

Me puse a pensar entonces en todas las sonrisas inolvidables de mi vida. Cerré los ojos y esperé a que brotaran en mi mente.

La primera fue la inolvidable sonrisa de mi hijo cuando tenía nueve meses, el día que empezó a caminar. Fue una sonrisa divertida, como si se le hubiera dibujado en la cara con un crayón. Él estaba obviamente muy complacido (y sorprendido) de su nueva habilidad. Nunca lo olvidaré.

La siguiente sonrisa que vino a mi mente fue la de mi abuela en el umbral de su cocina, esperando nuestra llegada luego de horas de carretera, lista para satisfacer nuestra hambre, que nos hacía gruñir por sus tortillas hechas en casa, frijoles, arroz y deliciosa salsa que ningún restaurante igualaría jamás. Tenía puesto un delantal con ribete azul en zigzag y un vestido floreado con botones al frente, su cabello de sueltos rizos pespunteados de gris, que a nosotros nos encantaba tocar, enmarcando su rostro.

La última sonrisa que emergió de mi memoria fue mi propia, leve sonrisa reflejada en el espejo en medio de la noche. Había pasado por quimioterapia contra el cáncer de mama y llevaba calva más de seis meses. No tenía pestañas ni cejas. ¿Quién podía saber que esas pequeñas cosas significarían tanto en un periodo de crisis? Muchas veces me levantaba y miraba mis ojos y mis cejas, examinándolos en busca de un indicio de pelo. Cuando no había ninguno, solía llorar hasta quedarme dormida.

Pero una noche, lupa en mano como de costumbre, vi un minúsculo brote de cabello en mi párpado. ¡Era tan pequeño, tan frágil! Era blanco de tan recién salido. Retrocedí un poco y me sonreí. Vi mi sonrisa en el espejo. Era de alivio. Esa noche lloré hasta quedarme dormida, pero esta vez eran lágrimas de alegría.

Cuando salí de mis cavilaciones sobre las sonrisas, me percaté de que ya había pasado cerca de hora y media. Sin perder de vista que podía tomar el teléfono y llamar al 911 en cualquier momento, la situación en que me encontraba parecía más interesante. Di una vuelta por el lugar, preguntándome si tendrían un refrigerador. Llegué a un cuarto pequeño y encontré un brownie. No era un mal bocadillo para una estancia sorpresa en el consultorio del dentista. (Sería una buena excusa para romper mi dieta.) ¡Gracias sean dadas a Dios por las pequeñas bendiciones! Seguía pensando que sería agradable disponer de algo de champaña cuando oí el ruido de cerrar de puertas de un coche.

Me asomé y vi a mi dentista y a todo su personal saliendo de dos autos y dirigiéndose al consultorio.

Cuando el doctor abrió la puerta, su permanente sonrisa desapareció al verme sentada en la sala de espera hojeando revistas como aguardando a que me llamaran para mi limpieza. Tardó un segundo en comprender lo que había pasado.

El personal lo seguía, y se detuvo abruptamente en la puerta. Cuando todos repararon en que me había quedado en el consultorio todo ese tiempo, se disculparon una y otra vez. Había pasado un rato agradable, les dije. Me rodearon, mudos y asombrados, pero yo les dije que había tenido la oportunidad de pensar qué significa en verdad una sonrisa, y que tal vez escribiría una historia sobre eso.

Mientras el personal seguía mostrándose un tanto desorientado, ofreciendo repetidas disculpas, me di cuenta de que me sentía muy, muy bien limitándome a sonreír. Cuando finalmente se rieron de lo ocurrido, me dirigí a la puerta, para emprender mis otras diligencias.

Pensé entonces que los inconvenientes de todos los días pueden transformarse en oportunidades inusuales si nos mantenemos abiertos a ellos.

Justo en ese momento advertí que había una placa en la pared que decía: "Una sonrisa termina en un instante, pero su recuerdo dura toda la vida". Es cierto, pensé para mí al cruzar la puerta… muy cierto.

LEAH M. CANO

Conoce a nuestros colaboradores

Debbie Acklin vive en Alabama con su esposo, dos hijos y su gata Duchess. Le gustan las actividades al aire libre, la jardinería y viajar. Piensa colaborar con su hija en un libro de relatos de viaje. Su correo electrónico es d_acklin@hotmail.com.

Barbara Blossom Ashmun ha escrito seis libros de jardinería, el más reciente de los cuales es *Married to My Garden*, sobre su romance con las plantas. Desde 2004 escribe "Garden Muse", la columna de jardinería del *Portland Tribune*, y es colaboradora además de muchas revistas de jardinería, en especial de *Fine Gardening*.

Nancy Baker reside en College Station, Texas, con su esposo y un Golden Retriever. Tras jubilarse se ha dedicado a su afición de siempre, escribir, y ha publicado en numerosas revistas de circulación nacional y antologías. Tiene tres hijos, ocho nietos y nueve bisnietos, todos los cuales le sirven de inspiración.

Shinan Barclay es editora de *Align with Global Harmony* y coautora de *The Sedona Vortex Experience* y *Moontime for Kory*. Su obra ha sido traducida a cinco idiomas y aparece en numerosas antologías. Ceramista, vive en Oregon Coast. Contáctala en www.facebook.com/shinanbarclay. www.shinanbarclay.author@blogspot.com.

Roy A. Barnes escribe en el sureste de Wyoming. Sus artículos de viaje han aparecido en *Transitions Abroad*, *Travel Thru History*, *In Flight USA*, *Northwest Prime Time*, *Live Life Travel*, *C/Oasis*, BootsnAll.com y otras publicaciones. Textos suyos en verso y prosa se han publicado en *Poesia*, Skatefic.com, *Literary Liftoff*, *Conceit Magazine* y otros medios.

Desde la trágica muerte de su hijo menor, **Phil Bauer** da conferencias a escala nacional para prevenir el abuso en el consumo de medicinas. Lleva veintinueve años de casado con Cookie. A ambos les gusta pasar tiempo con Brian, su hijo; Lauren, su nuera, y sus nietos. Puedes escribirle a pbauerl@comcast.net.

Garrett Bauman acaba de jubilarse como profesor de inglés del Monroe Community College de Rochester, Nueva York, y es autor de un libro de redacción, *Ideas and Details*, 7ª edición, publicado por Cengage. Juega tenis, rema, cuida su jardín y escribe sobre sus alumnos y parientes. Se puede hacer contacto con él vía correo electrónico en mbauman@monroecc.edu.

Susie Bee gusta de escribir en diversos géneros, entre ellos la poesía. También le agradan las artes y las ciencias, y adora a los animales. Se lleva tan bien con ellos que dicen que les habla al oído. Puedes escribirle un correo electrónico a SusieSusieBee@gmail.com.

James Scott Bell ha sido calificado como "maestro del suspenso" (*Library Journal*) y autor de ficciones "que laceran el alma" (*Publishers Weekly*). Obtuvo un título en leyes en la University of Sourthern California y ejerció varios años en Los Angeles antes de optar por dedicarse a escribir. Visita su página en internet, en www.jamesscottbell.com.

Jennifer Berger vive actualmente en Queens, Nueva York, con Aaron, su esposo, y Josh, su hijo, de 3 años de edad. Exeditora y autora freelance a la que le encanta leer y escribir, hoy en día es esposa, madre y abogada permanente de su hijo.

Janet K. Brennan (también conocida como JB Stillwater) es poetisa, autora y crítica literaria. Ha publicado tres libros de poemas y dos novelas. Es copropietaria de Casa de Snapdragon Publishing LLC, editorial tradicional independiente. Cuentos y artículos suyos han aparecido en publicaciones periódicas de todo el mundo.

La doctora **Sage de Beixedon Breslin** es psicóloga certificada y orientadora empírica, así como autora consumada. Sus publicaciones más recientes buscan inspirar y conmover a quienes han tenido que enfrentar grandes retos en la vida. Los libros, cuentos y capítulos de su autoría pueden conseguirse en su página en internet, en www.HealingHeartCenter.org. Puede hacerse contacto con ella en Sage@HealingHeartCenter.org.

Elaine L. Bridge trabajó como guardabosques en la costa oeste de Estados Unidos antes de convertirse en la hogareña mamá de tres muchachos. Hoy residente en Ohio, trabaja medio tiempo en un supermercado y está consagrada a desarrollar su relación con Dios, cuidar a su familia y escribir textos inspiradores.

Sandi Brown es esposa de un pastor y líder de culto en Refuge Assembly of God, en Bloomfield, Indiana. Le gusta escribir como freelance y pasar tiempo con su familia. Visita su blog en http://sandibrown.blogspot.com o escribe a safehouseministry@hotmail.com.

La experiencia literaria de **Lydia Calder** incluye artículos y ensayos personales publicados en varias revistas. Exmaestra de preescolar, ahora dedica gran parte de su tiempo atendiendo a su muy activa nieta. Escribe en sus ratos libres.

Leah M. Cano tiene una licenciatura en español de la University of California, Irvine, y una maestría en educación de la University of California, Santa Cruz. Enseña español y francés en Laguna Beach, California, diseña ropa para mujeres y gusta de viajar, tocar la guitarra y escribir.

Brenda Dillon Carr vive en Enid, Oklahoma, con Patrick, su esposo, y sus hijos Landry, Kelley, Carissa y Aliceyn. Su hijo Shane tiene ya 23 años y vive aparte, en la misma ciudad. Ella es fánatica del equipo de futbol americano Cornhuskers de Nebraska, y le gusta coser, escribir, leer y pasar tiempo con sus mascotas.

Matt Chandler fue chef y siempre ha tenido pasión por escribir. Es reportero del periódico *Business First* de Buffalo, Nueva York, y, sobre todo, orgulloso papá de Zoey y Oliver. Puedes escribirle a matthewchandler@hotmail.com.

Emily Parke Chase sobrevivió a su entrenamiento en la selva y ahora pronuncia discursos en conferencias y retiros en todo Estados

Unidos. Es autora de seis libros para adolescentes sobre problemas en las relaciones, entre ellos *Why Say No When My Hormones Say Go?* (¿Por qué decir no cuando mis hormonas dicen sí?). Visítala en www.emilychase.com.

Jane McBride Choate ha escrito toda la vida. Es autora de más de veinticinco novelas y cientos de artículos y cuentos. También es una cariñosa madre y abuela. Le emociona ver publicado un texto suyo en *Caldo de pollo para el alma*.

Shawn Decker educa sobre VIH/sida en universidades estadunidenses, junto con Gwenn Barringer, su esposa. Viven felizmente juntos en Charlottesville, Virginia. En 2006 se publicaron las graciosas memorias de Shawn, *My Pet Virus*. Actualmente trabaja en su segundo libro. Puedes encontrarlo en www.shawnandgwenn.com.

Nikki Deckon vive en el noroeste de Estados Unidos con su esposo, dos valientes hijos y tres briosos gatos. Su escritorio está justo en el centro de la acción: la cocina. Espera ser algún día como la Madre Teresa y una mujer a la que sus hijos admiren. Puedes escribirle a en reachnikkideckon@yahoo.com.

Gerald L. Dlubala ha sido escritor freelance en St. Louis, Missouri, durante más de dieciséis años. Ve los sucesos de la vida diaria desde una singular perspectiva, y comparte sus ideas con su familia, amigos, dos perros leales y quien quiera escucharlo. Puedes hacer contacto con él vía correo eléctonico en gldlubala@swbell.net.

Debbie Dufresne obtuvo un título de maestría en bibliotecología y ciencias de la información en la Syracuse University. Después de trabajar muchos años en un periódico, hoy es correctora de estilo/lectora de pruebas/escritora freelance. Es fan de los Yankees de Nueva York, y también le gusta leer y buscar antigüedades y objetos de colección en subastas, liquidaciones y tianguis. Su correo electrónico es Debduf@locanet.com.

A pesar de ser ciega, **Janet Perez Eckles** prospera como intérprete de español, oradora internacional, escritora y autora de *Trials of Today, Treasures for Tomorrow –Overcoming Adversities in Life* (Tribulaciones de hoy, tesoros para mañana. Sopreponiéndose a las adversidades de la vida). Vive en Florida y gusta de ejercer ministerios religiosos y de tomar cruceros al Caribe con Gene, su esposo. Imparte inspiraciones en www.janetperezeckles.com.

Terri Elders, LCSW, vive cerca de Colville, Washington, con dos inspiradores perros y tres gatos narcisistas. Más de treinta relatos suyos han aparecido en series antológicas, como *Caldo de pollo para el alma.* Puedes ser su amigo en Facebook y escribirle a telders@hotmail.com.

Shawnelle Eliasen y Lonny, su esposo, crían a sus cinco hijos en una antigua casa victoriana junto al río Mississippi. Textos suyos han sido publicados en las revistas *Guideposts, Angels on Earth, Marriage Partnership, MomSense* y *Hearts at Home;* en Ourprayer.org, y en antologías como *Caldo de pollo para el alma, Christmas Miracles* (Milagros navideños) y *Praying from the Heart* (Orando desde el corazón).

Jean Ferratier tiene una licenciatura en psicología y una maestría en educación infantil. Su pasión es aprender y compartir información a través de historias inspiradoras para niños y adultos. Le gusta enseñar y dar consejos espirituales. Bailar y participar en las artes son sus intereses particulares. Haz contacto con ella vía correo electrónico en jferratier@gmail.com.

Inspirada por su abuela, **Kris Flaa** obtuvo una maestría en gerontología antes de abandonar la administración corporativa para escribir, visitar parques nacionales y pasar más tiempo con su familia y amigos. Acaba de terminar su primera novela y vive cerca de Minneapolis con su pareja y su querido Westie. Su correo electrónico es kmflaa@comcast.net.

Jennifer Flaten es escritora freelance y vive en Wisconsin con su esposo y sus tres hijos. En su tiempo libre disfruta de la jardinería y la elaboración de joyas. Puedes escribirle a flaten5@sbcglobal.net.

Betsy S. Franz es escritora y fotógrafa freelance especializada en la naturaleza, la fauna, el medio ambiente y temas de interés humano tanto ocurrentes como inspiradores. Vive en Melbourne, Florida, con Tom, su esposo. Puedes visitarla en línea en www.naturesdetails.net o escribirle a backyarderl@earthlink.net.

Erin Fuentes obtuvo una licenciatura en Converse College y disfruta de moderar un grupo de apoyo para personas que cuidan a pacientes de Alzheimer. Vive con su esposo, su hija y muchas mascotas en Atlanta, Georgia. Tiene una colección de cuentos para niños. Puedes hacer contacto con ella vía correo electrónico en erinc.fuentes@gmail.com.

Mei Emerald Gaffey-Hernandez egresó de la University of Redlands en 2002 con una licenciatura en economía y diplomados en música y estudios religiosos. Actualmente vive en San Luis Obispo, California con su esposo (Papi) y sus dos hijos (Chelo y John). Puedes escribirle a meigaffey@yahoo.com.

Heather Gallegos está casada, tiene tres hijos y es aspirante a corredora, rescatista y escritora recreativa. Éste es su primer trabajo publicado. Haz contacto con ella y descubre cómo termina la historia en http://elevenminutes.wordpress.com.

Grace Gonzalez es una joven que vive con una enfermedad terminal y que desea compartir su historia con los demás. Quiere hacer una diferencia en este mundo antes de que llegue su hora.

Cindy Gore vive con su esposo y su familia en El Cajon, California. Le gusta escribir, colaborar en su iglesia y cuidar su jardín. Le agradan varios estilos literarios y en la actualidad trabaja en un libro para jóvenes adultos titulado *Beatrice Fort aka Roxie —All Time Rootbeer Champ*. Su correo electrónico es cjgore01@yahoo.com.

Carol A. Grund es una antigua colaboradora de *Caldo de pollo para el alma*. También ha publicado cuentos, artículos, poemas y obras de teatro para niños. Su novela para niños de 8-12 años, titulada *Anna Mei: Cartoon Girl*, se publicó en abril de 2010. Para 2011 estaban previstas dos secuelas. Lee más sobre ella en www.CarolAGrund.com.

Lee Hammerschmidt es diseñador gráfico/escritor/letrista/trovador y vive a las afueras de Portland, Oregon. Trabajos suyos han aparecido en *Gumshoe Review*, *Page Forty-Seven*, *Short-Story.Me*, *Untied Shoelaces of the Mind*, *Chicken Soup for the Soul: Runners* y más. Checa su hit parade en YouTube!

Melanie Adams Hardy se graduó con honores en Spring Hill College en 1984 y obtuvo un doctorado en Concord University en 2007. Es abogada y trabaja en Cunningham Lindsey USA. Le gusta cocinar, hacer pilates, realizar trabajo voluntario y pasar tiempo con su esposo y sus hijos. Puedes escribirle a rhardy212@charter.net.

Julie A. Havener, PLMHP, es orientadora y diseñadora de cursos en Friendship Home, refugio contra la violencia doméstica en Lincoln, Nueva Inglaterra. Le gusta potenciar a individuos y grupos mediante el descubrimiento y desarrollo de sus fortalezas particulares. Si deseas hacer contacto con ella, escribe a jdhavener5@aol.com.

Ruth Heidrich ha concluido seis veces el Ironman Triathlon y ha impuesto récords en su categoría en 100 metros planos, ultramaratones, pentatlones y triatlones. Tiene una maestría en psicología y un doctorado en educación de la salud. Autora de *Senior Fitness* y *A Race for Life*, así como de libros de cocina, tiene una columna "Ask Dr. Ruth" en su página en internet, www.RuthHeirdrich.com.

Miriam Hill es colaboradora frecuente de los libros de *Caldo de pollo para el alma* y ha publicado en *Writer's Digest*, *The Christian Science Monitor*, *Grit*, *St. Petersburg Times*, *The Sacramento Bee* y Poynter Online. Un manuscrito suyo recibió mención honorífica por texto inspirador en un concurso literario de Writer's Digest.

Erika Hoffman es autora de muchas narraciones inspiradoras de no ficción para varias antologías y revistas. Ha escrito además una novela, *Secrets, Lies, and Grace*, publicada por Comfort Publishing.

Jennie Ivey vive en Tennessee. Es columnista de un periódico y autora de tres libros de no ficción. Ha publicado numerosas composiciones de ficción y no ficción, entre ellas relatos en varios libros de *Caldo de pollo para el alma*.

Shannon Kaiser recibió su licenciatura en periodismo y comunicación en la University of Oregon. Acaba de regresar a Oregon, donde le encanta escribir, excursionar, andar en bici, correr y restablecer sus relaciones consigo misma y su familia. Vive con su camarada favorito de jogging, su perro Tucker. Haz contacto con ella en Shannon.kaiser@mac.com.

Paul Karrer ha publicado en el *San Francisco Chronicle*, *The Christian Science Monitor* y muchos libros de *Caldo de pollo para el alma*. Fue Educador LULAC del año en North Monterey County en 2009. Es maestro de quinto grado y negociador sindical en Castroville, California. Suele dar pláticas sobre educación o redacción.

Jean Kinsey reside en Brooks, Kentucky, donde le gustan la iglesia, los viajes y sus nietos. Relatos suyos de no ficción se han publicado en las antologías *Caldo de pollo para el alma* y *A Cup of Comfort*. Sus cuentos premiados de ficción pueden encontrarse en varias publicaciones. Actualmente escribe dos novelas de tema cristiano. Puedes escribirle a kystorywriter@yahoo.com.

Victoria Koch se graduó como licenciada y maestra de educación secundaria en la University of California, Santa Barbara. Ha sido maestra de habilidades lingüísticas en preparatoria, y da clases particulares a madres adolescentes y estudiantes con cáncer. Le gusta escribir ensayos esperanzadores basados en historias de la vida real. Puedes escribirle a victoria.a.koch@gmail.com.

Maggie Koller es maestra de preparatoria en Charlotte, Carolina del Norte, egresada de la Eastern Michigan University, y ya ha publicado anteriormente en *Caldo de pollo para el alma*. Agradece a su mamá haberle dicho que escribiera la historia incluida en este libro, y a sus alumnos que la oyen cada año. Su correo electrónico es scrappymags@yahoo.com.

Jeannie Lancaster, escritora freelance de Loveland, Colorado, celebra las bendiciones y delicias en la belleza de las cosas sencillas. Dedica su relato a su esposo, que ha bailado con ella a lo largo de treinta y nueve años de lluvia y sol, alegrías y pesares. Escríbele a bjlancast@msn.com.

Linda L. Leary, madre, abuela y expropietaria de un negocio, es ahora escritora freelance de cuentos, poemas y artículos, así como editora y autora de textos anónimos. Participa activamente en el movimiento internacional de justicia alternativa Restorative Justice, lo mismo que en grupos de liderazgo para mujeres. Haz contacto con ella en siouxlu@comcast.net.

Patricia Lorenz es autora de una docena de libros, entre ellos *The 5 Things We Need to Be Happy*. Asimismo, ha publicado relatos en más de cincuenta libros de *Caldo de pollo para el alma*. Es oradora profesional y le gusta recorrer Estados Unidos para transmitir sus mensajes inspiradores. Visítala en www.PatriciaLorenz.com

Mandie Maass es asesora de vida certificada y se ha dedicado a motivar y alentar a la gente a ser mejor. Le gusta leer, escribir y, sobre todo, pasar tiempo de calidad con su esposo y sus tres hijos. En la actualidad escribe un libro sobre la experiencia de plenitud en la vida.

Karen Majoris-Garrison es una autora, oradora y editora premiada cuyos relatos han aparecido a escala nacional en Barbour Publishing, *Woman's World*, *Caldo de pollo para el alma* y otras publicaciones. Reconoce a Dios y a su familia como su inspiración. Para más información, visita www.soothingsouls.org.

Shawn Marie Mann se dedica a investigar la historia de los parques de diversiones, a leer y a estar con su esposo y sus tres hijos. Le gusta recorrer su estado en busca de nuevos e inusuales lugares por visitar en viajes misteriosos con su familia. Piensa escribir mientras tenga algo que compartir. Puedes escribirle a shawnmariemann@ yahoo.com.

Los niños, los bichos y la música country le dan a **Annie Mannix** abundante materia prima para inspirar sus relatos sobre las dificultades y risas de la vida cotidiana. Más historias suyas pueden encontrarse en www.anniesway.blogspot.com, y además puedes hacer contacto con ella vía correo electrónico en eitman@mindspring.com.

Toni L. Martin, líder del grupo de Wesley Chapel en la Florida Writers Association (Asociación de Escritores de Florida), imparte innovadores talleres para su comunidad mediante concursos de oratoria estilo *American Idol* en los que autores célebres fungen como jurado. Tiene previsto también que una editorial sea jurado en un concurso de resúmenes de una página, y que el ganador obtenga como premio la posibilidad de leer su manuscrito completo.

Melinda McDonald obtuvo un título de periodismo en la Iowa State University y fue reportera/fotógrafa antes de iniciar una carrera en comunicaciones comerciales. Hasta principios de 2010 dirigió las comunicaciones de marketing de una compañía fabricante en Springfield, Illinois. Vive cerca de esta última ciudad con Ron, su esposo, y escribe ficción histórica. Puedes escribirle a Melinda_mc_2000@ yahoo.com.

Barbara McKinney se graduó con honores en la Duke University en economía y francés. Obtuvo su maestría en administración de empresas en la Harvard University. Disfruta los días soleados que pasa con su familia, la expresión creativa a través de la literatura y el arte y el trabajo voluntario. Puedes localizarla en barbaraboston@hotmail.com.

Donna Milligan Meadows es madre de seis adultos, incluidos trillizos. Trabajó muchos años como bibliotecaria en una escuela primaria y espera escribir algún día un libro para niños. Le gusta leer, viajar, cuidar su jardín y, en especial, leerles a su nietos. Su correo electrónico es meadowsdonna@hotmail.com.

Beth Morrissey recibió un diagnóstico de miastenia grave en 2009, mismo año en el que fue sometida a una timectomía. Continúa al frente de su despacho de redacción, investigación y tutoría y se le puede visitar en www.bethmorrissey.com, o seguirla en Twitter en @HOHWriter. ¡Date una vuelta para saludarla!

Katheleen M. Muldoon es instructora del Institute of Children's Literature (Instituto de Literatura Infantil), así como autora de varios libros para niños en el ramo educativo. Adoptó recientemente a un gato, Walter, y destina sus ingresos a satisfacer el antojo de Walter por el atún. Envíale un correo a fxzwdx5805@sbcglobal.net.

Linda Newton es orientadora en California y autora de dos libros devocionales repletos de historias, *Better Than Jewels* y *Sapphires from Psalms*; su primer libro fue *12 Ways to Turn Your Pain Into Praise*. Popular oradora en eventos para mujeres, puedes visitarla en www.LindaNewtonSpeaks.com.

Lindsay Nielsen es autora, psicoterapeuta, oradora y atleta (Paralímpicos 2000), y fue la primera mujer objeto de una amputación en terminar un Ironman Triathlon. Concluye actualmente sus memorias, *If You're Not Dead, It's Not Too Late! An amputee's triumphant run through love, loss and world records*. Visita su página en internet, en www.lindsaynielsen.com.

Oriunda de Copperas Cove, Texas, **Jennifer Oliver** debe su inspiración a Stephen, su hogareño marido, y a sus magníficas fuerzas creativas, Cody, Ethan, Matthew y Madison. Relatos suyos han aparecido en varios libros de *Caldo de pollo para el alma* y otras publicaciones inspiradoras.

Saralee Perel es columnista/novelista premiada y muy frecuente colaboradora de *Caldo de pollo para el alma*. Su libro *The Dog Who Walked Me* trata del perro que se convirtió en su cuidador después de que ella sufrió una lesión en la médula espinal; de la inicial devastación de su matrimonio, y del gato que la mantuvo cuerda. Haz contacto con ella en sperel@saraleeperel.com o www.saraleeperel.com.

Kay Conner Pliszka es asidua colaboradora de los libros de *Caldo de pollo para el alma*. Ha sido oradora invitada en Illinois, Wisconsin y Florida, ocasiones en las que se ha servido de sus historias para motivar e inspirar. Le gusta el golf, el bridge y la música. Puedes escribirle a kmpliszka@comcast.net.

Jennifer Quasha es escritora y editora freelance y le gusta leer, y escribir para los libros de *Caldo de pollo para el alma*. Puedes checar su página en www.jenniferquasha.com, y ver ahí parte de lo que ha hecho desde que empezó a trabajar por su cuenta, en 1998.

Deb Reloson, de Woodstock, Ontario, se ha dedicado toda la vida a trabajar con personas con necesidades especiales. Es madre de cuatro adultos y está casada con el maravilloso Bob. Le gusta pasar tiempo con su familia y amigos, jugar volibol y salir de vacaciones. ¡Le da mucha emoción que el primer relato que ha escrito se publique en *Caldo de pollo para el alma*!

Theresa Sanders se siente honrada de ser colaboradora frecuente de *Caldo de pollo para el alma*. Escritora técnica premiada, dirigió un departamento de documentación y capacitación antes de optar por tareas más creativas. Vive con su esposo cerca de St. Louis, donde termina una novela. Recibe con gusto correos electrónicos en TheresaLSanders@charter.net.

Jessie Miyeko Santala es una fotógrafa que vive en Longmont, Colorado, con Mike, su esposo. Pasa mucho tiempo en Starbucks, porque no puede renunciar a los cafés americanos grandes. Puedes escribirle a J.Santala@yahoo.com.

Linda Saslow es autora y periodista freelance. Ha publicado tres libros y fue reportera de *The New York Times* durante más de veinte años. Sigue escribiendo para varias publicaciones y organizaciones no lucrativas, y le gusta hacer ejercicio, practicar yoga, realizar trabajo voluntario y pasar tiempo precioso con sus dos nietas.

Donna F. Savage enseña a mujeres a enfrentar los retos de la vida con fe y alegría. Esposa de un pastor y popular oradora, ha publicado cientos de artículos tanto en la prensa como en línea. Vive con Hoyt, su esposo, en Las Vegas, Nevada. Tiene dos hijos jóvenes. Visítala en www.donnasavage.blogspot.com.

Kathi Lessner Schafer es nativa de Chicago y vive en Carolina del Norte con su hija, su esposo y dos desgarbados gatos. Además de dedicarse a dar clases a su hija en casa, participa activamente en grupos locales para la preservación de la vida salvaje y los hábitats naturales.

Thomas Schonhardt se recuperó totalmente de la agresión que sufrió, y pensaba egresar de la Truman State University en mayo de 2011. Debe gran parte de su éxito al apoyo y amor que recibió de sus amigos y su familia en momentos difíciles. Siéntete en libertad de hacer contacto con él en tms2618@truman.edu.

Tom Schumm es un orador inspiracional con una licenciatura en Alma College y una maestría en administración de la University of Michigan. Le gusta pasear en bote, viajar, escuchar ópera y coleccionar fruteros antiguos. Actualmente escribe un libro sobre su viaje con el cáncer cerebral. Envíale un correo electrónico a tomschumm.@gmail.com.

Jodi L. Severson obtuvo una licenciatura en psicología en la University of Pittsburgh. Reside en Wisconsin con su esposo y sus tres hijos. Otros libros de *Caldo de pollo para el alma* en los que se han publicado historias suyas son *Sister's Soul*, *Working Woman's Soul*, *Girlfriend's Soul* y *Shopper's Soul*. Búscala en jodis@charter.net.

Katheleen Shoop obtuvo su doctorado en la University of Pittsburgh, ¡vamos, Panteras! Cuida de sus hijos, escribe, trabaja con maestros y adora hacerse cargo de su casa. ¡En ocasiones hasta quiere a su esposo! Puedes enviarle un correo electrónico a jakennmax2002@aol.com.

Deborah Shouse es oradora, escritora y editora. Textos suyos han aparecido en *Reader's Digest*, *Newsweek* y *Spirituality & Health*. Dona todas las ganancias de su libro *Love in the Land of Dementia: Finding Hope in the Caregiver's Journey* a programas e investigaciones del mal de Alzheimer. Visita su página en internet, en www.thecreativityconnection.com.

Alyssa Simon recibió una licenciatura en teatro en la Florida International University. Vive en Nueva York con Lynn Berg, su maravilloso prometido, y su gato 180. Actúa y escribe reseñas de teatro para www.nytheatre.com.

Tulika Singh es escritora y correctora de estilo freelance. Antes trabajó en importantes periódicos de la India, como *Hindustan Times* y *The Times of India*. En la actualidad divide su tiempo entre sus dos pasiones: escribir y sus gemelos de cuatro años. Puedes escribirle a tulika20@hotmail.com.

Relatos y ensayos de **Sheila Sowder** han aparecido en antologías y publicaciones literarias. Ha sido merecedora de una beca individual de la Indiana Arts Commission y de la beca Rose Voci para escritoras de Indiana. Actualmente su esposo y ella se dedican a viajar, y ocasionalmente a trabajar, en hoteles cuya ubicación va de Nueva Inglaterra a Death Valley. Puedes escribirle a sksowder@aol.com.

Rachel Spencer es enfermera calificada y recientemente trabajó tres años en el este de África. Hoy trabaja con niños con enfermedades mentales en el Reino Unido. Le gusta escribir, y en la actualidad prepara su primera novela. También le gusta leer, viajar, tocar el piano y cantar. Su correo electrónico es rachel.rnld@gmail.com.

Spring Stafford creció en Hawai, donde obtuvo sus títulos universitarios. Actualmente busca trabajo en Japón y acaba de terminar su primer novela.

Diane Stark es esposa, madre, maestra y escritora. Trabajos suyos han aparecido en docenas de publicaciones. Escribe sobre las cosas importantes de la vida: su familia y su fe. Es autora de *Teachers' Devotions to Go* y se le puede localizar en DianeStark19@yahoo.com.

Debbi Stumpf es una empresaria a la que le apasiona ayudar a la gente a triunfar al mismo tiempo que forja relaciones perdurables. Se siente afortunada de haber trabajdo con maravillosos mentores, autores de éxito y personas de toda clase. Apoya a autores y dueños de negocios ofreciendo labor voluntaria en medios sociales de información en su comunidad.

Joyce E. Sudbeck se retiró recientemente y pasa su tiempo libre escribiendo. Ha publicado en libros de *Caldo de pollo para el alma* y en la revista *Liguorian*, y tenía previso hacerlo en el otoño de 2010 en la revista *Good Old Days* (octubre) y en *Thin Threads* (noviembre). Ganó certámenes de poesía en 2009 y 2010.

Lynn Sunday tiene una licenciatura en bellas artes y otra en educación por la Syracuse University. Es pintora profesional convertida en escritora. Su pasión son los animales y el mundo natural. Vive en Half Moon Bay, California, con su esposo y su perro, Hootie.

Annmarie B. Tait vive en Conshohocken, Pennsylvania, con Joe Beck, su esposo, y Sammy, su Yorkie. Ha colaborado en varios libros de *Caldo de pollo para el alma*, la revista *Reminisce* y la serie antológica *Pat-*

chwork Path. Le gusta cocinar y cantar y grabar canciones populares estadunidenses e irlandesas. Su correo electrónico es irishbloom@aol.com.

Tsgoyna Tanzman es scritora, terapeuta del lenguaje, maestra de la memoria, esposa y madre, reconoce el acto de escribir como la "terapia" suprema para educar a una hija adolescente. Publicados en numerosos libros de *Caldo de pollo para el alma*, sus humorísticos ensayos y poemas pueden leerse en More.com, motheringmagazine. com y *The Orange County Register*. Su correo electrónico es tnzmn@ cox.net.

Jo Weinert vive en Carolina del Norte. Le gusta excursionar, viajar y esquiar en agua y en nieve con su esposo.

Lois Wilmoth-Bennett tiene un doctorado de la Kent State University. Después de muchos años en la administración de educación especial y la práctica privada como psicóloga en Ohio, se mudó a la región central de Florida. Es directora/copropietaria de Fireside Publications, y ha publicado dos novelas y un libro de no ficción, *Essays on Living with Alzheimer's Disease*. Puedes escribirle a loisnett3@gmail. com.

Beth M. Wood vive en St. Louis con sus tres hermosos hijos y un bóxer con tres patas. Es mercadóloga de profesión, escritora por elección, lectora devota y editora semifanática que ocasionalmente obtiene un Sharpie rojo en restaurantes por corregir notorios errores gramaticales en el menú.

Dallas Woodburn es autora de dos colecciones de cuentos y una novela de próxima publicación. Trabajos suyos de no ficción han aparecido en *Family Circle*, *Writer's Digest* y *Los Angeles Times*. Es fundadora de Write On! For Literacy, organización que alienta a los jóvenes a descubrir seguridad en sí mismos a través de la lectura y la redacción: www.writeonbooks.org.

Deborah Zigenis-Lowery gusta enormemente de relatar cuentos populares y escribir novelas para jóvenes cuando no se dedica a escribir textos inspiradores de no ficción. Le gusta leer, escribir, enseñar y aprender. Checa su blog en http://literatelives.wordpress.com, donde intenta promover un estilo de vida de lectura/escritura para ti y tu familia.

Conoce a nuestros autores

Jack Canfield es el cocreador de la serie *Caldo de pollo para el alma*, que la revista *Times* ha llamado "el fenómeno editorial de la década". Es asimismo coautor de muchos otros libros de gran venta.

Es director general del Canfield Training Group, en Santa Barbara, California, y fundador de la Foundation for Self-Esteem, en Culver City, California. Ha impartido seminarios intensivos de desarrollo personal y profesional basados en los principios del éxito a más de un millón de personas en veintitrés países; pronunciado discursos ante cientos de miles de personas en más de mil corporaciones, universidades, conferencias profesionales y convenciones, y aparecido ante millones de personas más en programas de televisión de escala nacional en Estados Unidos.

Ha recibido numerosos premios y distinciones, entre ellos tres doctorados honorarios y un Guinness World Records Certificate por la aparición de siete libros de la serie *Caldo de pollo para el alma* en la lista de bestsellers del *New York Times* el 24 de mayo de 1998.

Puedes hacer contacto con él en www.jackcanfield.com.

Mark Victor Hansen es cofundador de *Caldo de pollo para el alma*, junto con Jack Canfield. Es un muy demandado orador, autor de éxito y experto en mercadotecnia. Sus eficaces mensajes de posibilidad, oportunidad y acción han generado impactantes cambios en cientos de organizaciones y millones de individuos en todo el mundo.

Autor prolífico, tiene muchos libros de éxito además de la serie *Caldo de pollo para el alma*. Ha ejercido una profunda influencia en el campo del potencial humano mediante su biblioteca de audios, videos y artículos en las áreas de pensar en grande, logros de ventas, creación de patrimonio personal, éxito editorial y desarrollo personal y profesional. Es asimismo fundador de la MEGA Seminar Series.

Ha recibido numerosos premios que honran su espíritu empresarial, corazón filantrópico y perspicacia de negocios. Es miembro vitalicio de la Horatio Alger Association of Distinguished Americans.

Puedes hacer contacto con él en www.markvictorhansen.com.

Amy Newmark es la editora y jefa de redacción de *Caldo de pollo para el alma*, luego de una carrera de treinta años como autora, oradora, analista financiera y ejecutiva de negocios en el mundo de las finanzas y las telecomunicaciones. Se graduó con honores en Harvard College, donde se especializó en portugués y francés y viajó ampliamente. Tiene con su esposo cuatro hijos adultos.

Tras una larga carrera como autora de libros de telecomunicaciones, voluminosos informes finacieros, planes de negocios y comunicados de prensa corporativos, *Caldo de pollo para el alma* es una bocanada de aire fresco para Amy. Se ha enamorado de esta serie y sus transformadores libros, y disfruta mucho hacerlos para sus maravillosos lectores. Es coautora de más de dos docenas de libros de *Caldo de pollo para el alma* y ha editado otras dos docenas.

Puedes ponerte en contacto con ella a través de webmaster@chickensoupforthesoul.com.

Acerca de Deborah Norville

La exitosa autora **Deborah Norville** atribuye muchos de los triunfos de su vida a una actitud mental positiva. Conductora de Inside Edition, el noticiero más visto en Estados Unidos, ha recibido un Emmy en dos ocasiones.

Es asimismo autora de media docena de libros, entre ellos el éxito del *New York Times, Thank You Power: Making the Science of Gratitude Work for You*. En este libro se reunió por primera vez el creciente conjunto de investigaciones académicas que demuestran los beneficios de la gratitud. De igual forma, *The Power of Respect* presentó investigaciones que detallan los beneficios de una conducta respetuosa junto con casos de la vida real.

Costurera y artesana toda su vida, Deborah presentó recientemente The Deborah Norville Collection, línea de hilos finos para tejer y bordar, disponible en tiendas de manualidades de todo Estados Unidos.

Graduada con honores en la University of Georgia, está casada y tiene tres hijos.

Puedes localizarla vía su página en internet, en www.DeborahNorville.com.

Gracias

Muchas gracias a todos nuestros colaboradores. Sabemos que pusieron su corazón y su alma en los miles de relatos y poemas que han compartido con nosotros, y en última instancia entre sí. Apreciamos su disposición a abrir su vida a otros lectores de *Caldo de pollo para el alma*.

Sólo nos es posible publicar un reducido porcentaje de los relatos que se someten a nuestra consideración, pero leemos todos y cada uno de ellos, e incluso los que no aparecen en nuestros libros ejercen influencia en nosotros y en el manuscrito definitivo.

Queremos agradecer a la editora de *Caldo de pollo para el alma*, Kristiana Glavin que haya leído cada uno de los miles de relatos propuestos para este libro, y que haya elegido a los candidatos para la selección final, así como que nos haya ayudado con el manuscrito definitivo y la lectura de pruebas. Gracias también a nuestra editora asistente, D'ette Corona, quien trabaja muy de cerca con todos los colaboradores, y a nuestra editora y webmaster Barbara LoMonaco, por su experimentada asistencia editorial, de lectura de pruebas y organizacional.

Gracias muy especiales a nuestro director creativo y productor editorial, Brian Taylor, de Pneuma Books, por su brillante visión para nuestras cubiertas e interiores. Por último, nada de esto habría sido posible sin el liderazgo empresarial y creativo de nuestro director general, Bill Rouhana, y nuestro presidente, Bob Jacobs.

Mejorando tu vida
todos los días

Personas reales que comparten historias reales, durante diecisiete años. *Caldo de pollo para el alma* va ya más allá de las librerías, pues se ha convertido en un líder mundial en el mejoramiento de la vida. A través de libros, películas, DVDs, recursos en línea y otros medios, brindamos esperanza, valentía, inspiración y amor a miles de millones de personas del mundo entero. Los autores y lectores de *Caldo de pollo para el alma* pertenecen a una comunidad global única en su género, que comparte consejos, apoyo, orientación, consuelo y conocimientos.

Las historias de *Caldo de pollo para el alma* se han traducido a más de cuarenta idiomas y pueden encontrarse en más de cien países. Todos los días, millones de personas entran en contacto con una historia de *Caldo de pollo para el alma* en un libro, revista, periódico o en internet. Al compartir nuestras experiencias de vida mediante esas historias, nos ofrecemos esperanza, consuelo e inspiración unos a otros. Estas historias viajan de una persona a otra y de un país a otro, ayudando a mejorar vidas en todas partes.

Comparte con nosotros

Todos hemos tenido en nuestra vida momentos *Caldo de pollo para el alma*. Si tú quieres compartir tu historia o poema con millones de personas alrededor del mundo, visita chicken-soup.com y pica "Submit Your Story" ("Presenta tu historia"). Tal vez podrías ayudar a otro lector, y convertirte en un autor publicado al mismo tiempo. ¡Algunos de nuestros anteriores colaboradores se han iniciado como escritores y oradores gracias a la publicación de historias suyas en nuestros libros!

El volumen de colaboraciones no cesa de aumentar; su calidad y cantidad son fabulosas. Sólo aceptamos propuestas por medio de nuestra página en internet. Ya no las aceptamos por correo o fax.

Para hacer contacto con nosotros en relación con otros asuntos, escríbenos a webmaster@chickensoupforthesoul.com, o envíanos un fax o una carta a:

Chicken Soup for the Soul
P.O. Box 700
Cos Cob, Connecticut 06807-0700
Estados Unidos de América
Fax: 203-861-7194

Una nota más de tus amigos de *Caldo de pollo para el alma*: ocasionalmente recibimos manuscritos no solicitados de libros de nuestros lectores, y deseamos informarte respetuosamente que no aceptamos manuscritos no solicitados y que eliminamos los que recibimos.

Esta obra se imprimió y encuadernó
en el mes de noviembre de 2021,
en los talleres de Impregráfica Digital, S.A. de C.V.,
Av. Coyoacán 100–D, Col. Del Valle Norte,
C.P. 03103, Benito Juárez, Ciudad de México.